品中国文人

苏东坡

三百篇

刘小川 著

上海文艺出版社
Shanghai Literature & Art Publishing House

自序

中小学语文课本里收录的苏东坡作品多达十九篇，以后可能还会增加。苏东坡是全才，即使在古代也不多见。从宋代到今天，读书人没有不读苏东坡的。

全才的背后，是生活的全能。巨大的生活热情支撑着这个生命体。苏东坡留给未来世界的价值，不会少于当下。一种永在当下的能量是什么样的能量呢？几乎可以肯定的是：3021 年，4021 年，中国人还是在读苏东坡。

我曾经把荷尔德林的诗句献给这位眉山人："思想最深刻者，热爱生机盎然。"

萨弗兰斯基《海德格尔传》："人们并不把海德格尔算作构造体系的哲学家，而是把他看作对传统进行揭示的高超能手。他能使传统当下化。"

三十年来我拜读海德格尔，可能获得了一些异质性思维，避免了单纯进入中国传统文化的同质性尴尬。我学着原初地看待事物，切入生活的激流，宏观与微观的把握并举。"让事物自己把自己显现出来。”这个很难，但难才有意思。

苏东坡三百篇，李太白三百篇……我是在尝试着对传统文化进行精准发力与投送，于百点中取一点。在运思的层面，我努力朝着三个方向打通：打通中西、打通古今、打通雅俗。

作家要知道写什么，更要知道不写什么。

古人写人物，文字是不多的，包括苏东坡本人写的传记，《方山子传》之类，几百个字足矣。司马迁写人物，寥寥几笔就传神。对人物的精准把握是汉语文学的传统。

《世说新语》对我启发大，一个字要抵三个字用。反观眼下的许许多多大部头，望而生畏也，很多书可以去掉一半，书中的大量引文也应精减。

本书大处不虚构，细节有想象。《庄子》《史记》都不乏文学性描写。

本书平均每篇约六百字，故事与故事相勾连，形成一张网。本书深描苏东坡的处境与心境，以此展开北宋蓬蓬勃勃的生活画卷，尽可能言之有物，有所发散。

发力是否精准，尚需读者检验。

刘小川

2021 年 11 月 13 日　于眉山之忘言斋

从苏东坡的爷爷说起

公元十一世纪中叶，西蜀眉山有个怪老头名叫苏序，他就是苏东坡的爷爷。邻里称他“苏四大”：个头大，酒量大，脾气大，喉咙大。他喜欢学神仙张果老骑毛驴，身上歪挂个酒葫芦，在眉山城的石板路上晃悠。他口中念念有词，旁人不大听得懂，原来他在念他自己写的诗。“有所欲言，一发为诗。”苏序写了几千首打油诗，在眉山城很有名气。“敏捷立就，不求甚工。”

苏老爷子背靠青天手拿书卷，看书看得意了，大街上哈哈大笑，把路人吓一跳。小孙儿苏子瞻仰望爷爷，觉得爷爷比县太爷还了不起。城里有个茅将军庙，专门骗老百姓的香火钱，苏序带了十几个后生去拆了茅将军庙，扯断了坏官劣绅合伙搞的利益链条，断了这些人的一条大财路。眉山的县官不讲道理，苏老爷子会冲到官厅去讲理，好像他才是上级。他的喉咙大得很，城门洞外都听得清清楚楚。眉山人喜形于色，奔走相告：“苏老爷子又骂县太爷了。”

很多年以后，苏东坡写万言书，狠狠批评皇帝。

苏序干了一件事，眉山人传了几百年。他积谷数千石，装满了好多粮仓，城里人以为他想屯积居奇，等灾荒年来了，把粮食抛出去，卖高价，赚大钱。问他，他不解释。他又念念有词，原来他在掐算天气，顺手摸摸小孙儿苏子瞻的冬瓜脑袋。第二年，眉山果然闹天干，庄稼都干死了，人心惶惶，有人节衣缩食，有人想逃荒到成都去。城里的几家粮铺趁机哄抬粮价，于是菜价也涨了，肉价翻了几番。人们议论纷纷：“屯粮大户苏序有何动静？恐怕是要卖高价喽，黄澄澄的谷子一担担挑出来，那白花花的银子哦，流进城西的苏家去。”

然而，苏序竟然开仓散粮，专门救济贫困户，平抑物价。眉山人又奔走相告：“苏老爷子放粮救灾啦！”“急人患难，甚于为己。”苏东坡有回忆祖父的文章《苏廷评行状》。

四十多年后，苏东坡在杭州建“安乐坊”，看病不收钱，救了千百个染上瘟疫的人。祖孙二人行事，好像商量过。其时，苏序早已去世，在天堂注视着孙儿苏东坡。

费头子·黄荆条子

《三字经》说：“苏老泉，二十七。始发愤，读书籍。”

苏老泉即苏洵，苏轼的父亲，家中排行老三。小时候的苏洵是眉山的费头子，天上都是脚板印，天天玩到黑摸门。“费”是淘气的意思，费头子类似孩子王。苏洵爬树手脚并用，比峨眉半山腰的猴子还利索；苏洵畅游滔滔岷江，“弄潮儿向涛头立”，苏洵最喜欢跳进城西的大池塘，摸鱼捉虾掰爬海（螃蟹），踩水抖脑袋，躺水欣赏荷塘月色。踩水、躺水都是民间的游泳技巧。苏洵来了野性子，搅得水花四溅，吓得水蛇逃、乌龟藏。

苏老爷子来找儿子，喊：“三娃儿哩，你狗东西钻到哪儿去了哦？你狗东西哦！”

狗东西却在水下优哉游哉，嘴里含一根细竹筒通气。苏序游走池塘边，心里有点慌。忽见一条白影子冒出水面，跳上岸来，抓起草丛中的衣裳裤子开趟子跑。那苏老爷子也敏捷，闪电般追过去……有时苏洵被父亲捉住，衣领子被父亲的大手提起，却拿足尖点地，双臂展开如大鹏起飞，对路边看笑耍的街坊娃儿说：“反正要挨打，不如先耍耍。”

苏家五亩园子，有一棵黄荆树，苏洵最怕黄荆树的树条子，这种树条子又长又细，人称凶柔条，打得屁股精痛，却又不伤筋骨。苏老爷子边打边念打油诗：“打你贪玩又好耍，打你上课不念书，打你活得像头猪。”

苏洵上学堂，对同窗说：“猪有猪福气，回回拱到红苕地。”

同窗问：“黄荆条子抽你光沟子，抽得暴起一条条猪儿虫，以后你还野不野？”

苏洵把眼皮一翻：“野啊，咋不野？黄荆条子算啥子，笋子炒肉我不怕！”

笋子炒肉指竹片体罚。眉山的男孩子全都吃过笋子炒肉，个个抗压力强。有些野丫头也要吃这种炒肉。

苏洵闹够了，野够了，发一会儿呆，顺手拿起书卷来，念书念到天黑，掌灯又念。苏序在窗外听书，摸着自己的七寸胡须。眉山人家家户户有藏书，苏家的老大老二都爱读书。后来陆游骑驴到眉山，惊叹：“孕奇蓄秀当此地，郁然千载诗书城。”

两宋三百年，眉山一个县就出了九百零九个进士，高居全国州县第一，成都不能比。

苏序观察老三，寻思：这个野娃儿，说不定要野出名堂哩。

如何野出名堂呢？苏序骑毛驴，在眉山城外的孙氏书楼下打转。这孙氏书楼有唐宋皇帝赐的金匾。苏序眼前灵光一闪：让老三野到外面去长见识？

俗话说，读万卷书行万里路嘛。

野出去

苏洵雄赳赳野出去了，野上了峨眉山金顶，野出了长江三峡，越荆楚，入中原，见识了大世界。家里人巴望他有大出息。他回来了，说话南腔北调，举手投足有派，大谈汴京的大人物范仲淹，欧阳修，还有韩琦！听上去，这些大人物都跟他有某种关系。左邻右舍也来听他讲。讲完了，他的眼睛亮如灯。有人却问："苏处士，汴京黄金榜上，有你苏洵的大名吧？'书中自有黄金屋'哦，皇帝老儿说的！"

处士，指民间的读书人。苏洵的亮眼睛顿时暗下来了：进京考进士，一考再考，名落孙山。他已成家，妻子程夫人出自眉山的大户人家，程夫人生了两个儿子，长子苏轼，次子苏辙。接下来怎么办？苏洵还行不行万里路？全家人等着苏序拿主意。这老爷子喝着洪雅县道泉茶，摸摸孙儿的冬瓜脑袋。他开了金口："老三，明年还想出去？"

苏洵忙道："想！"

于是，苏洵又野出去了。

邻居揶揄：“苏家老三就是脚野，钱多了，一把把花买路钱，铜板白白撒一地。”

苏序听见了，装着没听见。其实，家里穷了，程夫人当街做生意，卖布帛，赚的钱都成了丈夫的买路钱。苏轼、苏辙正在吃长饭，一顿顿狼吞虎咽，刚吃完又嚷嚷肚子饿；又上学堂，交学费，裁制新衣服。程夫人悄悄典当她的嫁妆……

丈夫出远门一年半载，终于回眉山啦。这一回，苏洵却是灰头土脸，衣裳破烂，言语混乱，神不守舍的样子。程夫人心都紧了，公公依然不动声色。

苏洵这次回来的变化是：一头扎进书房南轩，半夜三更还在苦读。

问题是：苏洵还出不出去？眉山街坊有顺口溜，很难听：苏洵苏洵没出息，大把银子花出去，挣毬不来黄金屋，倒能气煞颜如玉。

舆论不利于眉山苏家。程夫人“耿耿不乐”。苏序背着手徘徊五亩园，慨然吟诵打油诗，以示自强不息：“苏家想要雄起，遇事就要稳起。遇事不能稳起，大家都要遭起！”

据苏东坡在海南回忆，眉山苏家三代人，穷困过好几回。

苏东坡的回忆录叫《东坡志林》。

三 种 光

转眼到了莺飞草长的三月，蜀人出远门的好时光。苏家点灯开会，三个烛台，照得堂屋透亮，老大老二都来了。老二苏涣考上了进士，如今在雅州做官。七个孙子辈，在堂屋的三合土光地上坐一溜：苏不疑、苏不欺、苏不危……年逾七旬的苏序老爷子，摸着一溜脑袋瓜，摸那个冬瓜脑袋似乎摸不够，顺着摸又倒着摸，似乎有讲究。苏轼的乳母任采莲，苏辙的乳母杨金婵也出席了点灯会议。程夫人很紧张，她的夫君苏洵更紧张。会议气氛，叫作凝重。

大伙儿你一言我一语，苏序听得认真，频频点头。苏洵耷拉了头，鼻尖直冒虚汗。看来形势不乐观，眉山的老处士恐怕要“处”到底。七嘴八舌渐渐停了，十几双眼睛齐崭崭望着一家之主苏序。序言的序，序幕的序，序曲的序。七个乖孙子一律仰头望。

苏序伸出三个手指头，说：“三种光。”

进士苏涣会心一笑：“父亲是说日月星。”

后来苏东坡有得意对联：“三光日月星，四诗风雅颂。”

苏序摇头，依然晃悠他的三个指头，又说：“三种光。”

苏洵叫苦：“父亲，儿子都快急死了，您就别卖关子啦。”

苏序喝一口洪雅县瓦屋山道泉茶，慢吞吞开口：“老三究竟会不会有出息？我在思考这个问题。他出去，他回来，银子花光了，可是他的眼睛在放光。他讲外面的世界无限精彩，什么陕西，什么东京，什么翰林院大学士，讲得子瞻、子由两眼放光，也让我这个老诗人的老眼放出光来。苏家三代人，三种光。光这种东西实在不实在？依我看，实在。老三见识了外面的高人，每次回眉山都加倍用功。光在啥地方？光在书卷上。我的乖孙子轼儿在八岁那一年就说过，欧阳修又不是天人，以后长大了，我比他厉害，我比他高光！”

苏家六个孙子，扭头去看冬瓜脑袋。

爷爷苏序停了停，起身走七步，俨然曹子建。老诗人口出一首打油诗：“三种光啊三种光，照得苏家亮堂堂。老爹不行儿子上，肯定要上黄金榜！”

苏洵顿时大激动，扑通一声给老父亲跪下了，叩谢如捣蒜，哪管石板硬头皮软。转忧为喜的程夫人含了热泪，寻思典当她的最后一只和田玉镯。

夜深人静了，她瞅着烛光，闪着泪光……

中国有苏东坡，苏序、苏洵、程夫人，都有大功。

苏洵的暴脾气

苏家有女曰八娘，嫁到程家去，原本希望苏程两家亲上加亲，不料八娘受虐待，十八岁，死了。程夫人极悲痛。苏洵大悲且大怒，要冲到程家去讨还公道，棒打女婿程之才，痛骂程家恶婆婆。

程家富，苏家穷；程家傲慢，虐待苏家女儿八娘。亲家一夜间变仇家，苏洵要出这口恶气。程夫人强忍悲痛劝几句，苏洵更是火冒三丈。他手持一根五色棒，把程家的聘礼打得稀巴烂，包括一对青花瓷瓶。打不烂的衣料就使劲撕，撕不烂，动剪刀。折腾了大半夜，苏洵还在院子里跳，骂得难听，夹杂俚语村话，骂得眉山半个城的居民都想跑来听。

程夫人流泪念佛，手拿一卷《心经》。她夹在娘家与婆家之间，两头受气，还不能诉苦，于是苦上加苦。她哭道：“我可怜的女儿啊，你那婆婆，你那丈夫，怎么能……”

苏八娘在程家，干的是下人活，吃的是受气饭。

这一天，苏洵在苏家祠堂召集一百个族人开大会，控诉程家的罪恶，一桩桩一件件，罄竹难书。苏洵跃上高凳子，瞪眼宣布：“苏家与程家，永远断绝关系！”

这一断就断了四十三年，直到程之才在广东惠州见到苏东坡……

老处士苏洵的暴脾气在眉山是出了名的，后来在汴京他痛骂王安石，写下《辨奸论》，一直传到今。苏洵骂程家有道理，但他为什么不为程夫人的处境考虑呢？他大大出了一口恶气，程夫人却从此憋气，一年年隐忍而操劳，伤了元气。

苏序，苏洵，苏东坡，这祖孙三代人，若是走在眉山的下西街，那身形，那眼神，那步态，估计很相似，像一支受过相同训练的队伍。遗传力量之大，大到无法测量。苏东坡“绵历世事”，宦海沉浮，把基因中的暴脾气升华为浩然之气。所谓豪放东坡，奥妙在此。

狂走从人觅梨栗

苏轼小时候贪不贪玩儿？贪玩儿。有诗为证：“我时与子皆儿童，狂走从人觅梨栗……”眉山城穿城三里三，围城九里九，好玩的去处数不清，小伙伴们动不动就聚成高高矮矮一大群。苏轼苦读书，然后就释放。有人称他是“三好”学生：好玩，好吃，好学。

小苏轼如何去释放？上树摘鲜果，下水摸大鱼；骑牛读圣贤书，冒雨走永寿镇。这个苏子瞻自称浪里小白条，大江出没烟波里。拍巨浪，扎猛子，浮对河，掰新笋子烧来吃，手持弹弓追老鹰。永寿镇在城东二十余里，苏轼、苏辙跟着大人走亲戚，返回时忽遇偏东雨，个个淋得瓜兮兮。唯独苏轼浑然不觉。他自诩三岁半就爱上了淋雨，毛毛雨，雷阵雨，偏东雨，淋得好生欢喜。“莫听穿林打叶声，何妨吟啸且徐行。”后来的名篇《定风波》，有童子功的。淋雨回城可不是徐行，而是顶着暴雨冲过了河石坝，冲上了城东三丈高的唐城墙，再穿城三里三，一口气冲进城西温暖的家。他还拒绝喝妈妈熬的姜汤，小小男子汉气宇轩昂。

苏子瞻在眉山城，东逛西逛胡乱走，屁股后头是苏子由和表弟程六。弟弟跟着哥哥耍，哥哥又跟着大娃娃。何处觅梨栗？单觅别人家。在自己家里不可能“狂走从人”。翻人家的青砖墙，苏子瞻的手脚相当麻利。苏子由体弱，身板薄，指劲不够，爬上墙又滑下来，再爬，再滑，韧劲生焉。子由的这股子韧劲，后来带到了复杂的官场。

苏子瞻噌噌噌上树去也，苏子由在树下扭头望风，抬头望哥哥，心儿怦怦怦。哥哥摘了梨子桃子或荔枝板栗，不会先饱自家口福。白里透红的大桃子抛下去也，子由稳稳地接住，喜滋滋抱在怀里。仙桃啊。

哥哥在树上激动，压着嗓子说：“弟弟你先咬一口啊，尝个鲜啊。”

弟弟的声音像蚊子叫：“等哥哥梭下来一块儿吃，我们今天吃安逸。”

苏东坡诗云：“嗟予寡兄弟，四海一子由。”

苏子由追怀哥哥：“抚我则兄，诲我则师。”

苏、程兄弟七八个，狂走大街小巷，翻墙爬树吃惨了。眉山儿童常说“吃惨了，吃笑了”。苏轼把杜甫的两句诗抄下来，贴在南轩的门板上：“庭前八月梨枣熟，一日上树能千回。”

学堂先生刘微之看了摇头。须眉皆白的苏序爷爷看了点头。

好吃嘴

苏东坡吃东西永远包嘴儿包嘴儿，从眉山吃到汴京，吃到杭州，吃到苏州，吃到扬州，吃到黄州，吃到惠州，吃到儋州。“自笑平生为口忙。”天府之国，食材丰富甲天下。苏东坡的妈妈程夫人，原本是在富贵窝中长大，见识过好多美味佳肴。她嫁到苏家，亲手做饭菜，她带到苏家的丫头任采莲做帮手。苏家菜那个香啊，香飘半条下西街，飘上了高高的西城墙。人们一旦走到了下西街，就要吸鼻子，相顾曰：“闻到没有闻到没有？苏家的回锅肉，苏家的板栗烧鸡，苏家的小笼肉包子，苏家的大蒜清烧鲢胡子……”在眉山，苏家属于中等人家。

苏轼上学围着先生转，放学围着锅台转。妈妈切肉，菜板上他要尝一口；乳娘蒸肉包子，他咬得满嘴流油，烫得吞吐舌头。边吃边东问西问，很想知道一桌好菜是怎么弄出来的。

话说有一回，苏子瞻伙起好友杨济甫和苏不疑、苏不欺、苏不危，带了小不点儿苏子由，跑到西城墙上操办宴席。弹弓打肥鸟，长线钓大鱼，还偷了一块家里的猪肉，几节香肠，五个鸡蛋，果蔬无计，还有一坛子香喷喷的老酒！火砖砌灶台，树枝树叶烧起来。锅瓢碗盏敲响了早春二月，麦苗儿青青菜花儿黄，嗬，天上有个金太阳。

苏子瞻天不亮就开始忙了，先偷肉，后打鸟，再钓鱼……要搞得不声不响，井然有序。宴席要办得漂亮，宴请亲爱的爷爷和几个眉山老酒仙。他负责煽火煮肉，三斤重的猪肉要煮到七分熟，捞起来切成片，再用盐菜回锅。苏子瞻盯着锅里煮的二刀肉，学爷爷念念有词："猪肝下锅十八铲，回锅肉啊八十铲……"可是忽然间，苏子瞻抬望眼看见了峨眉山，金灿灿的金顶啊，父亲上过金顶，亲眼看见了佛光，亲眼目睹了云海！神了，呆了，猪肉香闻不到了。苏子瞻不知不觉走到了城墙边，盘腿而坐，神往那似乎近在咫尺的峨眉仙山，满脑子遐想，"霓为衣兮风为马，云之君兮纷纷而来下。"

谁写的？李太白！词语修饰自然，美感浸入肌肤。

一个时辰仿佛在转眼之间。太阳偏西了，火熄了，柴火慢慢变炭火；煮肉的水干了……一股春风从背后来，苏子瞻闻到了肉皮的焦味儿，道声不好，跳起身来奔过去。

哇！猪肉炖得稀溜粑，皱着眉头去尝它。呵呵，居然味道还不错，肥而不腻，爽口得很。后来，苏东坡在黄州写下打油诗《猪肉颂》："……早晨起来打两碗，饱得自家君莫管。"

大文豪写诗歌颂猪肉，除了苏东坡还有谁？一道千年美味，诞生在眉山西城墙。

苏东坡自称老饕，有《老饕赋》。他饱尝美食，创造美食，传播美食，把川西坝子（成都平原）的几十种美味带到大江南北。这个眉山城的好吃嘴哟，一辈子享口福。

不残鸟雀

苏东坡捉鱼打鸟凶得很，自称百步穿杨，能够穿叶射鸟：不需看见鸟，只见树叶子晃动，弹弓石子就射出去了。但闻石子破空之声，说打胸脯子，不打嘴壳子。古楠高不高啊？高得很，枝干峥嵘伸入云，苏东坡爬楠树掏大鸟窝，吃鸟蛋吃笑了。眉山的男孩子谁不玩弹弓啊？学堂先生刘微之也不反对，先生还引用孔夫子“弋不射宿”，不打归巢鸟罢了。

狩猎之乐趣，深藏在人类的基因中。

苏东坡刻苦学习之余，伙起众兄弟，东打鸟西打鸟，那桑木弹弓浸过三次桐油，轻便而结实，称手，光滑，漂亮，天庆观的学生个个羡慕，邻家女孩儿总想摸一摸。一把好弹弓啊，拢集了原野，招呼了树林，连接了天高云淡，逼近了莺飞草长。一年四季有它，睡里梦里爱它，上学路上亲亲它，放学回家藏起它。自然之美与这把弹弓有关。存在的惊奇却先于美感。拢集广阔野地的弹弓啊……

可是妈妈发现了它。妈妈曾经听说过，城里有个弹弓高手，原来却是自家娃。

妈妈啥也不说。她捡了一只受伤的丁丁雀儿，让子瞻给它养伤。子瞻一向对草药感兴趣，忙起来了，跑到城墙边挖了野三七，咬碎，敷在丁丁雀儿的伤口上；又弄虫子、蚯蚓喂它吃，整整忙了五天，必须细心周到，夜里梭下床看望它好几次。小鸟的伤养好了，不肯飞走，只在苏家园子里飞来飞去，可爱极了，它的叫声非常好听。

它还引来许多同伴，在苏家五亩园子的杂树上筑巢，安家，其乐融融。这种鸟叫桐花凤，只有拇指大。

有一天妈妈发现，子瞻在凝望堂屋里的佛祖像。

又有一天，子瞻悄悄把心爱的弹弓埋进土里。也许，程夫人并不知道，她也不问那把弹弓的去处。普天下的好妈妈大概都这样。《东坡志林》有一篇文章：《记先夫人不残鸟雀》。

苏东坡做官四十年，辗转南北十万里，对老百姓仁慈无边。他小时候的体验无限重要。

他一生不变的核心关切就四个字：风俗，道德。

不发宿藏

苏家后院发现宝藏啦！轰动了眉山城九条街，人们不分老幼，争先恐后去看宝。有人一面小跑，一面扭头开玩笑："吃啥子早饭哦，快点去看宝，看宝就看饱毬。"

眉山人看热闹高兴了，常说"看饱了看饱了"。如果发现并不热闹，则会说"看毬不饱，回家吃饱"。

苏东坡的故乡人，诙谐如此。

苏家发现宝，财宝归谁要？眉山后生念经似的唱："鸡公鸡婆叫，各人寻到各人要。"

苏家要发财啦。人为财死嘛，鸟为食亡。原来，程夫人做布帛生意，二十年前在城西纱縠行租了房子。一日，两个婢女在后院干活，“足陷于地。视之，深数尺，有一瓮，覆以乌木板。”乌木又叫阴沉木，成材须在千年以上。名贵木材覆盖的大瓮，里面一定有值钱的东西，金银珠宝之类。大瓮堪比院子里的大水缸，瓮中藏宝知多少？财宝的原主又是谁呢？眉山城没有人知道。苏家租的房子几易房主了，无人埋藏过乌木大瓮，说不定是几百年前埋下的哦。

城里人议论说：“财宝归苏家，我等没意见。程夫人做生意童叟无欺，这是老天爷对程夫人的馈赠！”

后院涌入了百余人，围着那个现了半截的大瓮。孩子们蹿来蹿去，高唱鸡公鸡婆叫。苏家子弟中有人雀跃，这个人是苏轼的表哥，十二三岁。其他子弟莫衷一是，在犹疑，在观望。

苏轼的眼睛只看表哥，意向性透露出倾向性：他也想要财宝啊。他渴望的眼神又传给弟弟，传给苏不疑、苏不欺、杨济甫、巢元修……人是一种氛围动物。氛围在苏家后院形成了。

百十双眼睛望着程夫人，只看程夫人如何定夺。一时鸦雀无声，初升的太阳照着寻常院落。但见程夫人轻轻做个手势，“命人以土塞之。”

在场的所有人，对程夫人的手势印象极深，几十年忘不掉，一代代传下去。

苏家后院那片泥地恢复了原状。阴沉木又沉下去了。苏轼的表哥大失所望。十来岁的苏轼也有点茫然。后来年复一年，苏东坡屡屡回思这个有朝阳升起的场面，省悟了，道德感点点滴滴浸入肌肤：不义之财，一文莫取。他写下《记先夫人不发宿藏》。他手书一首唐诗：

“好雨知时节，当春乃发生。随风潜入夜，润物细无声。”

南轩

眉山城纱縠行的苏家五亩园，十几间青砖灰瓦房子，一口深井今犹存焉。书房叫南轩，几千卷书，静静滋养三代人。后来苏东坡在京城做高官，回忆起小时候的一个得意句子："坐于南轩，对修竹数百，野鸟数千。"

苏轼说："南轩，先君名之曰'来风'者也。"后人呼它几百年，不知何时变成了来凤轩。

来风，来凤，都弥漫了书香和诗意。那么多竹子，那么多野鸟，风声雨声读书声。五亩园的建筑朴素而亲切，活蹦乱跳的孩子，容易安静下来。

苏轼自言："轼七八岁时，始知读书。"

环境真好，既有外环境，更有内环境。书香从婴儿期就开始袭人了，家里的每个房间都有书卷。梧桐树下，春风秋风皆来翻书。爷爷，妈妈，二伯父，大舅，连同堂兄表哥们，都是读书人，父亲更不用说啦。史料显示：程夫人"好读书，通古今"。书香首先从妈妈温暖的手掌中散发出来，带着母爱的温馨，植入幼儿的肌肤。

苏轼、苏辙在天庆观乡校念书。先后两个老师：道士张易简，诗人刘微之。

在城里五亩园的家，墨砚笔真是好东西。苏轼自云："仆少时，好书画笔砚之类，如好声色。”又云：“方先君与吾笃好书画，每有所获，真以为乐。惟子由观之，漠然不甚经意。”

由此可见，童子功是何等重要。苏东坡的书法与绘画，宋代称第一。童子功固然有先天的因素，更需要后天的努力。“幼而好书，老而不倦。”

苏东坡数十年间，三次手抄《汉书》。他用的《汉书》是妈妈生前最爱看的……

陈寅恪尝言：“有宋一代，苏东坡最具史识。”

钱锺书赞赏：“苏东坡最精禅理。”

文学艺术的巅峰人物，由五亩园的南轩奠定了基础。

南轩起风了，风从竹林来，风从野鸟斜飞的羽翅来。

少年苏轼合上一卷书，遥想远游的父亲，是在陕西呢还是在中原。

平台

苏洵可不一般，如果苏洵一般就没有苏东坡了。这位眉山老处士读《战国策》读出了道道。战国人物，比如苏秦、张仪、鬼谷子，无非三个特点：一是思维半径大，二是目光穿透力强，三是鬼点子多。苏洵十余年间几次远游，叩访那些世内高人，一为长见识，二为搭平台。在江西九江，他与雷简夫订交，日后雷简夫做雅州（雅安）的知州，写介绍信给欧阳修，举荐三苏父子。他结识了眉州青神县人陈希亮，陈希亮后来在凤翔府当一把手，正好是苏轼的顶头上司。他又想方设法，让益州（成都）最大的官张方平晓得了他的才华。

生不用封万户侯，但愿一识张益州。怎么识？苏洵却要绞尽脑汁。一介小城布衣，要见朝廷派到成都的张侍郎，难于上青天。苏洵人在眉山城下西街，放眼成都府，彻夜研究张方平。金陵奇人张方平，官居礼部侍郎，看书过目不忘，喝酒百杯不醉。如果张方平说渴了，他的左右会奉上一壶酒，而不是一盏茶。

苏洵寻思：送张益州几坛子家乡好酒？

他转念又想：人家是高官，高官缺好酒吗？

张方平作为政绩卓著的一方大员，他最想要什么？人才！要为朝廷发现人才。

眉山布衣自问自答："苏洵是个人才吗？苏洵肯定是人才。"

于是，这个人才干起来了。他平生交游广阔，朋友们通过不同的渠道，把他的文章呈送给张方平。金陵奇人一看拍案，二看大呼："渴啦渴啦！"左右急忙斟满剑南美酒。

大官张方平兴奋了，落笔写道："勿谓蜀无人，蜀有人焉，眉山处士苏洵是也。宜速来！"

大人物召小人物速去成都，小人物却念起了家传顺口溜："苏家想要雄起，遇事就要稳起！"

过了一个多月，苏洵不动身，书面语叫做迟迟其行。全城的人都知道这件事了，相顾曰："苏洵和他老父一个样，干啥事儿都稳得起。苏老泉，稳得老！"

为何苏洵要稳起？且听下回分解。

“纷然众人中，顾我好颜色”

姜太公稳得起，诸葛亮稳得起，眉山苏洵也要稳得起。益州知州张方平派人两次请他，他称病，不去成都。其实他在下西街的荷花池塘钓鱼。眉山城轰动了，成都士林也盛传：有个当世大才子名叫苏洵的，连张益州都请不动。张方平亲自修书相邀，派急足驰送眉山县衙，再由县令转交给苏洵。县令拿着信跑到池塘边，正好碰上苏洵钓起了一条大鲤鱼。好兆头。

穿草鞋的苏洵收下张益州的亲笔信，居然连看都不看，他看鱼，瞟一眼县令。他的眼神酷似他所想象的战国人物。目击者赞叹：“眉山布衣苏老泉啊，诨名叫做稳得起。堂堂眉山县令，就像他的下级！”

其实，苏洵这么做，也有危险性：成都的干谒者早就把张方平的府第团团包围了，这个大领导忘了眉山一介布衣，也不是不可能。

春三月，苏家三父子，快马加鞭走成都。眉山县令还举行了盛大的欢送仪式，要让眉山的千百个后生亲眼瞧瞧：什么是人才的待遇。

张方平在成都耐心等人才，足足等了五十天。他浓墨写下六个字：“久之，苏君果至。”

左右报告苏洵携二子来访，张方平几乎倒屣而出。他一见苏洵便说：“你再不来成都，我就去眉山了。”

苏氏兄弟拜见张方平，苏轼的动作言语目光，很有些粗野。阅人无数的大人物并不计较。一席交谈下来，张方平喜出望外。勿谓蜀无人，蜀有人焉！不止一个人才，而是三个人才。

三苏父子在成都享受了国士般的待遇，食有鱼，出有车，住高级宾馆，欣赏歌舞丝竹，畅游摩诃池、望江楼、武侯祠、大慈寺、杜甫草堂……性格沉稳的苏子由兴奋了，在官厅口占一首五言诗：“成都多游士，投谒密如栉。纷然众人中，顾我好颜色。”

成都多游士，多如过江之鲫。跳龙门的三条鲤鱼，却来自眉山的下西街。

张方平一见三苏，就要一醉方休。他写信给翰林学士欧阳修，正式向朝廷推荐三苏。另外，非常重要的是，他让苏轼、苏辙越过乡试，直接到汴京参加礼部的进士考试。

这一天，苏老泉终于稳不起，他拿出了一坛子从家乡带来的古村佳酿，跟张大人张伯乐同醉。苏子瞻酒量小，喝得东歪西倒。苏子由喝得脸上红霞飞。

后来，有乡邻问：“苏君何以稳不起了？”

苏洵答：“苏家已经雄起，所以不必稳起。”

人啊，有时候要享受一下高峰体验。

这是一〇五五年，苏家三父子先在蜀中雄起。

甚野

弱冠之年的苏东坡是何形状？苏洵《上张侍郎第一书》：“洵

有二子，轼，辙，龆龀授经，不知他习，进趋拜跪，仪状甚野；而独于文字中有可观者。”甚野：野得很。

趋，跟着长辈或尊者快步走。《论语》：“亦步亦趋。”

眉山后生苏子瞻“仪状甚野”，殊类乃父。这后生野到什么程度呢？不清楚。苏轼的生命冲动酷似苏洵，他显然有野汉子的一面。动作野，行事野，目光野。基因中伏下的野性，已彰显于祖辈与父辈，苏东坡沿着家族的基因通道走得更远，终于走到皇权的对立面，“哀民生之多艰……虽九死其犹未悔。”

苏洵年过半百，给丞相富弼写信，给枢密院大臣韩琦写信，只顾自己下笔痛快，结果闹得不愉快；又写《辨奸论》痛骂王安石，不计后果。苏洵的老处士性格可见一斑。“处”久了。他是璞，还不是一块精雕美玉。

后生苏子瞻埋首于经卷，然后就冲来冲去。“质胜文则野。”如果他一直在偏僻的西蜀小城冲，则很难冲出大格局来，且未必能冲到苏洵的高度。苏洵早年脚野，活动半径大，叩访的高人多。雅州太守雷简夫形容苏洵：“用之，则为帝王师；不用，则幽谷一叟耳。”

生命冲动是说：内驱力绵绵不断，冲动者并不自知。生命冲动是柏格森的哲学概念。

小伙子苏轼究竟在眉山干过些什么呢？愚事蠢事荒唐事，苏轼干过吗？大约干过几件吧，青春乃是试错。苏轼不可能活得中规中矩，像戏台上的文弱书生。

开豪放词派的人物，决不可能一天到晚枯坐书斋 --- 他每天都有撒野的时间和空间。

中国历代文豪，无一不是早年释放了天性，培养了独立性，然后以强大冲力与现实发生剧烈冲撞，撞出灿烂的生命之花，绽放千年不败的词语之花。

历代大文人走向官场又背向官场，其间产生强对流张力区，生雷鸣电闪，生文化巨匠。《品中国文人》系列揭示了这一规律。大文人是因为扛得住压力才大的。阻力生强力。

少年野性是什么？野性孕育创造性。

远行与忧伤

宋仁宗嘉祐元年春，三苏父子即将启程赴汴京，卖了石佛镇的田产，用作远行的盘缠。程夫人含笑打点行李，背过身抹眼泪。苏轼的妻子王弗，身子比较弱，嫁过来两年多未见身孕。苏辙的妻子史氏已生一子。家中两个乳娘，任采莲和杨金蝉。男人们都要远走，妇孺留下。家里的热闹气氛是程夫人营造出来的，亲朋好友来祝贺。一连几天，客人不断，笑语连连。程夫人说，她能撑起眉山苏家。来访者若是不问，程夫人不会说这些。

这许多年，她起早贪黑做生意，支撑这个开销不小的家。丈夫并不挣钱。如今田产卖了，田租也断了。三苏父子到了汴京，还要费银子。全家人的生活重担压在程夫人肩上。担子很沉很沉，须臾卸不掉，喘口气都不行。程夫人又不回娘家拿钱，三十年，一文都不拿。她自己挣。司马光讲了这个珍贵细节。这细节，最能体现程夫人的长期隐忍。中国古代，近现代，程夫人这样的具有忘我精神的女性是天文数字。这是支撑一个民族的隐形伟力。

苏轼二十岁，不大懂生计，还是一条青虫。程夫人身子不好，却瞒着两个儿子。瞒不过的是她当年带到苏家的侍女任采莲。任采莲做苏轼的乳娘，显然有过孩子，但史料不见记载。

薄暮时分，这位乳娘跑到城墙下的小树林跪着哭泣，头埋进泥土……在家里，她为一件小事大哭。家人有些莫名其妙。唯有程夫人知道她为何大哭。

连日的热闹光景中，伏着无尽的忧伤。苏洵黯然写道："一门之中，行者三人，而居者尚十数口。为行者计，则害居者；为居者计，则不能行。"

行者害居者。没法子。程夫人压力最大，可她总是微笑着，里里外外微笑着……

苏轼直觉好，他在欢乐气氛中嗅到了某种忧伤。只几天，程夫人的头发白了一半。可怜白发掩不住。苏轼终于注意到，妈妈的手腕不见了镯子，不见鲜亮的指甲蔻丹，只有双手老茧，双手老茧。妈妈曾经光滑如玉的手，无数次抚摸苏轼的小时候……

走了，走了。三匹马出眉山城的西郊，苏轼忽然回首，看见了妈妈隐忍的泪花和飘起的白发。母子相望一刹那。

次年四月八日，操劳过度的程夫人病逝于眉山，年仅四十八岁。

程夫人并不知道她的轼儿、辙儿已经名震京师。这是苏东坡一辈子的痛。

长途

三苏父子陆路出川，过李白的故乡绵州，逗留嘉陵江畔的阆中城，再登终南山，踏上褒斜谷曲折而高悬的古栈道。“古道西风瘦马。”三匹眉山马，登秦岭，走长安，累死于中途。老苏急性子，不大惜马匹，于是换成驴子继续前进，怀揣张方平、雷简夫的两封介绍信。

旷野大雨忽倾盆，道路泥泞而漫长，前不巴村后不挨店。老苏将包裹紧紧地抱在怀里。跌倒泥水中，头先抢地。介绍信和性命一样珍贵。家族的前途，系于进京的长途。

秦川八百里，司马迁誉为天府之国。夜宿鸡毛小店，一灯如豆。苏轼一个人走出去，夜色稠啊，伸手不见五指。浓稠的黑夜似乎可以抓在手里。摸黑，抓夜。有时候月亮大如轮，“少时不识月，呼作白玉盘。又疑瑶台镜……”苏轼激动得在月光下的草地上打滚，无边青草宛如铺了一层轻纱。“举头望明月，低头思故乡。”人在无边野地，把野性尝个饱。

苏子由伫立于鸡毛小店柴门前，恒等哥哥。如此情与景，真是画图难足。

春花烂漫时，三苏父子还在路上。从眉山到汴京走了两个多月，两千里路，平均日行三十余里。有趣的地方就待上三五天，访古寻幽览胜，探风俗，拜古刹，识异人，尝美味，阅山川。惊奇造化之伟力，日复一日。苏东坡一生长足于道路，何止十万里。

隔山不同俗，过河不同音。道路的有限畅通维系了生活意蕴的无限生成。

中国古代诗人为什么写得好？美感在差异中蓬勃生长。太阳每天都是新太阳。

书卷激活了美感。漫漫长途几卷书，乃是双重的激活。

“万人如海一身藏”

一〇五六年夏，三苏父子抵达京师汴梁，碰上连月大雨，蔡河决口，水漫京城。皇皇御街，哪有传说中的车如流水马如龙？却见无数小船争激流。

据考古，御街宽约五十丈，乃是古今全球第一街。朱雀大拱桥下，日日夜夜翻波涌浪。

汴京一百五十万人口，远远超过盛唐的长安。士、农、工、商俱兴旺，生活花样无限多。单是节庆日就有七十多个，从年头过到年尾，平均五天一个节庆日。酒楼三千家，“市食”五百多种，汴河两岸万家灯火，河市，早市，绵延三十余里。城，乃是几百年缓慢生长起来的城，生活之意蕴层，层层叠叠。著名的大相国寺可容纳万人交易。

乡野后生苏轼与汴京有关系吗？有，他来了，他从西蜀小城来。关系牢靠吗？这可说不准。一人登科，十人落第。黄金榜可不是说着玩的，金榜题名胜过千两黄金。

苏轼在街上胡乱转悠。眉山后生看不够京师繁华，闻不够人间烟火。汴京周长三百里，坊市相杂，三教九流熙熙攘攘。骑驴穿城过，要用一整天。租驴的店子随处可见，租金很便宜。那高高的状元楼、潘楼、白矾楼、摘星楼、齐云楼，耸入霄汉。京城的高楼也就十几座。私家园林星罗棋布。市声不绝于耳，轺车（轻便小马车）纷至沓来，名媛贵妇掀帘子打望。

人群中，苏子瞻“万人如海一身藏”。

年轻的苏轼把一身与万人放在一处打量。曹雪芹笔下的贾雨村狂吟明月:“天上一轮才捧出，人间万姓仰头看。”苏轼不会这么张狂，但他出人头地的意志显而易见。

是的，一定要出人头地。否则卷铺盖回眉山，终老于小地方，“幽谷一叟耳。”

忽然间，迎面驶来两乘高轩（豪华马车），丞相富弼和枢密大臣韩琦就在车上。气派啊，庄严啊，连车夫都生得相貌堂堂，马鞭子一甩响彻四方。

苏轼的眼睛，顿时比太白金星还亮。嗬，难怪当年爷爷讲三种光……

刘邦在街头看见秦始皇浩浩荡荡的车队，叹曰：“大丈夫当如此也！”

苏东坡想到刘邦了吗？不清楚，有可能。他手抄八十万字的《汉书》，对那些风云人物了如指掌，尤其是刘邦、张良、韩信、萧何、项羽。

初见欧阳修

一〇五六年八月，苏轼考举人得了第二名，苏辙也过关了。

不久，苏洵敲开了欧阳修的朱门。二子中了举，他才去敲门，可见其谨慎。

欧阳修时任翰林侍读学士兼知贡院，科举考试的主考官。全国的考生住满了汴京大大小小的旅舍，都巴望靠近欧阳门。皇城边的欧阳修门第，有八个卫兵持戟肃立。老苏递上名刺和介绍信，门开了。他身后的众考生和家长们羡慕得紧。

欧阳修是何等人物？北宋数一数二的名臣，百科全书式的大学问家，又能醉心于日常生活。国家领导人，表情很丰富。欧阳修一双病眼，为国家挑选人才。唐宋八大家，有五个出自欧阳门下。欧阳修是韩愈的宋代传人，论学问和生活情趣，犹在韩昌黎之上。

张方平的推荐信，欧阳修一定要看，为什么？张与欧阳，由于政见不同，早已不往来。张主动写信，欧阳感动了，从此后，二人冰释前嫌。

苏老泉恭呈二十篇精心挑选的文章，其中有《六国论》。欧阳修坐着看，渐渐坐不住了，他站起来走着看。老泉一时紧张，鼻尖冒汗。他并不知道，阅文无数的主考官有个习惯：如果他走着看，则表明文章好。如果他一直坐着读，则会睡着，椅子上打起鼾来。

汴京市井有一句流行语："考生最怕欧阳修的鼾声。"

苏老泉心跳如鼓。欧阳修在家里悠悠散步，走到了书房外，又慢吞吞走回来。

欧阳修捋须自语："好你个方平老儿……"

苏老泉紧张得全身汗毛皆竖，鼻尖淌汗如雨。欧阳修先生这半句话是何意？莫非嘲笑张方平眼拙？要知道，张方平比之欧阳修，有如小巫见大巫。

决定命运的时刻啊，苏老泉要晕过去了。

欧阳修转身向苏洵，点头笑道：“张侍郎果然好眼力，不减当年啊。”

苏老泉舒出一口长气，默念阿弥陀佛，谢谢西方佛祖。

苏洵急了，冲风冒雪跑到郑州去

欧阳修挥大笔，写《荐布衣苏洵状》，向朝廷力荐，称苏洵有贾谊之才。重阳节，韩琦设家宴，宴请几位宰执大臣，欧阳修带了苏洵同去赴宴。底层草根，一下子进入顶层的圈子，“好风凭借力，送我上青云。”一夜间，东京士林风传。欧阳修有此举动，也表明北宋阶层不固化。草根庶民进入士的阶层，比例高达百分之六十六，而唐朝仅占百分之十三。

眉山布衣苏老泉，由兴奋而亢奋，于是，问题出来了，基因中固有的东西又开始装怪。他分别上书政府首脑和军事副首脑，指点他们应当如何执政、如何治军。底层指点顶层，洋洋洒洒数千言。韩琦是谁？二十年前就率领数十万大军与西夏战……

老处士加犟脾气，可以概括苏老泉。他希望凭借欧阳修的力荐，不试而官。宰相富弼传话：“此君专门教人杀戮立威，如何要得官做！”

苏洵一听，大叫惨也惨也。苏轼、苏辙也惶恐莫名。当天夜里，汴京下起了鹅毛大雪，可怜的苏洵，骑马奔向一百多里外的郑州，迎见返京的张方平张侍郎！一座靠山不行，要有两座靠山！苏洵《上张侍郎第二书》：“雪后苦风，晨至郑州，唇黑面裂……”

苦啊，苦啊，寒士冲风冒雪，北方地冻天寒。老寒士骑一匹瘦马，跌倒雪野又爬起来，嘴啃雪泥，不要紧。旷野黑茫茫又白茫茫，布衣苏洵心惶惶。饿了吃干粮，抓一把冷痛大牙的雪团子吞下去……苏洵写信向张方平吐苦水：“出郑州十里许，有导骑从东来，惊愕下马立道周，云：宋端明且至，从者数百人，足声如雷，已过，乃敢上马徐去，私自伤至此。”

端明殿大学士、枢密院头号人物宋庠的车队。枢密院三个字，苏洵一听就怕，富弼就是枢密副使。布衣处士苏老泉惊慌失措，竟然不敢上马。一朝被蛇咬，十年怕井绳。

一言九鼎的朝廷重臣，鄙屑乃至厌恶苏洵，三苏父子的命运将会如何呢？

一〇五七年

欧阳修的一双耳朵白得奇怪，又“唇不著齿”，眼睛高度近视。当初晏殊丞相接见他，居然不下车就走了。自卑与超越的典型，便是生于绵州的欧阳修。

唇不包齿，蜀人戏称地包天，但是这个人太优秀了，内在的修养散发到五官，庶几叫作丑乖。个头不高，可称伟岸。耳朵白，辨识度高。欧阳修晚年自号六一居士：酒一壶，琴一张，棋一局，集古一千卷，藏书一万卷，复以一老翁优游于五者之间，是谓六一。

欧阳修是文人书法的开创者，行楷字以典雅著称，小词别有韵致，是著述甚丰的大学者，又有《六一诗话》传世。

宋仁宗嘉祐二年，欧阳修变科举。这是历史上的大事件。赵宋立国近百年，欧阳修大手一挥，扫尽浮靡文风，奠定文以载道的基础。没有欧阳修，哪有唐宋八大家之六席？哪有成千上万的新进士奔赴全国三百多个州、军？

北宋士大夫名臣如云，好官良吏星罗棋布，远远超过盛唐。

盛唐一个李林甫，就做了十九年的丞相。奸臣当道，于是昏君生焉，直接导致安禄山之乱，八年，全国人口锐减大半。

一〇五七年，乃是中国传统文化的关键年。

陈寅恪：“华夏民族之文化，历数千年之演进，造极于赵宋之世。”

全国考生有三猜，眉山苏轼不猜

一〇五七年春，欧阳修率领几位副考官“锁院”五十天。这是国家机密。黑压压的考生裹饭携饼，“待晓东华门外。”全副武装的禁军，维持三年一考的科举秩序。皇帝高度关注，百姓翘首以待，茶余饭后只谈科举。欧阳修上达天听，他的主张就是仁宗皇帝的主张。各地的考生们早有三猜：一猜主考官是谁；二猜主考官提倡的文风；三猜传说中的录取大改变。

老苏自抚雷琴，大苏小苏用功如常。他们住在城南的兴国寺，有菜园子和古槐树，苏轼赞曰：“一似山居，颇便野性也。”乡野青年读书破万卷，文章风格已经形成，猜也没用。

眉山苏轼自信心满满，为什么？他闻到了朝廷变科举的气息。再说，文章不合时宜，就只能等三年以后了。

临考的头一天晚上，大苏徘徊于古槐树之下。良久，星月布满天，人影树影在地上。老苏徐徐问：“轼儿三猜否？”

苏轼笑了笑，摇头说：“父亲不猜，儿子也不猜。我和弟弟都是有备而来。”

苏洵问：“那你围着这棵老槐树转，想啥呢？”

苏轼答：“想母亲。”

槐者，怀也。老苏大苏相对默然。屋檐下一直站着的苏子由热泪盈眶。

“我寄愁心与明月”，随风直到眉城西。

欧阳修的鼓额头直冒汗

考试采取糊名制，防止考官、考生作弊。论文的题目叫《刑赏忠厚之至论》，苏轼谨慎，三次起草。副考官梅尧臣把这份誊写后的卷子呈送主考官，欧阳修看了头一行就坐不住了，走来走去，读了又读。毫无疑问，这篇文章应该列于榜首。欧阳修拿起了千钧重的鼠须笔，却又犯踌躇：这文字像是出自曾巩之手。曾巩是他门下弟子，录为第一，恐怕要招来闲话。

欧阳一声轻叹，录为第二。

再考春秋对议，苏轼得第一。

礼部放榜，苏辙也上榜了。苏老泉睡到半夜总要笑醒。哈哈，大苏考了个第二！小苏名列第四十七！苏家已经雄起，不是雄起在西蜀，而是雄起在汴京！

三月，仁宗皇帝亲自在崇政殿举行殿试。按以前的旧例，殿试下来，三取一或二取一。可是这一年，三百八十八名参加殿试的考生，全部录取！这是天子向天下学子发出的信号。

谁向天子建议的？知贡举欧阳修，绵州人欧阳修，苏东坡的恩师欧阳修。

苏老泉痛饮剑南烧春，念叨欧阳修，不知千百遍。岂知欧阳修正在家中疾走，鼓额头直冒汗，近视眼擦了又揩，揩了又擦。他儿子欧阳奕在旁边侍候手帕。副考官梅尧臣亦在。

欧阳修说了一段足以传万年的话：“读轼书，不觉汗出，快哉，快哉！老夫当避路，放他出一头地也。”轼书，指苏轼登科后，按惯例写给几位考官的谢启。

欧阳奕惴惴问：“父亲，此人当真如此厉害？”

欧阳修指了指自己的额头上不断冒出的汗。乍暖还寒天气，竟然汗流不止。

欧阳修对儿子说：“三十年后，世上人更不道著我也！”

欧阳奕又一惊，扭头去望梅二丈（梅尧臣身高九尺，人称梅二丈）。

梅尧臣笑道：“当初，韩愈掌洛阳的国子监，冒雨走一百五十里泥巴路，专程拜访昌谷小县十七岁的李贺。今日欧阳公知贡举，看青年苏轼的文章出汗，赞不绝口。韩昌黎、欧阳永叔之佳话，传百代何难？”

欧阳修掌额而叹：“苏子瞻本该是状元啊，怪我，怪我。也罢，也罢。”

开封街头苏老泉，且行且喜且长叹

幸福的苏老泉溜了，溜到大街上去了。先是小步走，渐渐地，昂首阔步旁若无人。他腰间挂个酒葫芦，走几步喝一口，状如苏序老爷子走在眉山城。哈哈，他苏明允，他苏老泉，如今走在汴京城！不得了，了不得，人要长啸，人要蹦蹦跳跳，要平地飘起来。

不容易啊，苏老泉考了三次，三次进京啊，往返路八千，风雨兼程几百天，费掉银子巨万，那白花花的买路钱哦，从眉山城买到开封府。

三次进京考试有多难？三天三夜说不完。幸好，幸好啊，二子俱不凡！

御街多么宽哪，四十辆豪车可以并驾齐驱！杈子（街中间的行道树）整整齐齐，一望笔直几十里。啊，那横跨滔滔汴河的朱雀桥，虹桥卧波千帆过！更有那皇宫，简直是天宫！

眉山苏老泉，走一步一个惊叹号。美酒下肚不觉颠三倒四，在宽广的御街上划着斜线。一首传世打油诗脱口而出：

“莫道登科易，老夫如登天。莫道登科难，小儿如拾芥。”

苏榜眼被人捉走了

一〇五七年三月十四日，殿试之后放黄金榜，状元，建安章衡；榜眼，眉山苏轼。尚书省前的大广场人山人海，喊声如雷鸣，喊了状元喊榜眼。有知情者高叫：眉山苏轼原本是状元！

榜眼也挺好，苏榜眼定睛看了金榜，迅速走人，奋力挤出汹涌的人海。可是又瘦又高的苏辙挤丢了。苏轼转身挤回人海，挤到金光四射的黄金榜前，踮脚四顾。这一踮，麻烦了。

汴京有钱有势的人家流行榜下捉婿，把新科进士捉为女婿。苏洵叮嘱过二子。

苏榜眼在人海中被探子发现了，三条大汉排开人浪抢来捉他。这些豪门的庄丁，个个身负武功，既要榜下捉婿，又要与人争抢，抢得状元、榜眼、探花，赏银随便花。苏轼哪里见过这等阵势，连称结了婚成了家，奈何庄丁们哪里肯信，只要伸手来捉，挥臂来抢。苏轼要逃跑，却哪里逃得掉，九条粗大胳膊俨然捆绑他。

汴京的市井小儿登高一呼：“捉住啦捉住啦，快看眉山苏榜眼！”

六只黑毛大手把苏东坡举在空中，另一条大汉在前边铁掌开路，掌劈四方。

苏子由也被捉走了，他身长八尺，却是瘦巴巴的，肋骨一排排。眉山人尝戏謔：子由瘦是瘦，浑身无肌肉。可怜的苏子由，差点被几个膀大腰圆的庄丁大卸八块。

有些被捉的新科进士，明明已成家，谎称尚未娶，一步踏进了东京豪门……

且说苏榜眼被人捉拿，从东华门捉到宜秋门，二辆高轩八匹马，招摇过市，行人眼花。捉婿大汉还沿途吆喝：“俺家捉住苏榜眼啦，诸位看官，快来看快来看！”

东京市民潮水般围上去，马车小停片刻。市民相顾曰：“眉山苏榜眼生得玉树临风哦，哪家的千金小姐消受他？”

苏轼凭轼而立，环视，向市民们展露微笑，仿佛他已经是豪门贵婿。反正挣扎也没用，跳车吗？没必要。跳下马车跑不了几步，不被大汉捉回，也被人浪弹回。

高轩驶入高墙大院，头戴乌纱帽的主人拱手相迎。苏轼作了解释。主人初不信，苏轼提到了欧阳修，主人才点头，叹息一声，命下人送苏榜眼还家。

雕窗内，一位盈盈二八少女垂下了她的丽眼。

庭院中，三条捉婿大汉傻了眼。

欧阳修差点挨打

苏东坡险些被捉，欧阳修差点挨打，这故事，开封传了几代人，载入野史笔记。欧阳公大变科举，受到仁宗皇帝的嘉奖。然而，来不及改变文风的考生占多数，名不见黄金榜，纷纷骂娘，横竖不肯卷铺盖。一些考生摩拳擦掌，要打欧阳修，打歪他的地包天。有个带头闹事的考生叫刘几，写四六骈文（太学体）颇有些名气，原以为登科不过是小菜一碟，可是主考官欧阳修竟然在他的试卷上画了个大黑叉。

这一天，欧阳先生从朝廷归私第，官车内架着二郎腿，抱着一坛御赐琼浆，优哉游哉。他干成了一件大事，造就了一大批英才，带动百年好风尚。如此功业，胜过几许帝王将相？欧阳修想想而已，断不会语人半句。想一想是可以的，乐一乐是可以的。择日邀来三苏父子，还有那个方平老儿，状元楼上喝它个一百杯！

官车驶入小巷，忽见一群激动后生奔来，将高轩团团围住。一时间，叫骂声与鸡蛋齐飞，有后生纵身跳上车来，那车夫眼疾手快，一把推下去。后生倒地呻吟，群情更汹汹。

一个白面书生边扔鸡蛋边喊：“打烂欧阳老儿的地包天！”

堂堂欧阳永叔，一脸过期的臭鸡蛋。蛋黄糊了唇不包齿，封了一双近视眼。正午的天光忽然变黄昏。平生高峰体验，一下子落入低谷。后来他对苏东坡说，那一天，黏糊糊的鸡蛋雨总是下不完。那一群落第考生扔了几百个臭鸡蛋，还有一车烂白菜。白菜头简直像石头。

车夫高叫：“欧阳公是朝廷命官！”

考生齐吼："打的就是朝廷命官！"

小巷中的动静闹大了，禁军闻讯赶来，考生们且战且退。

这事儿却还没完，当天夜里，数百人围在欧阳修家的朱门前，当着那八个威严的卫士，齐声朗读《祭欧阳修文》，要把欧阳修活活咒死。

仁宗皇帝下令追查，欧阳修劝阻说："考生十年寒窗苦，扔一回鸡蛋就罢了，念一通祭文就散了，划算，划算。"

苏东坡叹曰："师尊欧阳公高风亮节，弟子自当追随其后！"

"有大贤焉，而为其徒，则亦足恃也"

一〇五七年，宋仁宗嘉祐二年三月，苏轼高中进士榜第二名，光耀眉山苏家门庭，也让欧阳修先生脸上增辉。可爱的醉翁，逢人就夸苏子瞻，带他拜谒韩琦，富弼，范镇，介绍他认识曾巩，王安石，司马光……世界一流的交游圈子，苏东坡闲步而入。草根一夜间置身于顶层，面色如常，心速不加快。这底气从何而来？底气端赖书卷气，"粗缯大布裹生涯，腹有诗书气自华。"

几千年来，人类的优秀分子都是这样。读书修炼，乃是强大自身的最佳途径，再过一万年也复如是。

乡野青年苏轼，正在用文化基因修正他的遗传基因。

京师衮衮诸公，赞赏苏轼有孟轲之风。在宋代，孟子的地位极高。

弟子连月跟随师尊，叩访名流，流连于名园、古刹。暮春三月好时光，近视眼带着苏榜眼，一日看尽汴梁花。杜甫说：“老来花似雾中看。”诗圣，醉翁，坡仙，一生读书几万卷。

颜回感慨老师的名句：“高山仰止，景行行止。望之在前，忽焉在后。”圣人的高度难以企及，所以会显得捉摸不定。

伟大的马克思曾经发问：一个哲学家和一个搬运工的距离究竟有多大?

苏东坡仰望师尊欧阳修，仰望不够。日常生活情趣，他也自叹弗如。

苏东坡尝言三不如人：弹琴不如人，饮酒不如人，下围棋不如人。此三者，恰好是六一居士所夸耀于人的。欧阳修的家门，可称宋代第一师门。当然，他也有看走眼的时候，比如看吕惠卿，看章子厚。

年轻的苏轼在《上梅直讲书》中写道：“诚不自意，获在第二，既而闻之，执事爱其文，以为有孟轲之风，而欧阳公亦以其能不为世俗之文也而取……人不可以苟富贵，亦不可以徒贫贱。有大贤焉，而为其徒，则亦足恃矣。”

孟子是谁？富贵不能淫、威武不能屈、贫贱不能移者也。

梅尧臣说：“苏轼归于欧阳公门下，此乃天意，天意啊！”

那一年春，眉山苏子瞻二十一岁。

“想当然耳”

梅二丈也是个百杯不醉，酒量与欧阳修、张方平在伯仲之间。士大夫多豪饮，一个个活得兴奋，写诗填词作画抚琴，美食美器美园子美娘子，游冶更是常态，驱车三五百里，举目美感横呈。“倦客红尘，长记楼中粉泪人。”梅二丈最喜欢二晏词，首先是晏几道，其次才是晏殊丞相：“一曲新词酒一杯，去年天气旧亭台。夕阳西下几时回？”

梅尧臣当然是学富五车，却为一个句子犯愁。苏轼的考试论文《刑赏忠厚之至论》有这么一句：“皋陶曰杀之三，尧曰宥之三。”皋陶三次喊杀犯人，尧帝三次强调原宥犯人。意思不错，突出了尧帝“宥天下”的治国方向。但是，出自何典？梅二丈翻了半天书，丈二金刚摸不着头脑。他找来苏轼问：“子瞻，你那句讲皋陶与尧帝的话，想必有出处吧？”

苏轼笑道：“想当然耳。”

梅尧臣大吃一惊。这个苏子瞻胆子也太大了，居然在考场上杜撰故事，杜撰的还是圣人！他就不怕仅凭这十个字，十年寒窗苦就付之东流？

梅尧臣报告了欧阳修，欧阳公叹曰：“此子可谓善读书，善用书也。”

旷世之大才，一般说来都不拘小节。古典文献太多，凭野性打进去，再凭野性打出来，这叫血性冲开故纸堆。

原典乃是原创，原创召唤具有创造性思维的读书人。苏东坡为官为人为文，只瞄准大方向，宦海几度沉浮，大抵一派天真，始终保持了向上的生命活力。“小乔初嫁了，雄姿英发。”小乔却哪里是初嫁？三国赤壁之战时，小乔嫁周郎已九年也。

梅二丈叹服苏子瞻，拉着子瞻去状元楼，只喝剑南烧春。翰林大学士请教乡野小青年，宋人有此气度。梅二丈醉也，张口吐佳句，他化用孔夫子和李太白，老夫五十岁，知四十九年非，今日状元楼上饮，“会须一饮三百杯。”

历代读书人，泥古的不少。要冲开故纸堆，一靠眼光，二靠血性。

苏东坡哭了

欧阳修把苏轼引荐给几位朝廷大臣，其中有个范镇，也是蜀人，人称范蜀公。范镇犯颜直谏，有宋一代称第一。“宁鸣而死，不默而生。”这是范仲淹的名言，范镇视为座右铭。《朱子语类》称：“本朝人物，范仲淹第一。”

苏轼早就崇拜范仲淹，当年父亲讲范仲淹，学堂先生张道士（宋代的乡学教师，道士不少），大谈特谈“先天下之忧而忧，后天下之乐而乐”。苏子瞻八九岁，慕范公如慕天人。

范镇对苏轼说：“范公官至宰辅，家中找不到几件值钱的东西。范公在十几个州郡做过官，包括荆楚蛮荒之地，这些地方俱称‘范公过化之州’。”

苏轼喃喃道：“哦，过化之州。”

士大夫做什么？教化一方百姓。“富之，教之。”

孩提时代的向往是决定性的。苏轼在眉山，无数次想象过范公风采。长大要做什么人？做人要做范仲淹。如今在京城，苏轼拜见过了许多名臣，独不见伟岸范公。

苏轼徐徐问：“范蜀公能否引见范公？”

范镇摇头：“范公仙逝已五年矣。”

苏轼一愣。他从小仰慕的天人却在九泉下，不觉潸然泪下。

苏轼这两行清泪很值得研究。眼泪是何物？眼泪是心劲的表达。此后四十余年，苏东坡在他做官的每一个地方都巴心巴肝为百姓谋利益。

宋代，有良知的士大夫无不仰慕范仲淹。

“敢以微躯，自今为许国之始”

国运是什么？国运直接是家运和个人命运。宋人目力长远，直接看到这一点。苏东坡活动在历史氛围中，在他的前面，名臣良吏数不完。

苏轼写信给同榜状元章衡:“仁宗一朝，十有三榜，数其上之三人，凡三十有九，其不至于公卿者，五人而已。盖为士者知其身必达，故自爱重而不肯为非，天下公望亦以鼎贵期之，故相与爱惜成就，以待其用。”

这段话很重要。它道出宋代优秀士大夫的普遍心声。

仁宗朝平均三年放一次进士榜，放榜十三次，三十九年也。名列前三的三十九个人，只有五个人未能跻身于公卿。士农工商乃是延续千年的价值排序。一朝为士，知其身必达，故自爱自重，不肯乱来。这是理解宋代士大夫的一把钥匙，一段点睛文字。

苏轼说：“敢以微躯，自今为许国之始。”

自今日起，这一百多斤都交给国家了。如此豪言壮语，却是信手落笔。

一切心声的表达都不是故作豪壮。故作豪壮者，其言多伪。

大喜之时忽然大悲

四月八日的一天，苏轼在兴国寺的菜园子散步。洛阳牡丹汴梁开，一株牡丹花开得正艳。苏轼目注牡丹，想到了母亲。程夫人原本是一朵富贵花。程家是眉山首富，“门前万竿竹，堂上四库书。”苏轼爱竹，咏竹，画竹，亦因程夫人而起。后来苏家十三个孙子，取名都是竹字头。

眉山苏家五亩园，有一株程夫人亲手栽的牡丹花，众人赞赏鲜艳时，程夫人独不语。而院落清静了，苏轼看见妈妈一个人轻抚牡丹，良久不舍。花独开，人独立。五亩园子悄悄地。少年苏轼注意到这个场景，似懂非懂。

如今在汴京，苏轼想：母亲对花无语，自伤身世么？

妈妈的少女时代多么美丽，堪比牡丹花。邻居都这么说。自从妈妈嫁到苏家，嫁到苏家……

屈指算来，离家四百多天了。苏轼梦见妈妈面容憔悴，妈妈的满头白发在风中飘。

“白发三千丈，缘愁似个长。”

菜园子起了一阵风，牡丹花失颜色，花瓣飘零。苏轼忽然来了一股心痛。

牡丹花开未几日，风也不大，为何突然凋谢？无端心痛，是何征兆？

夏末，眉山传来噩耗：四月八日，程夫人已病逝于纱縠行老家。

苏轼扑通一声向西跪下，伏地叩头，嚎陶大哭。苦命的母亲啊！

奔丧，居丧

三苏父子踉踉跄跄奔丧千里，一路上，绵绵追思不尽。苏洵是否有反思？程夫人的处境与他是有关系的，他早年的“游荡不学”，他中年的暴脾气，他处理苏程两家关系的粗暴行为，他骨子里的男尊女卑意识。

“归来空堂，哭不见人。”仅一年多，眉山老家已是墙倾屋坏，五亩园子一片萧条。任采莲独自垂泪，带着哭腔说：“夫人她苦啊，她一肚子的苦水向哪个倒过？”

苏家两个儿媳妇，王弗和史氏，总是眼泪汪汪。她们亲身经历过的事情太多太多，辛酸事憋在心里。

眉州的州官、县官俱茫然：是去苏家贺喜呢，还是去哭灵？

翰林学士司马光撰写了《程夫人墓志铭》。

苏东坡撕心裂肺的哭声，唤不醒苦命的妈妈。左邻右舍泣下。

程夫人葬于眉山城东十余里，今日谓之苏坟山，千亩松林，千年来松涛阵阵，向这位伟大的母亲致敬。三万棵松苗是苏轼亲手栽下的。

按古制，苏氏兄弟居丧二十七个月。

丁忧古制是孔子定下的，唐宋六百年严格遵循，皇帝也要丁忧三个月。

活着，就是怀念着，点点滴滴追忆母亲的生前。当年不懂事，不知生计之艰难，如今渐渐活明白了，亲爱的妈妈却在阴间。子欲养而亲不待，子欲哭而母不闻。

阴阳永相隔，这是人类永恒的绝望。

苏轼尚未做官，先已为民请命

一〇五八年，苏轼以在籍进士的身份，上书龙图阁学士、益州太守王素。翰林学士当中，以龙图阁学士为最。王素是一代名相王旦的儿子。苏轼上书云：“蜀人劳苦筋骨，奉事政府，但犹不免于刑罚，有田者不敢望以为饱，有财者不敢望以为富，惴惴焉恐死之无所。”

蜀中赋税重。苏轼请求王太守减少赋税，上书未果，他骑马到成都拜见太守。一番交谈之后，王素叹曰：“子瞻不愧是欧阳公的高足，尚未踏上仕途，先已为民请命。”

王素减轻了盐、茶、酒、绢等基本生活物资的赋税。地方大员有此权限。

年轻的苏轼走马成都，数以百万计的蜀人受其惠。苏轼的仕宦生涯，当从二十二岁算起。时在仲春，锦城无处不飞花。王素命其子王巩从苏轼学。王巩字定国，当时十五岁，是个锦袍公子，翩翩美少年。苏轼与王巩从此定交，几十年交情深厚。后来苏轼遭遇宋代的头号文字狱乌台诗案，连累四十多个人，王巩最惨，贬广西宾州五年……

苏子瞻拜别太守，单骑回眉山。官道两旁，一望无际的嗡嗡嗡的油菜花。川西坝子沃野千里啊，“岷山之阳土如腴，江水清滑多鲤鱼。”这是苏老泉的诗句。

从成都到眉山百余里，要过三道河。苏轼下马，小饮于乡野酒肆，三杯薄酒下肚，人已晕晕乎乎。春阳照着他的红面孔。油菜花金黄，麦苗儿青青，古村落依傍岷江。“暧暧远人村，依依墟里烟。”年轻的苏轼，心里有一种说不出的高兴。

美政与诗情都在涌动。

过最后一道河，河对岸那五棵巨大的古榕树，将古码头连成一景。苏轼等渡船，坐在一块青石头上，身边宝马不须牵。霞光万道融入宽阔的江面，反射在苏轼红润光洁的脸上，瓜子脸，细长眼，颧骨略高，皮肤细，“颀身七尺”。苏轼是在读书人家长大的，未谙农事，不曾面朝黄土背朝天。四十多年后，王巩的弟弟王古在广州见到苏东坡，发现他“颜极渥且丹”，面色相当红润。彼时，苏东坡早已饱经风霜也。

上船了，“有情风万里卷潮来。”苏轼牵宝马立船头。若干年后他写道：“有笔头千字，胸中万卷，致君尧舜，此事何难！”

“瑞草桥边水似泼”

丁忧期间，苏轼几次陪妻子王弗回她的娘家。王弗是青神县乡贡进士王方的女儿，生得高挑而端丽，人称玻璃江畔、瑞草桥边的一朵花。平时“敏而静”，丈夫读书时，她在旁边凝神听，一听三年。她是苏家很用心的一位俏媳妇，只是身子有些弱。她默默努力，不让丈夫知道她在背地里用功。下厨房，进书房，上厅堂。王弗的做人，跟程夫人颇相似。书香人家，脂粉也飘香，“小轩窗，正梳妆。”冬，苏轼写五十篇策论，拿毛笔的手生了冻疮，王弗侍墨砚，一排玉齿轻咬夫君的冻疮，一双丽眼却看夫君的文章……

苏榜眼轰动了京师，自然也轰动了小小的青神县。王弗回娘家，别提多风光，县令来拜访，乡绅具酒浆。父亲杀鸡又宰羊，翁婿划拳吃米酒，看上去就像兄弟俩。青神的姑娘们相约来看苏榜眼。王方先生的脸上写满骄傲，当众宣告：“我家女婿苏子瞻，原本应该是状元！”

客人们一惊一乍：“哇，状元啊，眉州城门要立状元牌坊！”

苏轼摇头，轻轻摆了摆白皙好看的手。姑娘们简直要惊呼：“我的妈，苏轼真俊呀！”

眉州姑娘们兴奋时，通常要喊妈。有个小姑娘叫王闰之，王弗的堂妹，她扑闪着大眼睛，总觉得姐夫的头顶上有金光。

春光，春光！苏轼夫妻和一群青神男女，踏青瑞草桥，戏水玻璃江，远眺西岭雪山，近看二三浣女，“含羞笑相语。”艳阳下的王弗比春花还娇艳，剥着南瓜籽，吃着芝麻糖，浑身喜洋洋。此间，王弗终于有了身孕。

青神县待嫁的姑娘们有个约定：年年春三月，要来瑞草桥。嫁得郎君似子瞻，不愁花好与月圆。大约一百年后，陆放翁骑驴拜谒瑞草桥，写诗云：“瑞草桥边水乱流，青衣渡口山如画。”诗、琴、剑三绝的陆游，独自徐行在细雨中，沿着哗哗春江，走六十里软软的河沙路，抵达眉山古城，脑子里满是东坡先生当年模样。

南行

一〇五九年秋，三苏父子携家带口赴汴京，走水路，一千六百八十余里。眉山东门外水码头，那五棵浓荫百丈的神仙树下，聚集着前来送行的亲友。苏家五亩园，委托杨济甫料理。租了一艘坚固的商船，费银子数百两。

别了，美丽的家乡。苏洵此前怅然写诗：“古人居之富者众，我独厌倦思移居。”

坚船顺岷江而下，蜿蜒百余里到达嘉州（乐山），在三江汇合处，仰望高高的唐朝弥勒佛。苏轼叹曰：“故乡飘已远，往意浩无边……奔腾过佛脚，旷荡造平川。”

苏轼二十三岁，写五言诗有些味道了。此前，他花费的工夫主要用于写策论。

船行长江，江水煮江鱼。老苏大苏都是钓鱼捉鱼的好手，鱼真多呀，传说有娃娃鱼，叫声如娃娃。不需登岸买肉，只在船上抛渔线，运气好钓起一尾江团鱼，那味道不摆了（四川人爱摆龙门阵，不摆了是指：好极了，摆不了）。王弗、史氏、任采莲、杨金蝉，四位女眷在舱内忙碌，小儿跳进跳出，还不敢跳进江水。

苏轼兴起也，扎猛子，栽蛙式。这个浪里白条，从岷江栽到长江。孩子们跃跃欲试，苏洵爷爷笑道：“莫慌，莫急，过两年栽蛙式不迟，汝等欲戏水，先学狗刨沙（自由泳）……”

王弗生的儿子叫苏迈。史氏生的儿子叫苏迟。

老苏弹琴，大苏写诗，小苏大抵发呆。

“船上看山如走马，倏忽过去数百群。”

初冬，下雪了，江上一片白茫茫。苏轼犹单衣，伫立于船头，若无思而有思。年轻的诗人寻觅佳句，“语不惊人死不休。”可是唐朝诗人写得太出色了，真是眼前美景道不得。

鲁迅说：“一切好诗，到唐已被做完。”

船过忠州，泊岸访古。游永安宫，观八阵图，凭吊伟大的诸葛亮。访古之幽情，乃是古代诗人的一大兴奋点。

黄昏时分，苏老泉独钓寒江雪。苏东坡访屈原庙，看诸葛盐井。

船过夔州，入三峡，经瞿塘，经滟滪堆，接下来便是巫山神女峰。“白浪横江起，槎牙似雪城。”水石相击，声如洪钟，三尺长的大鱼被巨浪高高抛起，落在尖利的岩石上，暴鳃而死。“两岸猿声啼不住”，坚船难过万重山。

船至新滩，阻于大风雪，三日不能开船。苏轼踏雪去附近的村子买村酿，身穿王弗做的新棉衣。小村名叫龙马溪，村头古树后闪出一角酒旗来。苏轼买了十斤酒，切了五斤牛肉。雪大风疾，憨厚的店主人送他一顶斗笠。他走出小店很远了，回望那破旧的酒旗卷在雪风中。

雪野一串脚印，漫天玉龙飞舞。端的好景致，丰年好大雪。

从眉山东门码头拿舟而南，“沿途阅县三十六。”顺流而下六十天。

途中，三苏父子得诗赋一百篇，编为《南行集》。苏轼小序云：“自少闻家君之论文，以为古之圣人，有所不能自已而作者，故轼与弟辙，为文至多，而未尝敢有作文之意。”

苏轼的文章写得那么好了，尚不敢有作文之意。“文章千古事”，下笔慎之又慎，惜墨如金。三代（夏商周）圣人述而不作。《道德经》五千字，《论语》一万多字，《庄子》七万字。华夏族之顶级智慧，薄薄的几本书而已。

苏轼南行诗云：“游人出三峡，楚地尽平川。北客随南贾，吴樯间蜀船。”

三苏父子弃船换车马，过境荆州，赴南阳，再拜诸葛丞相遗迹，著名的南阳诸葛庐在城东二十里。德与智的巅峰人物，唐宋士大夫景仰焉。“丞相祠堂何处寻？锦官城外柏森森。”

苏轼拜谒诸葛亮，从成都拜到荆州南阳，由此可见他的美政冲动。拜屈原亦如是。美政一词，源头在屈原。美政兴奋，访古兴奋，道路兴奋，村酒兴奋……

嘉祐五年二月十五日，三苏抵达汴京。

三白饭与三毛饭

抵京后，苏轼和苏辙准备制科考试。苏轼报考“贤良方正能言极谏科”，这将伏下他一生的命运。贤、良、方、正，并且要有犯颜极谏的勇气，不惧龙颜大怒。

京师日子清苦，钱粮无算，十天半月难吃到一顿肉。苏轼又是个好吃嘴，想肉想断肠。

有一天，京城好友刘贡父请他吃饭，他兴冲冲去了。一路上咂嘴巴，想象久违的朋友设宴，好酒好肉随便吃，吃完了还打包，回去让小孩儿尝尝……刘贡父迎他入室，看茶，闲谈古今。苏轼饥肠咕咕响，为了这顿晚宴，他空腹而来，午饭都舍不得啃一块馒头。

刘贡父说起状元楼的一道名菜，唤做羊骨酥香。苏轼想：这羊骨都酥香了，何况那羊肉，一咬满嘴流油……嗬，当年在眉山西城墙，兄弟们吃焦皮猪肉全吃笑了。

苏轼一面美滋滋地想，想得美且远，一面却拿鼻子闻。这都掌灯时分了，屋里闻不到一丝肉香。他对肉味向来是敏感的，各种肉，各种做法的肉，逃不出他的嗅觉，尝自诩，狗鼻子也不过如此哦。今日他闻来闻去，却见刘贡父似笑非笑。天黑尽了，茶喝饱了，上厕所上了几回，终于听得厨房有盘子响。

童子终于端了饭菜上来：一撮盐，一碟白菜，一碗白米饭。

苏轼的眼皮子一阵紧翻，连眼白都翻出来了。

那刘贡父正色道："这叫皛饭，古已有之。子瞻恐怕没吃过，今日一尝，十年不忘。"

苏轼点头说："哦哦，原来如此！"

古已有之的三白饭，转眼间吃个精光。苏轼拱手告辞，刘贡父含笑相送。

半年过去了，苏轼回请刘贡父。贡父心想：世间有比三白饭还简单的饭菜么？或许子瞻得了欧阳公送的上等酒肉，请我去同吃同醉，也未可知。

刘贡父抱着希望，去了苏轼居住的怀远驿，少顷，感觉不对头。他上厕所，趁机走了一圈，厨房空空荡荡，连一棵白菜都没有。莫非子瞻请他下馆子？

刘贡父饿了，尽量往好的方面想。可是凭直觉，这个苏子瞻要捉弄他。

刘贡父右等右等，苏子瞻一味稳起。刘暗吞口水，苏佯装未见。

刘贡父终于忍不住，问："子瞻啊，你请我来，这饭菜……"

苏轼笑道："我准备了一顿毳饭，你肯定没吃过。"

苏轼挥笔，写下一个毳字。

博学的刘贡父也想得远了：莫非子瞻请我吃三种带毛的野味？

那苏轼却说："盐也毛，菜也毛，饭也毛。这叫毳饭。"

开封人的口音，毛与没同。

刘贡父傻了眼。他大老远赶来，连一顿三白饭都吃不成。这回去的路上指定饿得东歪西倒，于是讨要了一个馒头充饥。苏轼摇摇头，又笑了：“这毳饭，你尝一口，二十年不忘。”

刘贡父骑驴三十里，归去，只觉得前胸贴了后背。冷风疏雨潇潇地，饥寒交迫啊。

制科殿试在即，苏辙狂拉肚子

一〇六一年七月，制科考试即将在京城隆重举行。这种考试不定期，十年或八年考一次，在进士当中再选英才。仁宗皇帝要亲自阅卷。迩英殿侍读学士欧阳修，举荐进士苏轼参加制科殿试，一时士林翘首，百姓争传。苏辙由知谏院杨乐道举荐。

苏轼形容这种最高级别的考试：“特于万人之中，求其十全之美。”

来自各地的进士考生，入住豪华馆驿，挑灯复习工课。

临大考的苏轼是何状态？他在马行桥逛夜市，尝小吃，翻旧书，鉴赏古玩。后来有诗云：“马行灯火记当年。”他闲步夜市优哉游哉，苏老泉却在家里急得团团转。原来，苏子由拉肚子，发高烧，大考之前躺下了！

大苏找不到，小苏发高烧，老苏心焦复心焦。一家子都慌了神，妇人们忙着烧香拜佛，忙着煽炉子煎草药。王弗捧心，走出门去望一望又颠回来，状如夏风中的西子。

子瞻终于回来啦！可是子由拉肚子拉得更厉害。

大苏进屋瞧一瞧小苏，问了史氏用的药方，然后掉头便走。老苏追着问："轼儿，这深更半夜的你去哪儿？后天就要殿试！辙儿却偏偏在节骨眼上狂泻不止。"

苏轼说："事不宜迟，去欧阳公府上。"

后半夜，苏轼回住处，只称等候消息。可怜的弟弟还在拉，不时跑厕所。哥哥诊断无大碍，属于普通的腹泻，拉完了，高烧自退。苏老泉不大懂医术，半信半疑。苏轼自去睡了，少顷，响起了鼾声。苏老泉哪有一丝睡意？制科殿试非同小可，一旦高中，仕途起点高哇。

第二天上午，苏子由的腹泻好歹止住了，却是两眼无神，浑身乏力，走几步都要人扶。

苏洵仰天长叹："这就是命！"

苏子瞻尽量不动声色，心里却在打鼓。明天就要考试，明天啊……各地来京的进士考生们听到消息，纷纷额手称庆："小苏狂拉肚子考不了，大苏六神无主考不好！"

然而，考生们高兴得太早了。正午时分，传来宰相韩琦的命令："由于眉山进士苏子由生病，制科殿试延期！"

赵宋立国百年，这种事绝无仅有。由此可见二苏在京城的风光。

苏老泉听轼儿带回的喜讯，顿时大兴奋，一头冲向辙儿的病榻。

刚才还病歪歪的苏子由，从床上一跃而起。

苏东坡考了百年第一，人称“双料状元”

万众瞩目的制科殿试，在延期十五天后举行。考试规定，论文的字数不得少于三千字，而苏轼写了五千五百多字。

担任主考官的司马光，看苏轼的论文一看三叹：“奇才，奇才，奇才！”

仁宗皇帝朱笔一挥，录为三等甲。

一百多年来，制科殿试，一二等皆虚设。有一个叫吴育的人考过三等乙，而苏轼为三等甲，居百年第一。两京士林沸腾，朝廷百官索要苏轼的文章甚急。苏辙入了四等。

仁宗皇帝激动不已，对曹皇后说：“朕为子孙后代，得了两个清平宰相啊。”

仁宗传旨嘉奖：“天下好学之士皆出眉山！”

欧阳修设宴于状元楼，为二苏庆贺，京师名流云集。五年前，苏轼高中进士榜，乃是事实上的状元，如今考制科入三等，皇帝视之为未来的宰相。席间，却有不附和的声音，群牧判官王安石说：“如果我是主考官，我就不会录取他们。”

欧阳修听了皱眉头。司马光深看王安石一眼。苏老泉狠狠盯着王安石。

王安石称：“蜀中千年无人，乃是英才的不毛之地。有个司马相如，骗财骗色而已。”

苏老泉直想挥老拳了。

觥筹交错之间，赞声不绝之际，王安石在他的位置上一动不动，终席，滴酒不沾。他的师尊欧阳修也不来劝酒。王安石不饮，据说连皇帝都莫奈何。

欧阳修对苏轼说：“东京士人夸你是双料状元，百年第一啊！”

梅尧臣插话：“欧阳公特意选在状元楼，为你大宴宾朋。”

苏老泉急忙拿眼睛去看王安石，后者倒是未发杂音。他似乎在睡觉，状如老僧入定。

欧阳修又说：“子瞻啊，你要牢记八个字。”

苏轼朗声道：“贤良方正，能言极谏。”

王安石突然醒了，“目如射。”

“天寒念尔衣裳薄，独骑瘦马踏残月”

苏轼出任陕西凤翔府签判，宋代官制，府高于州。签判一职相当于知府的副手，拥有与知府共同签署文件的权力。而一般进士要从县尉、主簿之类的小官做起。

苏子由送哥哥到郑州，又从郑州出城二十余里。一辆车，几匹马，车内是王弗母子与侍婢。时在一〇六一年十一月十九日，中原寒冷的早晨。苏洵和任采莲留在汴京。

苏轼的仕途起点高，俸禄比较厚，但此时心情并不好。凤翔远离汴京一千多里。父子、兄弟一别，再聚首遥遥无期。子由从小跟着哥哥学，跟着哥哥玩，未曾一日分离。他又不如哥哥健壮，高而瘦，少言寡语。兄弟二人，一豪壮，一内敛。

苏洵写过短文《名二子说》，分析两个儿子的性格差异。

朝廷任命苏辙为商州推官，却被负责撰词头（起草任命书）的王安石拦下。

天边挂着一弯残月，苏子由骑瘦马，一路默然而行，笑容勉强。他和哥哥相处的时间，远多于父母。百里送别黯然神伤，他委实高兴不起来。他身边有一条汉子倒是难掩喜色，这个人叫马梦得。

苏辙拱手而别。哥哥望着弟弟的背影，弟弟不回头。只怕一回头，他忍不住落下男儿泪。小时候他但凡受了欺负或受了委屈，总是哭着去找哥哥。

苏轼在马背上吟诗："人生到处知何似，应似飞鸿踏雪泥。泥上偶然留指爪，鸿飞那复计东西……"

苍茫中原，辽阔野地，朔风吹得老树弯腰。苏轼登高，遥望远走的弟弟。"登高回首坡垅隔，惟见乌帽出复没。苦寒念尔衣裳薄，独骑瘦马踏残月。"

苏子由一个人，孤零零打马回汴京。

马梦得

近千年来，苏东坡在海内外的崇拜者千千万万，马梦得排第一。

这条汉子有趣得紧。他一身学问，五经、六艺（礼、乐、御、射、书、数）皆通，在太学（最高学府）做学官，每日与才俊为伍，时常跟高官周旋，却经不起苏轼几句话，竟然弃了太学正的官职，扔了宝贵的京城乌纱帽，跟随苏轼远走凤翔府，做个不起眼的幕僚。

苏子由一走，马梦得在马背上笑出声来。子由出郑州客栈就一直苦着脸，马梦得只好陪他憋着，憋了几十里。

马梦得的马背功夫了得，腾空而起翻跟斗，眨眼间，人又贴在了马肚皮。小儿拍手笑，王弗与丫环相顾莞尔。马梦得来劲了，挽弓纵马追狐兔，苏轼兴起，拍马挥鞭追上去。不多时，两条大汉驮了猎物归来。冬季野物肥，升火烤来吃。熊熊火光映着马梦得的汉子脸。他喝了酒脸儿通红，却笑苏轼面如夕阳。

一行人从郑州到凤翔，走了半个多月，日行四十余里。过宝鸡县，马梦得谈起宝鸡的来历，讲得趣味横生，他又学公鸡叫，惹得村舍的公鸡将黄昏认作天欲晓，纷纷叫起来。

三岁的苏迈连连学鸡叫，小丫头嘻嘻笑。陕西野地尽枯草，偶见一树腊梅俏。

马梦得对《诗经》倒背如流，对《诗经》中写到的草木虫鱼了如指掌。他博学多艺，人又很逗，唱陕西高原的信天游有板有眼。

亦庄亦谐的书生，文武双全的官人，说一不二的汉子，大龄未娶的优质男。

马梦得追随苏东坡，一追三十年。

陈希亮

凤翔府的太守陈公弼，字希亮，眉州青神县人氏，曾经与苏序老爷子有过交往，自视为苏洵的父执。他原是军人，立过边功。个头小，脾气大，“面目严冷，言语确切，好面折人”，当面骂人很凶。他的军用马鞭既抽马又抽人。凤翔是宋与西夏的交界地，边患不断。知府一般都强悍。二十七岁的苏签判，跟这个行伍出身的顶头上司合不来。

苏轼是顶着京官的头衔到凤翔的，且是欧阳修的得意弟子，制科殿试百年第一，东京人称双料状元。仁宗皇帝预言他将来要当宰相。于是乎，这年轻人就自视高，恃才傲物。

苏东坡与陈希亮，活像两只碰到一起的公鸡。

苏签判旋风般地工作着，走马千里，跑遍了凤翔的十个县，深入最偏僻的村落，了解农事，嗟叹穷苦人。他发现了官府的一些弊端并加以纠正，受到吏民的称赞。人们亲切地称他苏贤良。而陈希亮动不动就骂人，无人叫他陈贤良。

府吏们一口一个苏贤良，陈希亮黑着一张瘦脸。

陈希亮高兴的时候喊子瞻，不高兴则叫小子。他从来不叫苏贤良。

有一天，陈希亮唤苏东坡：“小子，你去饮凤池看看水位，再写一份地形勘探报告。”

凤翔城缺水，饮凤池是百姓取水的池子。

苏东坡顿时不悦，扭过头，眼睛只看别处。

陈希亮又说：“小子，跟领导面对面，要懂得尊重领导。”

于是，两只公鸡面对面了。眼睛在打仗。少顷，苏东坡掉头便走。

一个叫张璪的府吏赶紧跟着苏东坡，追着说：“苏贤良，我跟你一起去。”

却听陈希亮吼道：“臭小子滚回来，谁叫你去？”

走到知府厅门口的苏轼慢慢转身，冷眼问：“他为什么不能去饮凤池？”

陈希亮挥挥手，说：“你自己去。”

苏轼用鼻音哼了一声，直接怼领导：“张璪不是闲着吗？”

陈希亮暴跳如雷：“这个臭小子闲不闲，是你苏子瞻说了算吗？”

张璪忙着两边作揖，说：“苏贤良，小吏我下次再做你的跟班吧。”

话音未落，马鞭子啪地一声抽到他面孔，留下一道血痕。陈希亮用鞭子指着一班府吏下令：“从今以后，谁敢再叫一声苏贤良，我这马鞭子要见血！”

可怜的未来宰相眉头紧锁，一脸茫然。

张 璪

张璪原名张琥，不知什么原因变成张璪。他是苏轼的同年进士，十九岁登第。在凤翔，他跑苏轼家跑得勤，俗话叫跑断门槛。今日送好茶，明日送好泉，后来又陪苏签判苏大人苏贤良去看陨石，看战国时代传下来的石鼓文字。马梦得对张璪印象好，二人称兄道弟，喝酒谈天，彼此都快活。张璪挨了太守的鞭子，马梦得愤愤不平。

张璪对苏贤良的儿子苏迈更是用心，带苏迈逛庙会，看灯会，赏花会。他把自己的一块玉佩当玩具送给苏迈，王弗夫人欲阻拦，他说："玉佩也不是什么值钱的东西。"

张璪将一方古砚送给苏签判，也说不值钱。陕西地面上，锄头一挖便有古物。

家中便饭，张璪一定要请苏大人先动筷子。饭后他搬来圈椅请苏大人坐，泡茶续水打蒲扇，百般殷勤。苏轼走路步子大，他总是跟在后面小跑，边跑边汇报工作……

王弗对苏轼说："张璪这个人，献殷勤有一套，子瞻你离他远一点。"

苏轼笑道："讨好上司也是人之常情，这个后生心眼不坏。"

十二月十九，苏轼过生日，张璪带领府吏前来祝寿，歌颂苏贤良才高八斗，德被凤翔，将来一定鹏程万里。一群绿衣府吏纷纷附和，马梦得很感动……王弗却在帘内皱眉头。

苏轼看谁都像好人。唯独看领导别扭，陈希亮的冷面孔他看了两年。而前任知府宋选，厚待苏轼。这个陈希亮"目光如冰"，说话难听，"自王公贵人，皆惮之。"

中元节（农历七月半），苏轼不去知府厅赴宴，陈希亮罚他八斤铜。苏轼认罚，但不去官厅交罚金。张璪赶来苏家，提着八斤铜钱走了。他又在太守面前替苏轼说好话。

马梦得评价："张璪是个厚道人。"

苏轼很是认同，转问王弗，王弗不答，到院子里看书去了。不足五岁的苏迈也拿起一卷书，坐到母亲旁边看。这是苏家最重要的家风。年轻的苏轼在凤翔有名言："博观而约取，厚积而薄发。"他把这两句写成条幅赠送给张璪。张璪升官快，升到开封去了。

章 惇

章惇字子厚，在宋代是一个大有名气的人物。先亦正亦邪，后来直接是魔鬼。北宋两大奸臣，他是其中之一。他博学多才，颇自负，嘉祐二年的状元章衡是他侄子，由于这个缘故，他拒绝了那一年万人艳羡的进士之身，只因在黄金榜上，他排名在侄子后。三年后他再考，再登礼部黄金榜。三十年后，他的儿子章援，考进士获第一。

章惇生得高大而俊美，习武也不凡。秦地流传的白起剑法十九式，据说他得了真传。善学，勇猛，仗义；一次能吃掉一只红冠公鸡，喝下五斤烧酒。宋代的烧酒有三十度以上的。

但是这个人小时候有大阴影，他父亲叫章俞，章俞与其丈母娘私通的产物就是章惇。宋人极重道德，私生子人人不齿，何况是那种不可告人的私生子。章子厚在怪戾的氛围中长大了，去京城应考，却干劫色猎艳的勾当，专劫官妇。有妇人笑嘻嘻提到他的出身，他卡她脖子直欲掐死她。章俞的偏房也被章惇偷去。父偷丈母娘，子偷庶母。

门风一坏，不止坏一代。

值得重视的是章子厚的心理环境。怪物从儿童期就开始怪，戾气纠缠年复一年。

宋英宗治平年间，苏轼官居凤翔府签判，章惇是商洛县的县令。

二人始交游。苏子瞻才华横溢，章子厚胆大包天。有才的羡慕有胆的，似乎自古而然。这叫缺啥想啥。苏东坡养成浩然之气是后来的事，此间他年轻，还在拗着性子跟领导闹别扭。章子厚我行我素，不同凡响，这是苏子瞻特别感兴趣的。正气邪气，一时殊难分辨。

谁优秀就与之游，苏东坡一生都是这样。这也是宋人的常态，宋人的格局。

二人连骑，畅游长安县的终南山，一日，山风忽然呼啸，来了一只下山虎。苏轼的坐骑受惊嘶叫，章惇的马原地不动。苏轼掉转马头欲撤退，章惇却下马，大摇大摆往前走。苏轼不禁蒙了：此人武艺高强敢搏下山虎么？那只大虫也有些好奇，瞅着他头上的乌帽。

说时迟，那时快，白额吊睛猛虎作势欲扑，百步外的苏东坡大惊失色，却见那章子厚从腰间取出一件金灿灿的物什，朝石头上猛掼。

原来是一面铜锣！寂静的老林子锣声大作，金光乱射。猛虎不复猛，跃入草丛跑了。

章子厚笑拍苏子瞻："尔无此胆吧？去年我吓跑了一头豹子，今年驱虎，子瞻作证。"

苏东坡点头不迭："作证，作证，好你个章子厚，浑身都是胆也！"

深山有一座百年老屋，年年闹鬼，猎户不敢靠近，山民绕道而过。苏东坡很好奇，却也只敢在百丈外的农家观望鬼屋。夜里似乎真有鬼叫，大鬼小鬼咬骨头……章子厚不顾山民苦劝，昂然进鬼屋，道是住个两三天，跟鬼东西聊聊天。他带了牛肉与烧酒，黄昏进去，半夜不见动静。猎户叫苦："惨也惨也，老鬼屋的饿鬼恶鬼吞吃了章县令！"

苏轼正寻思麻起胆子去鬼屋，扒开破窗瞧一瞧，却听一声长啸传来，不是章惇是谁？后半夜，鬼屋里鼾声如雷。而苏轼失眠了。

次日薄暮时分，章惇笑呵呵携了酒肉，懒洋洋再进鬼屋；他邀请苏轼与众鬼同饮，苏轼连连摆手……山民一惊一乍说：“章惇不怕鬼，倒是鬼怕章惇哦。”

孔凡礼《苏轼年谱》：“苏轼与章惇三游终南山。”

《宋史·章惇传》：“与苏轼游南山，抵仙游潭，潭下临绝壁万仞，横木其上，惇揖轼书壁，轼惧不敢书。惇平步过之，垂索挽树，摄衣而下。以漆墨濡笔大书石壁曰：‘苏轼、章惇来。’既还，神彩不动，轼拊其背曰：‘君他日必能杀人。’惇曰：‘何也？’轼曰：‘能自判命者，能杀人也！’惇大笑。”

仙游潭上的圆木又湿又滑，苏轼不敢过，坐地写诗：“不将双脚踏飞梯。”他和孔夫子一样惜命，不拿生命去冒险。章惇冒死过独木桥，只为写几个字。这种连自己的性命都可以不顾的人，他日必能杀人。苏东坡料想不到的是，日后章子厚的屠刀，架到了他的脖子上。

历史本身，比一切戏剧更跌宕起伏。

凤翔雪地，有古人埋藏的丹药

苏轼在凤翔居于签判官舍，有个院子，盛开着三株梅花。

他在凤翔始与文同游，文同是大画家。苏轼画竹，画梅，颇受文同的影响。他花十万钱买了吴道子画的四扇佛像门板，献给嗜古画的父亲……

凤翔下雪了，院子里铺了厚厚的一层雪白。一家主仆闲坐火炉旁，王弗做着针线活。苏轼又提起商洛县令章子厚，说几个月未见面了。王弗夫人只不吱声。

小儿苏迈惊叹：“章县令，不怕虎不怕鬼不怕死啊！”

王弗夫人摇了摇头。苏轼也不再问她的意见，把卷火炉边，瞅着窗外的好大雪。

《苏轼年谱》：“轼有所为于外，君未尝不问知其详。”后来，王弗去世，封崇德君。

王弗对丈夫结交的朋友逐一观察，觉得大都是好的，唯有章惇、张琥，她没有好印象。苏轼不喜欢上司陈希亮，王弗并不附和。这位“敏而静”的夫人话不多，却中肯，她一般不说第二遍。响鼓不用重锤，她的苏子瞻大抵是一面响鼓……

雪落无声，“炉香静逐游丝转。”抛书人对三株梅。苏轼忽然发现，有一处地面不积雪，这可有点怪。于是起身出门去细看，“疑是古人埋丹处。”强身壮体的丹药性热，积雪不化。对炼丹着迷的苏轼，拿起锄头就要挖，王弗止之曰：“使先姑在，必不发也。”先姑指程夫人。

苏轼记云：“吾愧而止。”

当初在眉山，苏家院子现大瓮，瓮中可能有许多珍宝，而程夫人命人以土塞之。

贪心人皆有之，重要的是及时发现，加以纠正。

陈季常

陈希亮的第四个儿子陈慥，字季常，宝马香车丽人美酒，在凤翔地面出尽了风头。江湖人称锦袍四哥，但凡有纷争，只要四哥出面调停，凤翔十个县，无人不给面子。井市泼皮耍无赖，陈季常收拾他，只消动个小指头，泼皮阿三屁滚尿流。江湖上又称陈大侠，纷纷传说，陈大侠武艺了得。不过，大侠一般不动刀枪棍棒。大侠的身后好汉如云，该出手时，总有人出手。凤翔人说："陈太守不管的，锦袍四哥都管。"

马梦得几番在苏轼面前夸陈季常，苏轼笑道："这倒是个快活人，不像他父亲古板。"

有一天，苏轼在开元寺看王维的壁画，从早晨看到黄昏，毫无倦容。马梦得在寺庙的角落打瞌睡。暮色垂下，凤翔城灯火初上，苏与马各牵一匹马，闲逛闹市区，苏大谈王维、吴道子，马只看街头女郎。忽见一辆四马豪车招摇而来，车上二妖姬与一锦袍公子嬉笑饮酒，车后跟着七八条赤膊大汉。马梦得的双眼顿时直了，迭声叫道："四哥，四哥……"

苏轼未能回过神来，那四马豪车却在他足前停下，十六只马蹄纹丝不动，四美目转动照人。但见一个锦袍公子纵身跳下，对苏轼纳头便拜，口称："苏贤良在上，受兄弟一拜。小可陈慥季常，家父凤翔太守。"

这一拜，一辈子都拜进去了。若干年后，苏东坡称陈季常是

“异人”。

凤翔街头一时人头攒拥，人们欢呼苏贤良与陈大侠。

苏贤良看大地主不顺眼

凤翔城郊有个李氏大庄园，占地千余亩，楼台亭榭美轮美奂。苏轼对园林、建筑一向感兴趣，在汴京城多有见识。这李氏庄园规模宏阔，亭台池子讲究，想必是上百年的钟鸣鼎食之家。苏轼登高望庄园，赞叹复赞叹。他很想进园子，好好瞧一瞧。

手下说：“苏大人想进庄园还不容易？那庄主巴不得呢。”

却有府吏进言：“大人宜慎重，陈太守拒绝了李地主三番五次的邀请。”

苏轼不言语。策马围着大庄园转了一圈，面色凝重了。几个村子的农户对庄园怀恨，大多数人敢怒不敢言。却有愤怒的老者与后生，向苏贤良控诉。原来，这姓李的地主是个暴发户，勾结上层，背景很深。州府一级的官员动不了他。他的凶悍庄丁有百十号人。

苏签判回官舍睡不着了，诗人不愤怒就不是诗人。诗人提笔大书：“当时夺民田，失业安敢哭？谁家美园圃？籍没不容赎。此亭破千家，郁郁城之麓。”

大地主的美园圃是以破千家为代价的。

“一首诗吓不走孙传芳”（鲁迅），年轻的苏轼在凤翔痛斥地主恶霸，却显现了知识分子极其宝贵的民间立场。而历代不绝的帮闲文人，为了几块散碎银子，就向豪门摆尾巴。

苏轼名气大，诗传凤翔府。李地主气得哇哇叫，因为苏轼声称要没收他的庄园。

一日，苏轼游太白山归来，树林中忽然闪出一群蒙面庄丁，团团将他围住，要叫他吃一顿拳脚，从此闭上嘴巴。学过几手的苏轼左遮右挡，马梦得已被众庄丁打翻在地。三条练家子围攻苏轼，拳脚如雨点，吼叫似豺狼。苏轼且战且退，眼看不敌了，即将被乱拳打趴下。

李太白在长安的北门遭泼皮群殴，莫非苏东坡在凤翔要挨暴打？这关头，听得林子外一阵马蹄疾，锦袍四哥陈季常飞身抢来，身后十七八条大汉，个个奔如风，怒目圆睁。

喜雨亭

凤翔干旱，连月不下一滴雨，田地里的庄稼要枯萎，城里人的水源饮凤池也见底了。十万户心焦如焚，太守奈何不得。灾荒年要死人的，逃荒的人纷纷上路了。如果再有几天不见雨，凤翔人要跑一半，大片土地撂荒，形成恶性循环，商贾不行，盗贼蜂起，讼案山积。

苏东坡初试求雨，在太白山之上清宫，一袭有阴阳图案的道袍，一把七星宝剑，焚香再拜，口中念念有词。天公似为所动，下了一点微雨，百姓转忧为喜，觉得有希望了。稍后，苏轼再一次登山祈雨，大雨倾盆而下，而且整整下了三天三夜。雨下透了，人爽透了。

有趣的是，自凤翔起，苏东坡在很多地方求雨都比较灵。天人感应，或许有吧。

苏贤良建了一座喜雨亭，作《喜雨亭记》：“官吏相与庆于庭，商贾相与歌于市，农夫相与忭于野。忧者以喜，病者以愈，而吾亭适成。”

这个研究水利的官员致力于拓宽饮凤池，用了一年多的时间建成凤翔东湖，解决了市民的饮水问题。今日陕西凤翔城，青年苏轼的伟岸雕塑，高耸于东湖边的大广场。

苏轼讽刺凌虚台

苏轼二十八九岁，人在磨炼中。“年少暴得大名”，这是陈太守对他的一句评语。暴富易骄奢，暴得大名难免牛气哄哄。苏轼才大而气粗，不肯折腰于领导。陈希亮费大力建了一座雄壮的凌虚台，让苏轼撰写《凌虚台记》。苏大才子一挥而就，马梦得看了惊叹不已。古往今来有多少台记一类的文字，找不到一篇不是歌颂的。苏轼倒着来，下笔讽刺凌虚台。

苏轼称，自秦汉隋唐以来，数不清的楼台宫观，“其宏丽坚固，将百倍于凌虚台，而今复为破瓦颓垣，又安在哉？”

中国古代木石结构的建筑物，一般只有几百年。多少汉阙唐宫，风吹雨打去，只剩下几片瓦、几块砖、几根石柱子。苏东坡认为自己实话实说，不考虑大煞风景，偏要在顶头上司的得意处，狠狠泼冷水。这将是庆典上的一曲哀歌，几乎是一首挽歌。他的书法又相当漂亮，苏体字已自成一体。凤翔府的官吏们看了，个个摇头走开，不敢多半句嘴。

苏签判斗陈太守，如何是个完？两只大公鸡抖着红鸡冠……

文章呈送知府厅，半天无动静。偌大的太守府失去往日的喧闹，人人等着老太守大发雷霆，从官厅冲出来……然而，陈希亮表扬了苏子瞻，下令：“《凌虚台记》一字不改，刻石碑立于台前。”苏东坡傻了。真没想到，陈太守这么对他。

大约半年后，陈希亮由于收了几坛子其他州郡送的好酒，下狱，郁郁而终。苏东坡回忆往事，怅然写道：“轼官于凤翔，实从公二年。方是时，年少气盛，愚不更事，屡与公争议，至形于颜色……”

不过，苏轼气盛，日后并不稍减，只在修炼中加以提纯。在大是大非问题上，他面对皇帝和宰相毫不妥协。生命冲动是要冲到底的。冲力大，阻力强，越发波澜壮阔。

王弗催苏轼返京

王弗十六岁嫁给苏轼，三年后得一子苏迈，其后再未生育。

她身子弱，气血不足，也许在凤翔有过身孕，流产了。她一个弱女子，性格却像程夫人。她注视着自己的丈夫，想要施加某些影响。程夫人生前可能嘱咐过她。嫁苏轼十一年，她大约九年和丈夫在一起。

眉山气候温润，凤翔的四季温差大，雨水不多，冬季严寒。肉食也异于西蜀。苏轼强壮，能够适应这样的环境，王弗比较困难。牛羊肉性热，而她在眉山吃惯了猪肉。

一〇六四年，苏轼在凤翔的任期满，朝廷召他返回汴京，差判登闻鼓院。宋代官制，初仕曰磨勘，取磨炼、勘察之意。文官磨勘三年，武官磨勘五年。

靠近年底了，凤翔连日雨夹雪，朔风千里，树木光秃秃，全无一点绿色。秋收冬藏，而人要在大地上挪动。王弗偏又卧病，苏轼决定推迟行期。

苏轼写诗："忆弟泪如云不散，望乡心似雁南飞。"

兄弟不相见，屈指一千天。弟弟想念哥哥更甚，他在京城一直闲着。父亲忙着编修礼书，身子骨也大不如前了。苏轼赶赴汴京的愿望十分强烈，妻子一病，他改变了主意。

所谓夫妇恩爱，细节最能体现。王弗夫人硬撑了身子，大口吃饭，快步行走于庭院，往脸上涂胭脂，以示她肤色红润。她说病已好了，可以动身了。她连日说了好几次，还一把抱起六岁的儿子苏迈……于是，苏轼决定动身。

一家子的车马未到长安，雨雪更大了，道路泥泞不堪，弯弯曲曲望不到尽头。大河小河结了冰。刺骨的寒风一股股吹进车厢，王弗紧紧搂着儿子，为儿子挡风。母为子，天上落刀子也要挡……

一行人夜宿华阴县。王弗整夜咳嗽。

到汴京宜秋门附近的南园，她又躺下了，有气无力的样子。苏轼请来大夫给她瞧病。将息了半月，王弗渐渐气色转好，却又下床忙起来，收拾南园的这个家，种菜喂鸡，给儿子讲书本，替丈夫洗官衣，为公公跑药铺。苏轼骑马到登闻鼓院上班，也是忙得两头见黑。回家饭菜香啊，苏轼听到妻子哼唱欢乐的家乡小曲。其实是哼给他听，叫他放心忙公务。

五月，王弗病倒。中旬，王弗明亮的丽眼永远闭上，满头青丝进了一具黑棺材。高挑而鲜艳的青神姑娘，非常努力的好妻子，未享几天福，忽然一病西去。千呼万唤唤不醒。

王弗年仅二十七岁。棺木厝于寺庙，以后归葬故里。

苏老泉之亡

王弗去世后不到一年，苏洵亡，享年五十九岁。苏序活了七十五岁，后来任采莲活了七十二岁，苏辙七十三岁。

老处士苏老泉受欧阳修的赏识，得以不试而官，为朝廷编礼书，格外勤奋。几年累下来，积劳成疾，终于不治。他兴奋，乃至亢奋，于是勤奋，抓住来之不易的机会，一展平生抱负，报欧阳公知遇之恩。他连年加油干，干到油枯灯灭。

苏洵偏爱战国的纵横家，对老庄的平和冲淡察之未详。立功立言之志过于强烈，不怕费周折，不顾病且衰，执意要干出一番名堂。这类强力意志，形成了古今太多人的生存盲点，苏洵是其中之一。

孔子孟子一生激烈，却是懂得“申申如也，夭夭如也”（通体舒展貌）。

孔，七十三岁；孟，八十四岁，寿同庄子，逊于墨子。老子一百多岁，那神仙般的飘逸身影，一万年提醒炎黄子孙。

“十年生死两茫茫”

短短几年间，苏轼丧母，丧妻，丧父。他才三十岁，屡遭大变故。“双料状元”仿佛身在青云之上，忽然跌进痛苦的无底深渊。他形诸文字的东西不多，士大夫讳言家中事，苦难中的内心历程远在史料之外。令人惊讶的倒是苏东坡痛苦的能力，后来亲友们逝去，他一次次大恸，永无休止地怀念。痛苦，怀念，追思绵绵，在古代和前现代乃是人的常态。

“十年生死两茫茫，不思量，自难忘……”苏轼做山东密州太守时，写下这首词，怀念妻子王弗，柔情万端，直接是永恒的无助与绝望。

苏洵既亡，士大夫吊唁者二百余人。宋英宗赠银二百两，绢一百匹，韩琦、欧阳修等大臣赠银数百两（当时一两银子，约合现在的三百块钱），苏东坡皆不受，他希望朝廷追赠先父为光禄寺丞，官六品。这是父亲的遗愿，又能恩荫于苏家的后代。朝廷批准了，拨一艘官船让苏氏兄弟扶棺归乡，走水路，逆流而行一千六百余里，历时三个多月。

船上两副黑漆棺材，幼小的孩子们作何感受？江水，太阳，星空，这些亘古不变之物与生命之短暂，形成强烈反差。苏轼奔丧、扶棺，未留下一首诗。对死亡的追问显然是儒学的短板，“不知生，焉知死？”先秦诸子的死亡追问被孔夫子遮蔽了。

江行百余日，苏轼每天面对父亲和娇妻的亡灵，他想些什么呢？

人在何处？人在生与死之间。静静的黑夜里，黑棺材显得很大……

“千里孤坟，无处话凄凉。”这是十年后的追思。王弗的墓挨着程夫人的墓，“凿为二室，期与子同。”子：你。苏东坡希望与王弗生同衾、死同坟，后来却葬在河南的郏县。

王弗千里孤坟。王弗永远孤坟。

“夜来幽梦忽还乡，小轩窗，正梳妆。相顾无言，惟有泪千行……”

苏东坡栽松三万棵

一〇六六年，苏轼归眉山丁父忧，又是近三年。在埋葬着父母和妻子的苏坟山，他先后栽松三万棵。松木和词语一样，都是一种超越时光的表达。松风乃是怀念的长风。

苏轼写道：“手植青松三万栽。”又云：“吾性好种植。”

苏轼结庐于山上，为父母守墓。有时堂兄弟们和他一起守，有时他一个人。白天种树，夜里看书。有大月亮的晚上，他在山道上散步。村里的农户熄灯了，一轮明月高悬于碧空。宇宙浩瀚，人渺小。

逢着月黑天，苏轼守着一盏青灯看书，文字把思绪弹射到很远的地方。

书卷是什么？书卷是弹射器。

太阳升起了，苏轼弯腰栽松树，挖土培土，挥汗如雨。早晨的阳光洒在树苗上，清风又来吹拂。七八天就会有一场透雨。蜀中绿色千里，冬季也是郁郁葱葱。

苏轼拿锄头的手臂肌肉如铁。农家后生掰手腕掰不过他。脑子灵，肌肉硬。劳心的俊杰，劳力的好手。二者互补，相得而益彰。干体力活的时候脑子并不空，不过，长年累月干重活，脑力就下降，神态趋于麻木。

劳动者苏轼，三四岁就在家里帮妈妈干家务，跟爷爷学种树。

精神强大者，一般都有一副好身体。"文明其精神，野蛮其体魄。"

苏轼守墓于山中，七七四十九天，跟山上的农民搭伙，不止一家农户。夜饭摆在院子里，边吃边聊天。狗趴鸡走猪打鼾，天上的星星眨眼睛。繁星满天，连地平线上都挂满了，人与天地浑然一体。山民忽然说起山鬼，女鬼，苏轼的耳朵与汗毛都竖起来了。

一日凌晨，苏轼在草庐中睡得正香，梦中与王弗携手，到青神县的瑞草桥去踏青。他听得门外有响动，跳起身来追出去。却见王弗墓旁有一条黑影子一闪，往山下奔去。苏轼拔足追那黑影，追了二三里地追不上。黑影一度停下来，似乎有意逗他。他狂奔，黑影移动的速度总比他快。是人还是鬼？如果是鬼的话，该是一个跑路鬼……

王弗墓旁多了三棵松苗，还留下了一把铁铲。原来黑影不是鬼。

苏轼寻思：会是谁呢？

几天后，程夫人的墓碑旁又多了三棵松苗。那把铁铲不见了。

二十七娘

王弗的堂妹王闰之，在众多王家姐妹中排行第二十七，人们叫她二十七娘。苏轼续弦，娶王闰之为妻，但丁忧期间不能结婚，只能订亲。西蜀的风俗，未过门的媳妇可以先到夫家，帮着料理家务。二十七娘年方二八，活泼，勤快，一进厨房忙半天，不知道她在忙什么。苏轼换下的孝服，她洗得白白净净的。五亩园中她踮起双脚晾衣裳，高挑身材宛如王弗。

苏轼在书房南轩朗诵欧阳修的小词，二十七娘立在窗下听，少女的身子挺直了。看来身姿是首要的。

任采莲问她："你听啥呢？"

二十七娘偏了头，一笑答："状元哥哥在唱歌。"

任采莲乐着走开了。

二十七娘收拾书房，把横七竖八的书卷弄整齐了。第二天再去，发现那些书卷恢复了原状。她蹲在花树下，托腮琢磨：状元郎的书不一样哦，放整齐就不对头。

干完了家务事，二十七娘坐在墙角的小板凳上，一遍遍练习唱歌，仰起脸儿俏。

她学王弗姐姐，拿着书卷在屋檐下来回走动，有一回把书拿倒了，还展示给人瞧。苏轼不说什么，奶娘也不说什么，史氏在门帘内抿嘴一笑。丫头们挤眉弄眼。

黄昏里，二十七娘打秋千。她无端跑起来，拐过墙角回头一俏。她悄悄对镜贴花黄……

婚事是已故的公公定下的。

牛形人王安石的孩提时光

宋神宗熙宁元年秋，苏轼、苏辙带家眷陆路返京。苏轼和王闰之的婚礼是在眉山城西老家举行的，朴素而喜庆。友人在五亩园种下一棵荔枝树，等苏轼他年归乡一尝。

陆路千余里，照例玩着走。踏上古栈道，苏东坡照例沉思历史，一步步踏着飘忽的思绪。孩儿们几乎是翻跟头翻过了剑门雄关……

东京（北宋有四京，汴梁曰东京，洛阳为西京），百万人议论一个人：王安石。

王安石字介甫，江西临川人氏。东京市井形容：“介甫，牛形人也，故敢当天下先。”

黄庭坚说：“王介甫终日目不停转。”一天到晚目不停转，脑子动得飞快。

宋人笔记称：“荆公观书，目光射纸上。”牛形人，目如射；敢为天下先。

小时候的王安石，跟随父亲王益宦游四方，长驱入蜀。过秦岭，虎啸狼嚎鬼唱歌，小介甫一日数惊，惊恐万状时，与虎狼共吼。胆子是吼大的，心理学叫做惊吓反弹，而一般人可能会吓破胆，从此懦弱下去，挺胸昂首艰难。古栈道一边是深渊，另一边绝壁万仞。

这一天下大雨，父子二人走在中途，前后几十里不见人烟。泥路坑坑洼洼，深一脚浅一脚，鞋子灌满了泥浆。小介甫跌跌撞撞，一头栽进了泥坑。大雨倾盆而下，介甫头朝下，满脸泥水与泪水。父亲在前边二十步，回头等他，并不过来拉他一把。小介甫故作挣扎状，滚得一身泥。父亲冷眼看他拗，像看一头挣扎泥沼的小动物。双方拧着。天是欺负人的天，四周阴惨惨，千年鬼树狂舞，道旁石头狰狞。可怜的小男孩儿似乎晕过去了，父亲没动静。

他爬起来了。小泥人咬牙切齿往前走。强力意志在风雨中生成。后来他做官，心肠比较硬。而苏东坡从小被程夫人、任采莲的母爱环绕，爱的养分充足，为政为人，不走极端。

小时候的家庭氛围太重要了。

王安石几乎不洗脚

王安石高中进士，做了官成了家，妻子吴氏温柔体贴。但这位朝廷命官几乎不洗脚，新婚洗过几次，后来就不常洗了。吴氏亲自在把洗脚盆端到他脚下，替他脱袜子，在热水中安顿了他的大脚，可是她一转身，湿淋淋的大脚已经上了千工床。这种千工床是官家的公物。

王安石也不爱洗澡，不爱换衣服。他的朋友们却是爱洗澡的，例如陕西人司马光。司马光等人哄他去大相国寺，洗沉香木桶浴，一泡两个时辰，人是又酥又爽，出浴一身沉香。王安石却在他的木桶中睡觉。出桶垢犹在，他穿了旧官袍便走，把新官袍忘在一边。

王安石的衣袍上时见虱子爬，他待客，扪虱而谈。这是魏晋高人的风度，比如王羲之。

有一次搬家，要退还金丝楠千工床。吴氏舍不得，再三抚摸良匠们精心雕刻的花卉图案。当天夜里，王安石率领一群虱子躺到床上，呼呼大睡。吴氏在他身旁和衣而卧，睁大眼睛到天亮。早晨，她吩咐仆人将千工床搬走……吴氏患上了洁癖，天天洗木桶澡，搓得通体通红。王安石在桶边游走，跟浴中的夫人谈论国家大事。

“介甫终席不饮，包公不能强也”

包公人称包黑子，王介甫绰号炭官人，两个男人面对面，俨然黑加黑。一日，包公在他的私第设宴，宴请韩琦、欧阳修等朝廷重臣。王安石官阶小，忝陪末座，司马光在他旁边。

包公来敬酒，王安石不饮。

包公说：“听说介甫在家里要小酌两杯。”

安石笑道：“居家小饮，出门不饮。”

堂堂包龙图，扭头去看韩琦丞相。韩丞相却看王安石的老师欧阳修。

欧阳修开口了：“介甫，美酒沾唇也算饮。”

安石微笑曰：“吾爱吾师，不爱美酒。”

包龙图慢吞吞凑近了王介甫，黑脸不让黑脸。那美髯公韩丞相，玉面无表情。

司马光回家写日记：“介甫终席不饮，包公不能强也，某以此知其不屈。”

“韩琦貌美，余一无可道”

王安石初仕，在扬州做判官，早晨到衙门点卯经常迟到。当时的扬州太守是韩琦，这位贵族大官人面如冠玉，生得像诸葛亮。他的官服向来整洁，官靴擦得一尘不染。

太守升堂点卯，官吏都到齐了，左等右等，天都亮了，王安石才冲进来，官帽子歪着，官服皱巴巴脏兮兮，嘴里还啃着热馒头。

韩琦冷眼看他吞馒头，说：“年轻人，趁精力旺盛多看几卷书。”

官吏们对王安石侧目而视。扬州自古繁华，娱乐场所居全国之最，韩太守的言下之意，是提醒初做官的王安石，不要把精力用到章台妓馆去了。

王安石瞪着眼吞馒头，眼球与喉结俱突出。其实他每天开夜车看古书，却不作任何解释。三年，不找顶头上司汇报工作。

王安石写日记："韩琦貌美，余一无可道。"

这个牛形人，毫不在意韩琦在他的三年磨勘结束时写什么评语。

皇帝目视王安石良久

嘉祐末年，仁宗皇帝赏赐群臣在宫中钓鱼。陪天子垂钓，这是莫大的恩宠。王安石穿着旧官服进皇宫，引路的黄衣太监在他身后碎步小跑，唯恐跟不上。

北宋百余年，太监声音小，外戚弄权少，将军们及其后代干政有限。士大夫最牛。皇帝钓鱼，士大夫陪钓是惯例。汉晋唐一千年，这种惯例是没有的。

王安石是来钓鱼的吗？看上去不大像。他吃球状鱼饵，吃光了一盘鱼饵，宫女又送上一盘，她们抿着嘴儿不敢笑。王安石钓起了一条五指宽的菜板鱼，取钩时，把鱼吃到嘴里的鱼饵弄出来，一口吞了，又咂巴咂巴品尝，似乎很有味道。仁宗皇帝目视他良久。

王安石给仁宗写过万言书，石沉大海。

这一天，许多朝廷大臣陪天子钓鱼，引起皇上注意的却是小臣王安石。

后人评价："王安石以术进。"

王安石丁母忧，青灯黄卷九百天

宋英宗在位时，王安石回金陵丁母忧，睡在母亲的灵堂，地上只铺一层麦草。孝子不能把自己弄舒适。冬天，加一层麦草而已。青灯黄卷九百天，王安石看古书直接看到当下。他独自勾画赵宋王朝未来的蓝图。朝廷大臣们的信件，雪片般飞向金陵。

一日，有个送信的东京倍道急足，急匆匆送急件，奔入灵堂。王安石坐在地上看书，模样穿戴跟府中的仆人无异。急足吩咐他转呈信件，他不言语，接了信便拆。

急足怒曰："大胆仆役，怎敢拆王舍人的信！"

王安石头也不抬。

管家闻声赶来，说："他就是王舍人啊！"

那东京倍道急足急切而走，边走边嘟哝："好个王舍人，好个王舍人……"

仁宗之后的英宗朝，王安石曾担任翰林学士知制诰，起草皇帝诏令，在舍人院办公。

王安石躲乌纱帽躲进了厕所

朝廷的使者昼夜兼程，快马加鞭赶赴金陵，专程给王安石送乌纱帽、三品大员的紫色朝服。使者到了江宁府，江宁太守顾不得吃午饭，立刻陪同前往王安石的家。

二人在客厅喝了三道茶，王安石不露面。管家说，王相公一大早就骑驴出门了。

时在夏日，天色很明亮。太守的肚子饿得咕咕响。江宁是上州，太守官阶不低。朝廷使者更是身负皇命。在仁宗朝，王安石曾经七辞皇命，拒绝起居舍人的显赫职位。

使者端坐不动，却是浑身冒虚汗。太守喝茶多，屡屡跑厕所，隐隐约约听见另一间厕所里有人在哼曲子词。官场有传说：王介甫蹲厕所，喜欢哼唱新词。

眼见得日头偏西了，管家在客厅的外面闲步几回了，并不报告王相公是否已归来。太守与使者俱不敢问，下决心傻等。眼见得黄昏时分了，二人嘀咕了几句，请来那位管家，把盖了玉玺大印的敕书交付，管家依礼跪接。二人告辞，未及上高轩，却见黑面王安石疾步而来，硬生生塞还敕书。

原来，王安石家专辟一厕所，厕所里有卧榻。这个厕所专拒朝廷的乌纱帽，从仁宗朝拒到神宗朝。

司马光奔走呼吁：王安石当宰相，“太平可立致！”

英宗去世，宋神宗登基，改年号。熙宁元年，京师传言：王安石要当宰相。宋代人马永卿《元城语录》：“当时天下舆论，以金陵王安石不做执政为屈。”

司马光大声疾呼：“窃见介甫独负天下大名三十余年，才高而学富，难进而易退。远近之士，识与不识，咸谓介甫不起则已，起则太平可立致，生民成被其泽矣。”

当初，在大相国寺洗沉香木桶澡，司马光听王安石的治国高论，佩服得五体投地。十余年间，司马君实与王介甫书信不断。介甫做地方官，辗转多个州，政绩卓然，有丰富的基层经验……司马君实尝语人：“介甫唯一的毛病，就是名士风度有点过，如果身上没有那些虱子乱跳，介甫堪称完人啊！”

京城舆论，盼王安石早日进京。

宋神宗看地图泪流满面

二十岁的宋神宗看地图常常流泪，燕云十六州，燕云十六州啊，竟然被契丹辽国占去！当年宋太宗御驾亲征却中箭落马，嫔妃们做了契丹的奴隶！此仇必报，国土必复，《澶渊之盟》必须废除！大宋军队一百三十万，禁军八十万！

三朝老臣富弼进谏年轻的皇帝：“愿二十年口不言兵……干戈一起，所关祸福不细！”

朝廷大臣们对宋神宗的心思洞若观火。皇帝流泪是个危险的信号。

皇帝寝食不安如何是好？肱股之臣安在？

金陵王安石名震京师，宋神宗求大贤，一日三吐哺。

皇帝吃饭睡觉，嘴里梦里，全是一代高人王安石。

近臣韩维说：“王安石一定会支持陛下收复燕云十六州。”

孙固

宋神宗问侍读学士孙固：“王安石这个人怎么样，能当宰相吗？”

孙固答：“宰相自有度，安石狷狭少容。”宰相肚里能撑船，王安石小肚鸡肠。

过了几天，皇帝又问相同的问题，倾向性明显。孙固的回答和上次一样，毫不理会“圣意”。未久，皇帝再来问，孙固不回答，兀自闭目养神。

宋神宗欲怒又止，大约想起了太祖家法：广开言路，不治言论罪。

孙固，《宋史》有传。单凭这个细节，他就十分可爱。

金陵王安石终于启程了

宋神宗想见王安石，王安石称病不来汴京。皇帝真是急啊，屡屡下诏，又让使臣传密旨：介甫进京后先做翰林院学士，一年内，晋升宰辅大臣。

王安石终于接旨启程了，宋神宗翘首以待。然而，王安石从金陵到汴京走了七个月，一路上玩儿着走，吟风弄月，留连古迹，小饮酒，剧饮茶，细品龙井，并为龙井题诗，与名满天下的高僧、龙井茶的发明者辨才大和尚说空谈禅，古刹一住二十天。

高人之出要潇洒。出与处，都有讲究；行与藏，要看时机。

躬耕南阳的诸葛亮让刘玄德空跑了两次，第三次才见玄德公，展示《隆中对》。

宋神宗在龙椅上龙床上，念念不忘王安石，叹曰："古语说才难，却不知朕比人才更难！"

皇帝急，王安石不急。

王安石自称千年古木，栋梁之材，"世无良匠莫相侵。"

今日之良匠乃是宋神宗。

苏东坡初论王安石

苏氏兄弟住在汴京宜秋门附近的南园，闲时种菜喂鸡，下围棋。苏轼吃公鸡上火，火未退还要吃，弟弟劝他吃母鸡，闰之夫人把家里的公鸡都卖了……

欧阳修来，司马光来，刘贡父来，吕惠卿来，章子厚来，南园高朋跟走马灯似的。

一日，苏辙问：“哥哥如何看王安石？”

苏轼说：“介甫像一只大公鸡，‘雄鸡一唱天下白’。”

苏辙有疑问：“他的行为过于古怪，似乎有伪装。”

苏轼笑道：“非也，介甫这么做是为了一步登天，直接服务于天子，推行他的变革大计。世之高士，何必拘小节。张子房拘小节了吗？子房先生一把火，烧栈道三百里。”

苏辙再问：“非得变吗？”

苏轼慨然道：“天下承平百年，各种矛盾纠缠不休，国力下降了，国运难长久。”

苏辙默然。哥哥又说：“国家病了，需要一位医国圣手。”

兄弟正说话间，福建人吕惠卿来访。此人未及入座，劈头就说：“古有孔仲尼，今有王介甫！”

苏氏兄弟俱愕然。

吕惠卿入座品茶，忽然又弹起来，作密语状：“告诉二位，三天之后，金陵王安石水路进京！绝密，除了当今皇上，唯有我知耳。”

便殿召对

熙宁元年秋，王安石坐船入汴河，水路进京。时在凌晨，雄鸡未唱天未白，汴河两岸的早市，已是开门营业的时光，鳞次栉比的店铺纷纷打开，灯火一望三十里，水中岸上相映红。要过一个时辰，天边才起鱼肚白。彼时，汴河的河市、早市，何止十万人交易。

如此盛景，全球唯一。

黄衣太监早已在岸边列队迎大驾，宦官拱手笑迎王安石：“先生眠否？”

王安石笑问：“圣意如何？”

宦官忙道：“天子欲便殿召对，与先生共商国是。”

于是，高轩沿着御街长驱进皇宫。王安石面带微笑看汴梁，阔别几年啦，今日回京，安石已非昨日之安石。在西太一宫，王安石却命停车，命笔墨伺候，他在宫观的墙上留下一首六言诗：“三十年前故地，父兄持我东西……”

后来苏东坡叹曰：“此老野狐精也。”

天子在便殿等候已久，臣子却在道观写诗。

太监们的议论声恰似秋天的蚊子叫：“王介甫真牛啊，牛、牛、牛！”

便殿通常是小殿，皇帝召见几个或一个大臣的地方。对，指臣子的对答。

皇帝赐座，王安石掀袍坐下。君臣相念久，终于面对面了。王安石的官袍上似乎有动静，而宋神宗视若无睹。国家的百年大计，只在王安石的三寸不烂之舌，区区小虱子，岂能扰乱圣听？

神宗问："治国以何者为先？"

安石答："择术（统治术）以先。"

神宗问："唐太宗，何如？"

安石答："陛下当法尧、舜，何以太宗为哉！"

神宗动容："愿闻其详！"

安石挥一挥瘦而有力的手："尧舜之道，至简而不繁，至要而不迂，至易而不难。但末世学者不能通晓，以为高不可及耳。"

神宗不禁离开龙椅，趋前曰："卿再言之！"

金陵王安石捋五寸须而笑："陛下诚能为尧舜，则以天下之大，人民之众，百年承平，学者不为不多，而虑无人助治，是陛下择术未明，推诚未至，既有贤者，亦将为小人所蔽，卷怀而去。"

王安石的两条长胳膊在空中交叉挥舞，他忽然向殿门走去，皇帝急忙唤他追他，担心这位贤人"卷怀而去"。

王安石转身微笑了。官袍何妨虱子舞。

这一场便殿召对的大戏，王安石在家里、船舱里，反复预演过。

《本朝百年无事札子》

王安石上《本朝百年无事札子》，这是他写给皇帝的第二篇大文章，先前写给宋仁宗，石沉大海；现在写给宋神宗，石破天惊。

《本朝百年无事札子》在历数了赵宋王朝的种种弊端之后，总结了十六个字：“天下无事，过于百年。虽曰人事，亦天助也。”

从宋太祖到宋神宗，六朝君臣的共同努力，百年太平日子，固然有人事之功，却主要靠老天爷的帮助。这是高人的惊天高论。除了王安石，谁敢对天子如此说话？王安石洞察了青年皇帝急于求治的心思，挥大笔震动天听：“伏惟陛下躬上圣之质，承无穷之绪，知天助之不可常恃，知人事之不可怠终，则大有为之时，正在今日！”

值得注意的是，介甫将天命列于人事之先。

宋神宗将如何大作为呢？王安石札子中的一些句子，有如火焰般腾起：

“变风俗，立法度。”

“以理财为方今先急。”

朝廷以“邸报”（官方小报）的形式，把王安石的大文章传给文武百官，这文章迅速流传于市井。一份邸报，万人索阅甚急。韩琦富弼范镇欧阳修怎么想？知谏院（头号谏官）司马光怎么想？看好王安石的苏东坡作何反应？

高人之外另有高人

司马君实正在撰写历史大书《资治通鉴》，高人之外的高人多也，首当其冲者，便是知谏院司马光。御史中丞吕诲，欲袖章（奏章搁在衣袖）弹劾王安石，司马光阻拦说：“众喜得人，奈何论之？”王安石到汴京，司马光给予他极大的舆论支持。

有一天，司马光在花园修剪花枝，天光忽然暗了，黑云压低，要下雨。园丁吕直送来一份邸报，司马光坐到石头上展读。王安石的雄文《本朝百年无事札子》，司马光带了微笑看，喝着一盏香茶。他对王安石期待已久。少顷，吕直来续水，发现司马相公在发愣。

下雨了，朝廷邸报淋湿了，吕直欲收起，却听相公喝道：“别动它，淋烂它！”

吕直转身回屋拿雨伞，司马光淋暴雨一动不动。吕直后来说：“从未见过相公的面色如此凝重。”

司马光的大剪刀，狠狠剪下一丛杂草。《离骚》：“何昔日之芳草兮，今直为此萧艾也。”

不久，宋神宗的御座前发生了一场激烈争论。

王安石宣称：“善理财者，民不加赋（税）而国用丰饶。”

司马光冷笑：“天地所生财货百物，不在官府就在民间。你的所谓善理财，不过是变暴敛为巧夺。朝廷刮地皮，老百姓遭殃！所谓国用丰饶，你想用于什么？你要怎么用？鼓动圣上用大兵、打大仗吗？鼓励官员‘享国’吗？倡导官场的奢靡之风吗？”

王安石骄傲地沉默着。皇帝的脸色不好看。

散朝归家时，王安石主动向司马光靠近，说未带车驾，想坐君实的车。

司马光说：“你上车当然可以，但你身上的虱子不可以。”

高人理财有高招

熙宁二年，王安石正式拜相，朝廷成立了新机构：制置三司条例司。这个条例司是全面推动熙宁新法的领导机构，它直接听命于皇帝，不受中书（决策机构）、枢密二府的任何约束。王安石变法也涉及军事领域，最高军事长官枢密使却无权过问。

高人从江宁（金陵）来，一步走到天子旁。

条例司的一群新进的年轻人昼夜加班，朝廷其他部门闲得没事干。

七月，颁行均输法；

九月，颁行青苗法；

十一月，颁行农田水利法；

市易法、免役法、方田法、保甲法……相继出台。朝廷派出的八大提举官于同一时间奔赴各路，督察新法在全国各地的实施。千骑出四门，“车辚辚，马萧萧”，京师百万人东张西望，议论沸腾。王安石是制造轰动效应的大师。

市易法、均输法，在商人手中取利，以官方资本垄断民间贸易。青苗法向全国的农户放贷，半年取二分利息，“年可获利甚巨。”以前在青黄不接的季节，地主向农民放贷，半年取息三分，现在官府挤走了地主，表面上降低了利息，但在实施的过程中，各级官吏为邀功而层层加码，放青苗钱，利息比地主高。农户之间又搞联保制度，十户联为一保，一户逃债，其他农户要承担欠款。青苗钱放出去，利息滚滚来，国库看涨，农民遭殃。

方田法，重新丈量全国的耕地，抑制了瞒报耕地的地方豪强。余如差役、保甲、保马、农田水利诸法，有利有弊。高人的确有高招，善理财不是说故事。一张大网撒下来，民间财富藏不住。赵宋立国百余年，好比一潭深水，大鱼老鳖有的是，隐形富豪多如牛毛。王安石的龙睛能穿透百丈深潭，大鱼小鱼悉数打捞。

年轻的宋神宗欣喜若狂。官员们可以继续享国了，国家可以打大仗！

牛形人王安石，呼哧呼哧拉大车，要让赵宋王朝再创一个百年辉煌。

大丞相的小秘密

皇帝找不到丞相了！下属茫然，太监慌张，禁军出动。全城寻找王安石！

可是到哪儿去找啊？一百五十万人口的超大城市，王丞相的穿戴又像个老农民，腰间束一根草绳子，甚至跣足、散发、不洗脸。这是他快乐的小秘密，溜出阁门满街走。皇帝和军队都找不到他。他穿破旧衣裳很舒服，街头忽然高歌一曲，状如叫花子兼疯子。

王安石溜达白矾楼，坐在高楼前的台阶上，“车如流水马如龙”，千万人熙熙攘攘，其实只有名、利二人。王安石想：孔夫子不言利，而周公要讲利，周公的泉府就是今日国库……

一亿人和一个人。当年诸葛亮的蜀国有多少人？八百万吗？

王安石太牛了，牛人骑上小毛驴，慢悠悠上了朱雀大拱桥，进了大相国寺。眼见禁军在瞎跑，一代高人捋须自笑。日将暮也，烛火亮也，斯人乐也。

却有人拦住他的毛驴，叫一声王介甫。介甫定睛瞧，原来是同门师弟曾巩。

曾巩不等他下毛驴，就滔滔不绝说起来了，脑袋瓜摇得像拨浪鼓，眼睛还鼓起，面部肌肉绷起，看样子要跟他雄起。唾沫飞溅如雨点，大丞相抹了又抹。

介甫不介意，笑问：“师弟这是说些啥呀，你找我，有何吩咐？”

曾巩说：“我告诉你，你的两个亲弟弟也在找你，他们一直守在你家门口！”

王安石叹曰：“今晚恐怕睡不成觉了，皇帝和弟弟都在等我。”

王安国，王安礼，都反对哥哥王安石骤行新法。

欧阳修不在家

汴京城细雨蒙蒙，王丞相骑毛驴溜走，专程拜访恩师欧阳修。门卫说：“欧阳先生外出未归。”

王安石在细雨中不动。大半个时辰过去了，门卫也不拿雨伞来，不管王丞相是否会生病。路人感到奇怪：这是哪里来的倔农夫啊，欧阳公不在府中，这个人何苦淋雨苦等？

王安石淋雨吟诗：“翰林风月三千首，吏部文章二百年。”当年欧阳修称赞他诗如李太白，文如韩愈（韩愈官至吏部侍郎，人称韩吏部）。

又过了大半个时辰，牛人在牛毛细雨中。这点雨算什么？当初跟随父亲踉跄入蜀，滂沱大雨滚泥坑……

那个屋檐下的门卫忽然开口：“欧阳公先前说了，但凡王介甫来，他老人家就不在家。”

大丞相欲怒，忍忍却罢了。在师尊的朱门前，何必跟一个门卫计较。

毛驴掉头回去，细雨扑面来，偌大东京，有人问心。问来问去，只一声叹息。

牛形人在驴背上。牛加驴，倔更倔。

吕诲

御史中丞吕诲，掌言路之要津，他上书弹劾王安石，列了十条罪状，其中说：“臣伏睹参知政事王安石外示朴野，中藏巧诈骄蹇慢上，阴贼害物……徒文言而饰非，将罔上而欺下，臣切忧之！误天下苍生，必斯人矣……如安石久居庙堂，必无安静之理！”

吕诲的弹章，被宋神宗原件封还，朱笔不着一字。

吕诲自请外放，不做京官了，不要京官的特殊待遇，做个地方官，一家十几口远离繁华京师……

朝廷百官注视，京城百姓议论。吕诲，《宋史》有传。

刘贡父主动去找王安石

熙宁新法颁行以来，王安石的门第前车马少了。这是一桩怪事。老朋友们几乎一个都不来，包括眉山苏氏兄弟。一日，司马光的助手刘贡父来访，王安石不禁欣喜，亲自出迎。他想：莫非司马光改变了主张，派刘贡父来通报？

刘贡父进了书房，对王丞相说："小臣今日来，特为丞相献上一计。"

王安石笑道："贡父有何妙计？"

刘贡父说："丞相不是要增加耕地么？水泊梁山八百里，丞相一声令下，把水都放干，不是新开了八百里良田吗？"

王安石说："好主意！贡父啊，你真是我的智囊人物，到条例司来干吧。"

刘贡父不作声。王安石踱步，转而寻思道："那么多的水，放到哪儿去呢？"

刘贡父正色道："丞相再造一个水泊梁山吧。"

说完了，他扬长而去。

王安石愣在书房。

这件事，见于清代学者编辑的《宋人轶事汇编》。

司马光到洛阳写《资治通鉴》去了

皇帝搞平衡术，让司马光担任枢密副使，司马光不受。他上书皇帝曰：“陛下诚能罢制置条例司，追还提举官，不行青苗、助役等法，虽不用臣，臣受赐多矣！”

过了一段时间，宋神宗再请司马光留任于朝廷。司马君实再上辞状，以警告的口吻对天子说：“今言青苗之害者，不过谓使者骚动州县，为今日之患耳。而臣之所忧，乃在十年之后，非今日也……十年之后，百姓不复存者矣！”

十年后，百姓都跑光了，留下一个孤家寡人、光杆皇帝。

司马光从欢呼王安石到猛烈抨击王安石，前后不过数月光景。道不同，要反目。三十年的老朋友，至死不复见面。司马光伤心告别汴京城，去西京洛阳，一待十五年，写他的《资治通鉴》。不能劝君王，且做后世的帝王师吧。刘贡父随行。

司马光呈送给宋神宗的最后一道奏疏云：“臣之不才，最出群臣之下，先见不如吕诲，公直不如范纯仁、程颢，敢言不如苏轼、孔文仲，勇决不如范镇……轼与文仲，皆疏远小臣，乃敢不避陛下雷霆之威，安石虎狼之怒……此臣不如轼与文仲远矣！”

朝堂硬汉范镇

蜀人范镇，是北宋朝堂的一条汉子，官居翰林学士知制诰。王安石的权力如日中天，范镇与王安石对面走过不打招呼。安石的旧官袍有异味儿，范镇掩鼻而过。异味儿绝不是香气！王丞相三次设宴款待群臣，范镇三次称脚痛，不出门。

一日，在宋神宗的御座前，范镇当着王安石的面弹劾王安石，弹章有云：“陛下有纳谏之资，大臣进拒谏之计；陛下有爱民之性，大臣用残民之术。”

王安石气得浑身发抖。

范镇提前致仕（退休），皇帝苦挽留。范镇上书：“臣言不行，无颜复立于朝。”他自请离京，不劳王安石来驱逐。他携家带口离京之日，官员们不敢去送行，唯有苏轼到了范镇的家，说：“公虽退，而名益重矣。”

范镇怅然曰：“天下受其害，而吾享其名，吾何心哉！”

范镇走马洛阳，找司马光去了。苏轼送范蜀公出汴京三十里，抱拳而别，匹马而归，面呈刚毅之色。这一年，苏轼三十五岁。

斗牛士苏东坡

宋神宗熙宁三年，苏轼任职于史馆，继而担任开封府推官。司马光推荐他任知谏院，王安石不同意。苏辙一度进了制置三司条例司，发现不对头，递上了辞职书。

在南园苏家，兄弟二人每天谈论到深夜。朝廷官员入夜来访，白天不来。

南园整日车马稀，夜来有毛驴。

茫茫夜色中，古槐高柳下，苏轼徘徊复徘徊，忧思深且广。

他并不是一味反对熙宁新法，比如方田法就很好，用国家力量抑制土地兼并，打击各地豪强。可是王安石操之过急了，谋天下大事，欲速则不达。王安石的政治团队问题严重，新进之辈善于希合（迎合），罔上而欺下。

嘴上无毛，办事不牢；年纪轻轻登高位，一夜暴富要乱来。

小人，通常是在特定的环境中成为小人。君子有所不为，小人为所欲为。

大臣们都走了，富弼，韩琦，文彦博，欧阳修，司马光，张方平，吕诲，刘贡父……

苏东坡思绪浩茫连广宇。基因在思绪中，文化在血脉里。

贤，良，方，正，能言，极谏！

苏轼命笔，《上皇帝书》《再上皇帝书》，先后两封奏疏，八千四百余字。

弟弟看了作声不得，马梦得很担忧。夫人王闰之看不懂文字，却看众人面色……

“陛下自去岁以来，所行新政，皆不与治同道！”

皇帝不与治同道，难道皇帝与乱同道吗？这段文字，连勇于辞职的苏子由都看得心惊。这是押上了身家性命啊。而哥哥仕途正好，前程远大。

“今日之政，小用则小败，大用则大败！若力行不已，则乱亡随之！”

话，说绝了；奏书，递上去了。

血气方刚的皇帝作何反应？大丞相对苏轼这个小官作何处置？

京城所有的官员紧张关注着。

苏 三 言

东京市民议论纷纷：“双料状元苏子瞻啊，苏子瞻又有苏三言！”

人们急于打听：“苏三言，哪三言啊？”

群众争先抢答，有人煞有介事说：“苏子瞻竟敢冒犯天颜！天子自从登基以来，心腹大臣跑的跑，死的死，皇上很受伤了，那个双料状元，竟然在皇帝的伤口上撒了三把盐。”

人群中有白衣书生反驳：“不对，不对，不是苏三盐，是苏三言……”

却有部分舆论相信苏三盐。

京城士大夫相顾曰：“皇帝便殿召对，苏轼真敢说啊，当真犯颜极谏啊！”

吕惠卿的耳朵竖得高，他听了这个又听那个，然后一溜烟去了丞相府。半路上碰见了谢景温。二人一拍即合，联手叩相门……

王丞相辗转反侧不能眠，披衣下床绕庭院。牛形人气得吹胡子瞪牛睛，牛背高耸。苏子瞻仿佛化身为大力神，手拿粗绳子，冲上来套他的牛脖子。

初，宋神宗便殿召对苏轼，苏轼奏陛下曰：“求治太急，听言太广，进人太锐！”这就是京城传得沸沸扬扬的苏三言。此三言，乃是当头三棒。皇帝生气了吗？

神宗的原话是：“卿三言，朕当熟思之。”

臣子咄咄逼人，天子表态要深思。

谢景温追查苏轼

谢景温是王安石的妹夫，做官善于逢迎，眼珠子转得快。而王介甫几十年自视甚高，铸就强力意志之盲区，很多眼皮子底下的东西他看不见。用人不察，终于是他的一大短板，比如条例司的干将，李定，章惇，吕惠卿。

有一段时间，谢景温不去丞相府，王安石感到奇怪。原来，谢很忙，忙于罗织苏轼的罪名：当年用官船送苏洵的灵柩回眉山，沿途贩卖私盐和瓷器，水路三个月，贩私盐赚了数百两银子。谢景温搜罗伪证，包括两个船夫的供词。

宋神宗下令，有司立案调查。

谢景温又跑丞相府了，屡请王丞相加大追查的力度。

王安石说："你自己查，我不参与。"

苏轼被停职，接受有司的调查。罪名一旦成立，苏轼的乌纱帽保不住。

谢景温上蹿下跳，苏东坡照吃照睡。正不压邪吗？三十几岁的苏东坡不相信。

谢景温去找王珪，王珪后来官居副宰相。二人昼夜勾结，要把苏轼投入大牢。使手段，耍阴谋，点鬼火，蒙人主，唬同僚，造舆论。一片嘈杂声中，苏轼只是沉默，并不找人自证清白。正人君子一般都是这样。这种君子自信、君子高洁却比较危险。小人得志便猖狂，例子太多。年轻的皇帝终于怀疑苏东坡贩卖私盐了，命御使台介入案子。

谢与王弹冠相庆，又密谋，不让王丞相知道。

谢景温眉飞色舞，说："这事铁板钉钉，苏轼在劫难逃！"

然而，案子突然有了转机。毕竟元祐大臣尚健在，尽管他们多在外地。韩琦、司马光上书曰："当年苏轼扶棺返乡，英宗皇帝和几位宰辅大臣赠银近千两，绢帛无计，而苏轼不受。官船贩私盐能赚几个钱呢？"

宋神宗释怀了。王安石骂了谢景温一通。王珪及时改口，称自己一时糊涂。

原来，英宗等赠银、绢，苏轼不受一事，连宋神宗都不知道。谢景温瞅时机下手，忙了半年，想踩着苏轼往上爬，闹得个自取其辱，同僚侧目，皇帝厌恶。

苏轼通判杭州

宋神宗不可能不受仁宗皇帝的影响，他爱才，想让苏轼主政一州。

王安石曰："不可。"

这位铁腕宰相称："与司马朝夕切磋者，即刘攽、苏轼之徒耳。"刘攽即刘贡父，献计决梁山泊造田八百里的那位。司马光已经去了洛阳，王安石还耿耿于怀。

苏轼在汴京两年，联络许多高官，力抵王丞相。他形容熙宁新政："盲人骑瞎马，夜半临深池。"谁是盲人？宋神宗还是王安石？

王安石说："颍州有大池，苏子瞻可以做颍州的通判。"

苏轼的任命，王丞相还不能独断。苏轼职务的决定权在皇帝手里。

皇帝在任命书上改了一个字，把颍州改为杭州。

王安石不悦。盖因天下财利，一半出于苏杭一带。"苏杭熟，天下足。"

苏轼到杭州去做通判，途中看望恩师欧阳修。

“插花起舞为公寿”

欧阳修学究天人却容易受伤，小时候他身体不好。体弱，心劲却大，意志力长年累月走钢丝，绷得紧。他动辄生情，眼泪容易流下来，偏偏又置身于复杂的官场，挑大梁，担重任，斥小人。他提拔的官员和他罢免的官员一样多。于是，中伤他的人成群结队。

蒋之奇、吕惠卿、李定等人，说欧阳修“帷薄不修”，跟养女张氏有染。宋神宗同意调查。这可伤了四朝老臣欧阳修的心。后来真相大白了，所谓帷薄不修，纯属小人诬告。但欧阳修已是心灰意冷，发誓永远不进汴京城。

苏轼赴杭州任，和弟弟一起去颍州（安徽阜阳）看望恩师。先在陈州（河南睢阳）住了七十多天，与陈州太守张方平朝夕盘桓。兄弟到了颍州，又留三十天。

苏轼赴任，走走停停小半年。两位恩师，情重如泰山。也许是最后的团聚了。

颍州有西湖，欧阳修十首小词《采桑子》，把西湖写绝了，“群芳过后西湖好，狼籍残红，飞絮濛濛，垂柳阑干尽日风。”

欧阳修过生日，苏轼大醉，“插花起舞为公寿。”宋代男人有插花的习俗，满头的鲜花，刚劲的胡旋，三三五五佳人伴舞，“红锦地衣随步皱”“酒恶时向花蕊嗅”。花蕊能解酒。

醉翁欧阳修乐陶陶也。他吩咐苏轼：“你去杭州做官，公务之余，不妨写诗填词，与白香山写西湖的名篇一较高下。”

李太白、杜子美、白香山、欧阳修、苏东坡……中国文化的接力棒要传下去。

“黑云翻墨未遮山，白雨跳珠乱入船”

杭州西湖边有凤凰山，半山腰有一座望湖楼，建于唐朝，高一百多尺，是观湖的最佳处。杭州太守沈立，喜欢和苏轼在楼上喝酒，凭高远眺。通判虽是副职，却有监督太守的职权。太守与通判不合，宋代是常态。苏轼做杭州通判，却与两任太守融洽，后来他做密州太守，复与通判刘庭式相得甚欢。什么原因？为人坦荡耳。

酒逢知己千杯少，奈何子瞻酒量小。沈太守斗酒不醉，苏通判“把盏为乐”。妙龄少女红巾侑酒，望湖楼下水光接天。宋代官妓多，妓通伎，唱曲跳舞写诗斗茶，并不“私侍枕席”。有几个地方官私通官妓，王安石拿掉他们的乌纱帽，警示全国的官吏。

一个红巾纨扇娇娘，款款唱柳永词：“东南形胜，三吴都会，钱塘自古繁华，烟柳画桥，风帘翠幕，参差十万人家……市列珠玑，户盈罗绮，竞豪奢。”

苏轼听醉了。这是仁宗朝的杭州，富足甲天下。

沈立说：“子瞻大手笔，写一首小词，我命人刻到这望湖楼上。”

苏轼谢曰：“不敢，平生未尝填曲子词，慕柳三变、张子野耳。”

这时候起风了，娇娘手中的纨扇吹到了空中。天边乌云忽然黑压压盖在了头顶上，大雨落西湖，小船乱跳珠。苏轼凝望湖面发了一会儿呆，对娇娘说：“拿笔墨来。”

少顷，太守也呆了。杰作《望湖楼醉书》诞生在仲夏：“黑云翻墨未遮山，白雨跳珠乱入船。卷地风来忽吹散，望湖楼下水如天。”

一个官妓点评：“大官人的书法，像一群墨猪在纸上跑耶。”

东坡书法绵中带骨，字扁平，有“墨猪”之称。

“锦袍公子归何晚，独念沟中菜色民”

杭州的太守府设在凤凰山下，苏轼一家居南厅。春二月，家里难见苏轼的身影。他巡视杭州的十个县，余姚，于潜，临安，新城，盐官……马不停蹄。“余杭自是山水窟”，山又不高，曲水流长，到处风景如画，这位“副市长”却哪有心思欣赏美景。

苏杭上缴的青苗钱，朝廷不满意。海边的盐户们又坚拒盐法。按王安石的盐法，盐户生产的盐一律卖给官方，再由官方高价专卖。这使盐户也买不起盐，于是，纷纷私藏、私贩，有些大盐商搞武装贩运。朝廷派军队镇压。

一个叫卢秉的官员提举两浙盐事，行事非常强硬。

苏轼写信给朋友说：“此处……新法严密，风波险恶，况味殊不佳。”

卢秉在杭州仁县的汤村开凿一条运盐河，命苏轼赴汤村督导工程。苏轼与马梦得同往。

春耕时节，农民被迫弃农事，不种庄稼，都去开运河。苏通判这么写：“盐事星火急，谁能恤农耕？薨薨晓鼓动，万指罗沟坑。天雨助官政，泫然淋衣缨。人如鸭与猪，投泥相溅惊。”

这是官员写的吗？愤怒出诗人。千百个农民在泥坑中干苦力，田地荒芜。

有人把苏轼的诗作秘呈卢秉，卢秉转给沈括……

官军在浙东、浙西抓人，新修了数十座监狱，还在修。苏轼直接上书军事首脑文彦博：“见两浙之民，以犯盐得罪者，一岁至万七千人而莫能止。”一年就抓了一万七千人，而抗拒盐法的人依然多，为什么？为生计。盐法断了无数人的活路。

苏轼奔赴各县，想尽一切办法保护农事，宁可让运盐河延期竣工，不误农时，不让农民夏秋饿肚子。太守支持他这么干。卢秉大怒，报告吕惠卿，吕惠卿报告王安石……

苏轼风雨兼程一个多月，马蹄踏遍杭州。《盐官部役戏呈同事兼寄述古》：“野庐半与牛羊共，晓鼓欲随鸦鹊兴。”堂堂苏通判，和牛羊睡野庐，与鸦鹊共睁眼。

马梦得叹曰：古代贤人爱民如子，我今日亲眼见也！

太守写诗传信，召苏轼归杭州，“锦袍公子归何晚，独念沟中菜色民。”

马梦得说：“公子的锦袍早就成了泥袍，又脏又破有臭味儿，和王丞相的紫袍有一比。”

吉祥寺赏花

洛阳人赏牡丹花，杭州人既赏牡丹，也赏芍药。无论北方南方，爱俏自古而然。

杭州的吉祥寺年年赏花，万人涌去，从蓓蕾赏到落英缤纷，鲜花酒、鲜花饼、鲜花露、鲜花浴、鲜花美人宴……杭州人的习俗五花八门。吉祥寺一百种花，尊芍药、牡丹为花魁。

卢秉去赏花，没人搭理他。尽管他前呼后拥，带了豪车五十辆，禁军二百骑，大街上却是冷冷清清。杭州参差十万户，全部关门闭户，连撑窗户的竹竿子都不见一根。

沈太守、苏通判去赏花，情形大变，沿途的所有门窗全开，千万人夹道欢呼。妇女们不由分说，掀掉苏轼的官帽，把牡丹花芍药花海棠花，插满他那标志性的冬瓜脑袋。

苏轼走一步，满头花枝摇。

马梦得大笑，称："唐宫有一种发型唤做金步摇，苏子瞻的发型叫花摇摇。"

市民笑问："那你叫啥？"

梦得戏曰："我马正卿年近四十光棍一条，我叫花痴痴。杭州的美人比鲜花还多啊！"

花摇摇苏子瞻醉也，摇摇晃晃出了吉祥寺，醉墨淋漓，大字书于官厅壁："人老簪花不自羞，花应羞上老人头。醉归扶路人应笑，十里珠帘半上钩。"

卢秉苦着脸对苏轼说："你我都去看花，杭州一半人卷帘看你，一个人看我。"

苏轼问："看你的那位是谁呀？"

卢秉说："贱内！"

苏轼窃笑，点点头："哦。"

闰之夫人嗔怪她的大官人："我才二十三岁，莫非我是你的老伴？"

除 夕

杭州人对苏轼好是有原因的，这个苏通判真是好人。他在任期内全力协助太守疏浚杭州六井，解决了市民吃淡水的问题。几年后苏轼因乌台诗案贬黄州，杭州人想念他，委托行商，专程送去许多生活物资，"一年两仆夫，千里问无恙。"

这一年的除夕，苏轼未能与家人团聚。他在监狱忙着清点囚犯，问讯之下，发现大多数所谓犯人，不是欠官府青苗钱的农户，就是藏一点食盐的盐户。

过年了，凤凰山下的府衙真热闹，大大小小的官吏痛饮美酒，宴罢，各自归家守岁。而苏轼面对的是一串接一串的囚犯，个个面黄肌瘦，表情凄苦。他能做什么呢？给囚犯加点肉食而已。千百个囚犯，千万个亲属……苏轼想这个。

意识的向度就是价值观。

"民贵君轻。"

"吾善养吾浩然之气。"

养气做什么？抵抗一切不正当的权力。如何抵抗？把囚犯放回家去过年吗？苏轼做不到，愧对古之君子。他写诗，唯有语言是他手中的武器。诗写何处？写在官厅的墙壁上，六十二个大字，浓墨跳跃着激烈的情绪。诗人是什么人？诗人是拥有良知的先知，诗人是强大者与激烈者。青苗法，市易法，盐法，苏轼早已洞若观火。现在两浙动用军队抓穷人，苏轼这样的士大夫不能沉默。

《囚系皆·除日当早归》："除日当早归，官事乃见留。执笔对之泣，哀此系中囚……不须论贤愚，均是为食谋。谁能暂纵遣？闵默愧前修。"

卢秉等人，看了题写在官厅墙上的诗怎么想呢？

诗传杭州城，小民庶民草民贱民又会怎么想？

卖牛纳税，卖牛买刀

苏通判又去乡下了，戴一顶农夫的草帽，穿野服，不穿官服，却叫马梦得携官笏随行。走余姚，走盐官，走新城，登富春山，过富春江。

眼前美景道不得，只因忧思在心头。

一路走来，看见农民纷纷拆房子卖耕牛。要迁居么？

农民告诉这位外乡人："拆房子纳税，卖耕牛也是为了纳税。"

外乡人问："房子拆了住哪儿呢？耕牛卖了如何种地？"

农民说：“钻山洞嘛。”

马梦得问：“耕牛卖了，你吃啥喝啥？”

农民忽然脸红筋胀，吼起来了：“我喝西北风，我吃官府去！”

马梦得摇头：“官府你是吃不了的，人家有军队，军队来抓你。”

远处，另一个也在拆房子的农民高声道：“抓进监狱吃牢食子，反正饿不死。”

这时，几条汉子各牵了水牛朝这边走过来。马梦得迎上去问：“你们也要卖牛纳税？”

一条汉子傲然答：“卖牛买刀。”

马梦得再问：“买刀干啥？”

汉子说：“干官军。”

富春山的雨说来就来，烟雨茫茫富春江。山山水水富春色，家家户户饥且寒。

苏轼名篇《吴中田妇叹》：“卖牛纳税拆屋炊，虑浅不及明年饥。官今要钱不要米，西北万里招羌儿……”羌兵能打仗。

苏轼想：汉武帝东征西讨，“小儿三岁始纳税。”饥寒起盗心，“盗贼半天下。”

农家后生拿到了青苗贷款，撒腿就往城里跑

苏轼写《山村五绝》，后来落下了把柄。官场波动大了，杂心

人冒出来，有些官员处心积虑搜集苏轼的材料。“君子坦荡荡”，小人算计多。官场中的君子常有隐士面目，而苏轼不然。北宋官场多猛士，苏东坡是其中之一。“性不忍事，如食之有蝇，吐之乃已。”这是他自己讲的。

值得注意的是：这种宦海中的生命冲动，倒是盛开了千年不败的词语之花。

艺术是什么？艺术乃是生命冲动谋求它自身的表达。

冲到什么程度呢？苏东坡自己并不知道。总之，很早以前他就冲起来了……内驱力是一种难以察明的推力。人类要认识自身，还有漫长的路要走。

苏轼在杭州做副职，乌纱帽不小，俸禄不薄，可是他每每忍不住要朝山里跑。他在山村，却发现一群群后生往城里跑。进城干什么？过城里人的日子。靠啥过日子？靠拿到手的青苗贷款。花光了咋办？到时候再说。欠下官债、抓进官府咋整？贱命一条，抓就抓嘛……

大把大把的铜钱，山里人谁见过？见钱不花是傻瓜。大鱼大肉上高楼，灯红酒绿有妖姬。年轻人要潇洒走一回，爹呼听不见，娘喊不回头。青苗钱又不是抢来的，怀揣银子进赌场，说不定要翻好几倍。趁年轻，人要拼。窝在山沟沟一辈子，哪里比得上好男儿志在城市？

这类现象古今不废，自有其基础性的东西。

苏东坡立于道旁傻了眼。田埂上、山隘口、河那边，成群结队的后生堪称浩浩荡荡，朝着一个方向：杭州城。县城还瞧不起呢。由于路途遥远，人人拿拐杖。

《山村五绝》之一：“杖藜裹饭去匆匆，过眼青钱转手空。赢得儿童语音好，一年强半在城中。”

青苗法是王安石生财的大法，苏轼这么下笔，考虑过后果吗？

沈括

沈括，《梦溪笔谈》的作者，宋代百科全书式的人物之一。

熙宁六年，沈括治理太湖，改太湖南岸的木堤为石堤，高八尺，长一百多里，缓解了太湖水年年泛滥之灾。苏轼受命去湖州协助沈括。他钦佩沈括，欣然与之论交，学习水利工程。有宋一代，二人皆是著名工程师。他们又切磋医学，有《苏枕良方》传世。

“有朋自远方来，不亦乐乎？”

杭州距离湖州一百五十里，苏轼往返若干次。湖州太守孙觉是他的老朋友，孙觉的女婿名叫黄庭坚。孙、苏、沈饮酒太湖上，脚著谢公屐，登上高耸于茫茫太湖中的金山，拜谒金山寺。孙与苏纵论天下，沈话少，表情谦和。

苏轼引用《论语》赞曰：“刚毅木讷，近仁，巧言令色鲜仁矣。”

沈括从京城来，苏轼问这问那。

孙太守私语苏轼：文与可有两句诗你忘了么？“北客若来休问事，西湖虽好莫吟诗。”

苏轼坦然一笑：“封口又封笔，跟傻子何异？”

沈括表示，非常喜欢苏子瞻的诗篇和书法。苏轼抄写了十几首近作送给他。

沈括连称：“宝墨，宝墨！”

这个官场中人把苏轼诗作带到京城去了。别有用心者，乃是仕途上的沈括。

培根名言：“知识就是力量。”这个培根搞诈骗也很有力量，被关进了伦敦塔监狱。

各行各业都有小人。关于沈括的为人，容后再表。

苏东坡潜入夜西湖

凤凰山在西湖边上，苏轼住的南厅，推窗见湖，朝夕美景揽入怀。湖上泛舟多少次他也记不清了。艳阳下的细浪，月光里的波纹，狂风暴雨中的大浪，人啊，浑身都想去亲近。

老家眉山城，河流与池塘交错，苏轼小时候就见不得水，一见水心就痒痒，双手要比划，要往水中跳。潜水能潜多久？一炷香的功夫。躺水能躺多久？从太阳出来躺到星星满天……有一天半夜三更，月亮大如轮，苏东坡几乎赤条条，一头栽进了夜西湖。

委实爽也爽也，拍水、踩水、抖水、躺水、潜水，概言之：戏水。

“水枕能令山俯仰”，环湖诸山隐而忽现。月亮啊，嫦娥啊，西子啊，小舟隐入大湖……这是苏东坡式的意识流。西子肌肤如玉，西湖波纹如何？两个西字悄然相连。

一个苏东坡，十余里大西湖。

这夜游神归家已是后半夜，闰之夫人托腮守红烛，优雅打瞌睡。眉山有此风俗，叫做红烛俏。

苏轼无意间创了个古今第一

苏轼游夜西湖，第二天就忘了。忘了就记住了，记忆有自动选择的功能。想记的未必记得住。勤政的苏通判又到湖州去了，孙觉屡请他去，杭州新来的太守陈述古都有些不高兴。

苏轼说："湖州有好酒。"

陈述古说："难道杭州缺美酒吗？""湖山信是东南美，一望弥千里……"陈述古设宴于西湖舟中，喝钱惟演当年送他的绍兴黄酒。八十多岁的张先，绰号张三中："心中事，眼中泪，意中人。"又号张三影："无数杨花过无影""隔墙飘过秋千影"……

李清照形容："露花倒影柳三变，桂子飘香张九成。"

柳永，张先，是宋词婉约派两大符号。宋词九百家，八百是南人。

杭州头号名妓周韶，色艺双绝，跳舞，唱曲，抚琴，吹箫，斗茶，下围棋，骑马射箭，倚马写诗，乃至蹋足球玩花球，端的好身手。杭州的"骑妓"，唐朝就很有名了。太守有佳会，周韶不会缺席。包括张子野在内的官员们呵护她，不允许京官和地方官私下约她。

官妓素质好，得益于士大夫的修养和多般情趣。士大夫的目光雕塑她们。官妓的斗艳，是冲着士大夫的。唐宋六百年皆如此，宋尤盛。

这一天，周韵带来一个弹琵琶的小姑娘。小姑娘十一岁，“琵琶绝艺”，杭州数第一。

周韶说：我脱籍之日，她就是杭州花魁。

陈述古笑问：“姑娘，你愿意做余杭花魁么？”

抱琵琶的杭州小姑娘却摇摇头。太守颇诧异。张子野含笑，目视苏子瞻。

阳光在湖面上，青涩之态在琵琶女儿的眉宇间。她不单五官生得好，肤色更是好，堪比西湖的水色。少顷，西湖雨纷纷扬扬，飘飘洒洒。远山起伏，灵隐寺隐在烟雨中。

夜西湖，琵琶女，西子泛舟……意识流催生了西湖绝唱《饮湖上初晴后雨》。

西湖原有许多名称：石涵湖，放生湖，金牛湖，钱塘湖，石象湖……苏东坡这首小诗轻描淡写，将西湖与西子相连，将湖光山色定格在词语中，要垄断千万年的西湖风光。

二十八个汉字。“水光潋滟晴方好，山色空濛雨亦奇……”

其他名称都黯淡了，退到史籍中去。西子湖永远代言杭州城。

柳永

从成都到汴京，从汴京到杭州，到处都听到人们唱柳永词。“对潇潇暮雨洒江天，一番洗清秋。渐霜风凄紧，关河冷落，残照当楼。是处红衰翠减，苒苒物华休，唯有长江水，无语东流……”

写绝了。苏轼叹曰：“不减唐人高处。”

柳永《八声甘州》：“今宵酒醒何处？杨柳岸，晓风残月。”

“念去去，千里烟波，暮霭沉沉楚天阔。”

偌大杭州城，五六十年来徘徊着柳永的幽灵。柳永一生长足于道路，辗转于南北，他做县令，对小民好。他去世，妓女们凑钱安葬他，年年相约，到他的坟头搞“吊柳会”。卑贱的群落凭吊她们的流浪诗人。

柳永词不仅是婉约，婉约中有刚劲。表达羁旅情愁，无人超过柳永。宋词最长调《戚氏》，写尽繁华与苍凉，称羁旅之绝唱，末句云：“对闲窗畔，停灯向晓，抱影无眠。”

“帝里风光好，当年少日，暮宴朝欢……”苏轼受柳永的大力吸引。写诗能写过李杜么？写不过。填词能比肩柳永么？比不了。

苏轼居杭州，天天想读柳词，马背哼柳词，宴席上听柳词，凭窗抄柳词。

“凡有井水处，皆能歌柳词。”

除夕，常州城外

一〇七三年，两浙干旱，夏粮歉收，冬粮不继，而浙江人的习俗，不储隔夜粮的。灾情很严峻。苏轼奉命去常州、润州放粮救饥，十一月启程，次年春才回到杭州，各州县争粮，诸事繁杂。

严冬大雪纷飞，官船破冰而行。

除夕，官船到了常州城外，苏轼不进城。他的手下表示不理解，进城有炭火，有酒肉，有温暖的、久违的馆驿大床，可是苏轼这位放粮官，不愿意半夜进城打搅常州的官吏。

就在船上过夜吧。炭火酒肉是没有的，床铺简陋。夜漆黑，一灯如豆，舱外雪花看不见。随从、船公无话可说。官人做事就这样。一路上都这样。官不扰官，更不扰民。

苏轼睡不暖和，半夜冻醒了。《除夜野宿常州城外》：“病眼不眠非守岁，乡音无伴苦思归。重衾脚冷知霜重，新沐头轻感发稀……”过年了，想念家乡的除夕夜。

如果苏东坡不写诗，这个珍贵细节就丢了。

陈襄述古

陈襄字述古，是苏东坡平生至交之一，他做京官，知谏院，当朝廷的头号谏官，与王安石不合。他上书皇帝曰：“青苗法乃商鞅之术，乞贬王安石、吕惠卿，以谢天下。”王安石把他调离京师。

提举两浙盐事的卢秉，对苏轼不满，欲加弹劾，陈述古劝止。

苏轼通判杭州三年，先后与三个太守合作，想方设法缓解盐法、青苗法对杭州的冲击。

京官到杭州来，陈述古设宴，不让苏轼参加。很有些官员是吕惠卿派来的。官场风波险恶，冒充君子的小人比比皆是，而苏轼磊落坦荡，不去掂量人性恶。这是危险的，时局动荡时，危险性尤高。苏轼的敢言，能言，是在宋仁宗时代养成的风骨。现在时殊势易，他依然一腔热血。大臣们保护他。陈述古知他秉性尤深，合作近两年，暗里为他遮风挡雨。

汴京斗得厉害，杭州官吏和畅。陈述古要调走，苏子瞻依依惜别。《菩萨蛮》："秋风湖上萧萧雨，使君欲去还留住。今日漫留君，明朝愁杀人。佳人千点泪，洒向长河水。不用敛双蛾，路人啼更多。"

杭州人舍不得陈太守。苏轼在有美堂的宴席上作《虞美人》："使君能得几回来？便使樽前醉倒、且徘徊。"古人分别后，几年不见面是寻常事，所以重离别。当时颇不忍，别后思念长。李白说："请君试问东流水，别意与之谁短长？"

以人类学观之，古代，前现代，人对人的思念来得强烈而持久。一辈子想念亲人友人乃是常态。现代生活，思念是个难题。信息反复刺激，利益朝夕纠缠，搅得太复杂了。利益链条上的人与风俗道德中的人，差异明显。人类学家们，不妨以此为研究课题。

"多情自古伤离别"，陈襄述古在有美堂醉了又醉，不复守口如瓶，对苏轼透露了一些京城消息。苏轼愣了。

吕惠卿

皮里阳秋的典型人物吕惠卿，十年追捧王安石，一朝扳倒王丞相。

权力海洛因使人丧心病狂。吕惠卿有一番话不知讲了几百遍，官员们个个耳熟能详：“惠卿读儒书，只知仲尼之可尊。读外典，只知佛之可贵。今之世，只知介甫之可师。”

吕惠卿巴结王丞相，三天两头跑王府，说服了吴夫人，献上一个江南女子。王安石不纳妾，打发女子回老家。吕惠卿的手下张罗了一座有百亩园子的豪宅，献与吴夫人。王安石大怒，把那个张罗宅子的官员赶出京师。

吕惠卿百计逢迎，总有效果。在条例司，他升为头号人物，最接近王丞相。

当初，欧阳修器重吕惠卿，“以端雅之士荐之於朝廷”。欧阳修还保证说：“后有不如，甘与同罪。”这个人的确能干。王安石用人，首重才干，把道德放在次要的位置，反正他本人一心为国家，视富贵如浮云。酒色财器，他都不要。

吕惠卿几次单独晋见宋神宗，王安石不疑。惠卿面圣，只会讲王丞相的好。

推行市易、青苗诸法，吕惠卿非常卖力，国库日益充盈。皇帝看吕惠卿越来越顺眼了。

吕惠卿看王丞相却越来越不顺眼了，为什么？吕惠卿要取代王安石。

王信任吕，二人通书信，王有几个字：“勿使上知。”意思是：别让皇上知道。

吕惠卿如获至宝，连夜把王丞相的信件密呈皇帝。这一招可谓稳准狠。得意弟子最了解老师的软肋。吕惠卿选择了最佳时机：宋神宗正迫于各方的压力，想罢免王丞相。

这件事发生在熙宁七年。吕惠卿瞄准王安石，给予重重的一击。

在条例司，吕惠卿复与王安石的独子王雱恶斗不休，竟使后者气急攻心而亡。

宋代《东轩笔录》：“熙宁八年，吕惠卿为参知政事，权倾天下。”

恰似吸毒者有了吸不完的海洛因。

郑侠

郑侠，汴京安上门的一个小门吏，俸禄不值一提，全家人过得清苦。汴京人却知道，这个郑侠原本是王丞相的门下高足。王安石安排郑侠进变法机构条例司，拿高薪干大事，郑侠不从。小吏不认同王大丞相，他宁愿待在小门吏的位置上，平时喜欢画画，喝点小酒。他有两个好朋友：黄庭坚，晏几道。

王安石说：“黄某清才，非奔走俗吏。”但是，黄庭坚也拒绝了王安石的重用。

郑、黄、晏，三个人气味相投。晏几道的一本《小山词》风靡天下，后来苏东坡想见他，他不见。在他看来，开封几个府第的侍儿歌女们更值得一见。写女儿情态他是鼻祖，开启了纳兰容若，开启了伟大的作家曹雪芹。

郑侠画安上门的各色人等，也跟黄庭坚学点书法。他上有老下有小，糟糠妻子有时也抱怨他，他愁眉苦脸，悄悄去打工，挣点散碎银子补贴家用。他是孝子，但老母叫他去找王丞相，他默然而退，听见母亲在病榻上发出哀叹。

熙宁七年，郑侠画《流民图》长卷，擅自调驿马驰送皇宫。各地的流民不断涌入京师，其状惨不忍睹，郑侠看不下去，于是画流民图，画给深在九重的皇帝看。擅调驿马有罪，郑侠冒着入狱的危险。事先他作了安排，把老母亲送到乡下。

宋神宗看《流民图》流泪了。长卷上，那些悲惨的老人、妇女和小孩儿……

太皇太后曹氏厉声道："安石乱天下！"

宋神宗不跟王安石商量，动用皇帝手诏，直接罢免了市易法、青苗法，打开国家粮库，救济源源不断的外地流民。王安石不得不辞职。皇帝不挽留。

吕惠卿登相位。他的爪牙把郑侠抓进了监狱，昼夜刑讯，连日毒打。

涌入京城的万千流民得到安置，一个个能吃饱，露出笑容。黑牢中的郑侠正咬紧牙关，饱受皮肉苦。这个打不死的侠义之士，拳打脚踢也呻吟。

苏轼问："王安石罢相后，朝廷将会如何？"

苏轼问陈太守："王安石罢相后，朝廷将会如何？"

陈述古说："走了王介甫，来了吕惠卿。"

苏轼再问："两浙盐法苛刻，小民可有转机？"

陈述古摇头，徐徐道："皇上只看重库府的银子，罢除市易、青苗诸法，恐怕只是一时的情感冲动。王介甫是否卷土重来，尚未可知也。"

苏轼一声长叹，西湖水起波澜。

陈述古又说："吕惠卿正在搞手实法，要让天下人申报财产数字，收十分之二的财产税。瞒报者重罚，举报者重奖。"

苏轼惊问："收十分之二的财产税？还要重奖举报者，煽动民间告发？"

陈述古举起酒杯："子瞻，喝酒吧。杭州毕竟是人间天堂。斗争未有穷期，生活还要继续。新来的太守杨元素人不错，会与你合作愉快。"

苏轼笑道："杭州就是酒肉太多，我这个小酒量只怕撑不住。使君说得好啊，斗争未有穷期，生活还要继续。"

三 沸 水

生活不仅要继续，生活还要赏心悦目。苏轼酒量小，于是茶瘾大，醉酒、醉茶，有时候酒醉茶醉分不清，美其名曰：混醉。他能喝七盏龙井茶，跟龙井茶的发明者辩才法师细论三沸水，称：三沸，水就老了，一沸水又嫩，虎跑泉泡龙井茶，须二沸才好。

辩才法师逢人就讲三沸水，周韶姑娘斗茶，从此只喝二沸水。

精致的生活是需要想象力的。苏东坡诗云：“从来佳茗似佳人。”形与味，俱相似。

品好茶粗不得，遇佳人唐突不得。造化生尤物，尤物须珍惜。

在凤翔府做签判时，苏东坡跑几十里路，取山泉泡新茶，当时他二十七八岁。

长钉画鱼

苏东坡喜欢东跑西跑，看杭州人的风俗看不够，闰之夫人嗔怪：“我的官人，等你吃饭要等到天黑尽，莫非你看稀奇就看饱了？”

苏轼戏曰：“出门看饱了，回家闻到酒菜香，又饿了。”

十来岁的苏迈插嘴：“眉山人爱说，看毬不饱，回家吃饱。”

三岁的长头儿苏迨，咯咯咯笑了。苏轼带儿子到西湖边，看余杭人“长钉画鱼”。鱼游浅水时，陷入淤泥，钓不了，撒网更不行，湖畔人家却拿长钉画鱼，长杆短钉在湖中划来划去，动作像舞蹈。多见渔家女儿窈窕画鱼，边画边唱渔光小曲，优美又动听。

苏迈、苏迨看得呆了。苏迈叫道：“画起一条大鱼哦！”

西湖边卖花球、卖鱼虾、卖菱角的，叫卖声此起彼伏，比唱歌还好听。

苏家三父子，天黑不归家。凤凰山下温暖的家。

杭州寂照寺的和尚，个个爱修竹

杭州三百六十个寺庙，于潜县的寂照寺，一点都不起眼，香火不旺，大和尚不愿意来。中和尚、小沙弥倒有一百个，每日吃个半饱，面带菜色。有一天，披御赐僧袍的佛印大和尚到寂照寺小坐，指点住持曰：“尔等只须如此如此。”

于潜寂照寺请来了杭州苏通判。众和尚殷勤伺候，敬香茶，恭请苏轼洗兰花浴，泡甘棠脚，吃七种蘑菇、九种坚果。苏轼自然高兴，住持和尚却显得闷闷不乐。

苏轼笑问：“和尚衣食无忧，吃饭有蘑菇，沐浴有香兰，何事犯愁啊？”

住持叹息：“庙小，香火不继，道场冷清，经营艰难哦。这些款待大官人的蘑菇花卉，费银子不少，只怕寂照寺的和尚明天就揭不开锅了。看看人家灵隐寺、孤山寺，木鱼念珠用楠木，僧衣用绸缎，唉，大庙比小庙，贫僧心头闹。和尚比和尚，人世与天上。”

苏轼笑而不语，环视寂照寺。那住持一声又一声叹息。小沙弥盯着蘑菇流口水……

苏轼开口：“有了。”

住持忙问：“敢问大官人有了啥？”

苏轼说：“你这寂照寺有许多竹子，何愁换不来银子？”

住持叹气摇头：“几根笋子而已，还不够小和尚吃。”

苏轼一挥手：“拿笔砚来。”

大和尚顿时大乐，亲奉笔墨砚，状如小书童。苏轼挥毫向寺壁：“可使食无肉，不可居无竹。无肉令人瘦，无竹令人俗……”

这首诗顷刻间传遍了杭州十县，佛印、辩才等高僧前来欣赏墨宝，富人贤达烧高香。

从此以后，杭州人盖房子必栽竹子，就像川西坝子（成都平原）苏东坡的家乡。

辩才大法师

闰之夫人生的头胎苏迨，三岁半，不能下地走路，口齿也不清楚。苏轼的奶娘任采莲想了很多办法，不管用。苏迨叫自己的名字，叫成猪爱，叫了一年，改不过来。

苏轼唤苏迨，苏迨没反应；苏轼喊猪爱，这小孩儿却能嗯一声。

王闰之抱怨：“愁死了愁死了。”

任采莲说：“子瞻也是冬瓜脑袋，未满一岁就满地跑了。这一根藤上的两个冬瓜……”

杭州第一高僧辩才大法师，是苏轼的道友，辩才这个法号乃皇帝所赐。他云游四方，归杭州龙井山寿圣院时，必邀苏轼品茶。一天，苏轼抱苏迨去了。

辩才迎苏轼，过了庙门外二十步的虎溪，而朝廷大臣们前来拜谒，辩才送客，从来不过虎溪。这件事有个典故：东晋高僧慧远，在庐山东林寺做方丈，寺庙前一条虎溪，慧远方丈迎送客人，止步于虎溪，唯有陶渊明来，慧远才走过了虎溪。

庐山、龙井山两条虎溪，先后若干文化名流，相得而益彰。所谓名胜古迹，一定要有名人。几千年传下来的，主要是文化名人。

苏轼于佛门精舍品茶间，向法师谈起内子的烦恼。

辩才法师慧目观长头儿，说：“老衲试一试。”

《东坡志林》：“大师为迨落发，摩顶祝之，不数日，能行如他儿。”

辩才法师解释：“摩顶，也叫布气。”

几天后，苏迨和其他小孩儿一样行走了。长头儿初行走，很新鲜，很兴奋，半夜还要梭下床，面向父母，一步步走得昂扬。

一日，苏轼唤爱子：“猪爱，猪爱。”

长头儿纠正父亲：“我叫苏迨，我不叫猪爱。”

闰之夫人一把抱过长头儿，爱得热泪盈眶。

参寥和尚

宋代的士大夫常与和尚、道士交朋友，儒释道，合力教化百姓。

参寥和尚二十几岁，写诗云:“禅心已作沾泥絮，不逐东风上下狂。”苏东坡很爱这两句，屡写条幅送人。这参寥曾经年少轻狂，斗鸡走马，呼朋引类，调戏良家女。他足足折腾了七八年，可谓劣迹斑斑。一日，听辩才法师讲佛经，开悟了，削发遁入空门。每日晨钟暮鼓，青灯黄卷。他写诗，下笔飞快。要用禅心压住春心，这可不容易。

参寥终于在山寺待不住了，又不肯还俗，于是找了个折中办法:与士大夫游。张先，李常，孙觉，这些北宋响当当的人物，参寥跟他们做起朋友来。官员们设宴，参寥是常客，席间赋诗，兴来一挥百纸尽。诗僧的大名不胫而走，官妓们围在他身边，红巾乞诗，红裙乞诗，红酥手乞诗，红口白牙乞诗，还央求他把诗歌写在裙带上。她们喝醉了，混叫他和尚哥哥，强拉他写诗写在她们的脸上，向人炫耀和尚墨宝。

年轻的大和尚，春心又逐东风上下狂，这可怎么办啊?

禅心如日月，有时云遮去。周韶姑娘逗参寥:“沾泥絮，沾不牢，东风一吹和尚恼。”

参寥盘腿闭目，状如老僧入定。

周韶又逗他：和尚睁开眼哦，既是六根清净，何惧余杭佳丽?

少女们翩翩起舞，和尚的眼睛越发闭得紧。苏东坡大笑。

“杭妓往苏迓新守”

陈述古调走，杨元素上任。杭州的官妓要到苏州去迎接新太守，这是百年定例。苏通判带谁去呢？官妓们展开了竞争。苏轼也不管，凭她们争奇斗艳。官妓争了半天，闹得周韶头也昏了，说：“你们都不用争了，本姑娘只带琵琶女去。”

有个叫素兰的，表示不满：“琵琶女才十一岁，未曾入籍，你不能因为她是你徒弟，就让小女孩儿占了大美差！”

周韶笑道：“子瞻哥哥赋予我的权力，你不服啊？”

裙钗娇娥们叫道：“羞不羞哦，都叫上子瞻哥哥了。”

周韶又笑：“他叫我周韶妹妹，我不能叫他子瞻哥哥吗？”

素兰恨声说道：“你叫得，从此我们也叫得！”

从杭州到苏州百余里，官船破细浪，琵琶一声声，绿水一条条。拨弦技巧真是好极了，苏轼却点评：“未将心声指下传。”琵琶女儿盈盈一拜。

苏东坡官船去苏州，这是第三次了。姑娘们望眼欲穿，苏词云：“一年三度过苏台。清尊长是开，佳人相问苦相猜，这回来不来？”苏东坡写打油诗不少，到杭州，又填打油词。爷爷打油几千首不流传，苏东坡胡诌几句也要传万年……历史，叫作接受史。

杨元素是蜀中人，老乡见老乡，两眼都放光。杨太守见琵琶女，细听她拨弦三五声，大珠小珠落玉盘，直把眼珠子愣了，一双大耳朵竖得高高。

杨元素私语苏轼：“子瞻，这琵琶女孩儿天资极好。”

苏轼默然。

官船返回杭州，太守与通判在船头喝酒，侑酒的自然是周韶姑娘，巧笑倩兮，美目盼兮。船停西湖水中央，月光随波纹曼妙起伏，长官与名花共舞良夜。

琵琶女儿弹唱：“欲把西湖比西子，淡妆浓抹总相宜。”细浪不如歌声软。

船头苏轼自饮酒。远山如梦。

酒食地狱

宋代杭州风俗，早晨就要喝酒，叫做卯酒。

天才蒙蒙亮，苏轼的家门前就开始排队了，人人抱着酒坛子。苏通判要升官，要调走，杭州人栽下甘棠一株，名曰子瞻棠荫，怀美政也。官爱民，民爱官，自古而然。马梦得连日阻挡酒坛子，生气砸了酒坛子，因为苏东坡已经喝成了兔子眼加关公脸。再这么喝卯酒，那就不是去西湖了，要去西天！杭州市民紧急商量，决定酒坛子照样抱，卯酒照样请，一人持一小杯，苏大人舔一舔也好啊，苏大人闻一闻也好啊。

苏东坡人情好，开门喝卯酒，闭门却病酒，痔疮犯了，又不好对人讲。马梦得怒气冲冲，冲着门外十几个酒坛子喊：“我哥哥闻到酒味儿就狂吐，胆汁都吐光了，各位行行好吧！”

京城来了紫袍高官，点名要见苏轼。马梦得去不得，因为他没资格。杭州富裕，这个高官来了，那个高官又来。这叫高官走马灯。杨太守苏通判必须陪着，从午时喝到子夜，从官厅喝到歌舞厅，从杨柳岸喝到西湖上。

宋人笔记：“东坡倅杭，不胜杯酌……乃号杭倅为酒食地狱。”

苏东坡差一点就酒精中毒了，差一步就从天堂跌向地狱。马梦得尝语人：“杭州好得很，杭州恳得很。也不怪杭州人哦，谁知大文豪，却是小酒量。”

不明飞行物

湖州太守孙觉，请苏轼共游太湖中的金山寺。茫茫太湖，耸起一座百丈高的小山，五湖四海罕见。这是神的恩赐吗？山顶上一个小亭子，孙觉和苏轼小饮酒细品茶，参寥和尚带来的草茶。人在山上吗？非也，人在天地之间，抬眼一万里，举头兆亿年。

时近半夜，忽然看见一个迅速移动的发光体，无声无息地飞过几百里湖面，只在一刹那，忽又悬停于半空，向金山这边缓慢移动，看上去像个倒扣的草帽。苏东坡顿时惊呆了。整座金山被发光体照得雪亮，满山栖息的乌鸦惊恐而飞。几个男人手中的杯子掉到石板上，却听不到一丝声响。

苏轼当夜写下《游金山寺》：“江心似有炬火明，飞焰照山栖乌惊。怅然归卧心莫识，非鬼非人竟何物？”他补记：“是夜所见如此。”

沈括《梦溪笔谈》，孙觉的文章，均有类似记载。科学家沈括的描述很详细。

《梦溪笔谈》：“嘉祐中，扬州有一珠甚大……白光如银，珠大如拳，灿然不可正视……远处但见天赤如野火，倏然远去，其行如飞，浮于波中，杲杲如日。”

宋人庞元英《文昌杂录》：“尝一夕阴晦，庄客报湖中珠见……见微有光彩，俄而光明如月。阴雾中人面相睹，忽见蚌蛤如芦席大，一壳泛水上，一壳如强帆状，其疾如风。”

发光快，飞行快，形状像蚌蛤，这蚌蛤却跟九尺芦席一般大。

有一天，苏轼去某个寺庙，说他前世来过，旁人只当他开玩笑。他想了想，指着上山的石阶说，一共有九十二级台阶。同去的参寥跑上跑下连数三次，果然九十二级。

《戏赠》

沙河塘是杭州最繁华的地方，单是酒楼茶肆就有一百多家。有些店子通宵营业，吆喝声应和着画船的桨声，搅动着梦幻灯影。苏东坡有溜走独游的习惯，“笙歌丛里抽身出，云水光中洗眼来。”看书早已破万卷，眼睛有点问题。他一溜，溜到了沙河塘，脚步慢下来。

“沙河塘里灯初上，水调谁家唱？”

当初，苏轼在沙河塘听柳永《水调歌头》，如痴如醉……

这位官人登上了一座酒楼，少顷，面色惆怅下楼来。

偌大沙河塘，鲜花盛开十余里，妇人们的丝绸春装在春风中。

小桥尽春色，一人抱闷思。

在那座酒楼，有一位抚古琴的少女，转动照人，玉指微翘。当她垂手侍立，娇眼含羞，越发显得楚楚动人。她曾与苏轼三言两语而心意通也。过几天，苏轼要离开杭州赴密州，想再见她一面，可惜，小楼丽影不知何处去。

“去年相送，余杭门外，飞雪似杨花。”

友人可以送别，佳人却难执手。望美人兮天一方。

苏轼作《戏赠》：“惆怅沙河十里春，一番花老一番新。小桥依旧斜阳里，不见楼中垂手人。”

苏轼北上山东

一〇七四年夏，苏轼别杭州，带着家眷北上，赴山东密州，担任密州的知州。升官了，副职升正职。此前，在杨元素和张先等人的劝说下，那个“琵琶绝艺”的小女孩儿进入苏家做侍儿。她没爹没娘怪可怜的，后来，苏轼为她取名王朝云，字子霞。

苏轼的三个儿子，苏迈，苏迨，苏过，随父亲的车马远走齐鲁。苏过是在杭州生的。闰之夫人、任采莲、王朝云坐巾车。男人骑肥马。一路上，苏轼与朋友们相聚，从湖州玩到京口，玩到海州（今连云港市），过了青河，就是济南地界。

从江南到北国，从仲夏到孟冬，从郁郁葱葱到草木凋零。严冬时节，河水结冰。孩子们哪里顾得寒冷，奔跑在冰面上，滑倒爬起来，爬一半又滑倒。苏过才两岁半，倒是大呼小叫冲得凶，一冲百丈冰，马梦得笑嘻嘻跟着，妇人们远远瞧着。苏轼的奶娘任采莲安慰王闰之，说：“三个娃儿跟子瞻小时候一个样，费得很，费头子（孩子王）才有大出息哦。”

马梦得破冰捉鱼，先弄个小水凼，少顷，一大群鱼挤过来，鱼眼睛迎着久违的阳光。马梦得捉鱼捞鱼手忙脚乱，鱼乱跳，人也乱跳。苏过学哥哥伏着滑冰，不慎滑入水凼，马梦得将这幼儿倒提起来，剥光他浸透的衣服，两只大手搓他身子，搓得发烫了，才穿上棉袄。

冰河上发生的这一幕，苏东坡只瞟了几眼。他眺望千里冰封的北国风光。

过齐州，赴密州，马背上的诗人沉吟词章《赴密州早行马上寄子由》：

“当时共客长安，似二陆初来俱少年，有笔头千字，胸中万卷，致君尧舜，此事何难！用舍由时，行藏在我，袖手何妨闲处看。”口气真不小，致君尧舜何难。在杭州，他填了三十多首词，全是婉约派。一到北方大地，词风变了。这个现象很值得玩味。

苏轼抵达密州，碰上了蝗灾。

有些官员说，蝗虫是好虫

官场折腾不休，官员容易变坏。

密州的蝗虫铺天盖地，农民哭天抢地。然而州府的官员向新来的太守汇报："蝗不为灾。"有人甚至说："蝗虫为田地除草。"

苏轼愤然道："将谁欺乎？"

吕惠卿像蝗虫一般遮天蔽日，强硬推行手实法，强征天下人的财产税。苛政猛于蝗虫。苏轼到任半个月，连写两封信上奏朝廷，报告蝗灾，力抵手实法。

宋代的经济重心在东南，齐鲁穷，但盐法、青苗法也搞到山东来了。苏轼向丞相韩绛呼吁："愿公救之未行！"苏轼却不知道，韩绛变了，如今要看吕惠卿的脸色行事。

皇帝执意要打大仗，"西北万里招羌儿。"庙堂上的君臣，只看国库的进账数字。这叫强力意志，"求意志的意志。"（海德格尔）

哪怕蝗虫直接吃人，官员也会视而不见。这叫意志的极端形态。

苏太守写奏书，想要上达天听："比年以来，蝗旱相仍，盗贼渐炽，今又不雨，自秋至冬，方数千里，麦不入土，窃料明年春夏之际，寇攘为患，甚于今日……今中民以下，举皆阙食，冒法而为盗则死；

畏法而不盗则饥。饥寒之与弃市，均是死亡！”

汴京的天听，听而不闻；密州的臣子，奈何奈何。

苏轼说，蝗虫的确是好虫

诗人是灵动的人，是具有丰富想象力的人。

密州的知州苏轼，巡视各县蝗灾，发现了一个问题：饥饿的农民把捕捉到的千万斛蝗虫埋在土里，理由是肥土。土肥人瘦，却如何是好？人已饿得东歪西倒了，还在挥锄头挖蝗坑。苏轼喝停了这个村，那个村又干起来了。有些后生火烧蝗虫，苏轼闻到了香味儿。问后生，后生摇摇头，都说：“烧蝗虫的气味儿很臭。”

蝗虫不吉利，四川叫做“鬼头子”。

香味儿闻上去很臭，什么原因呢？苏轼说：“此乃心恙所致。”

这个著名的好吃嘴当众吃蝗虫，村里的父老皆失色，曰：“使君万万吃不得！”

苏轼笑道：“这种鬼头子，我小时候在眉山经常吃。蝗虫的确是好虫，好吃的虫。”

说话间，烧蝗虫吃光了一盘。官吏们纷纷效仿太守，大嚼蝗虫。有后生吸鼻子，大胆评价：“烧蝗虫是有点香哦。”

于是，几个乡野后生高叫：“蝗虫香喷喷哦，使君吃得，我等也吃得！”

这一年，密州全境吃烧蝗虫，上等户、中等户油煎蝗虫。烧蝗虫煎蝗虫千里香啊。

“洒涕循城拾弃孩”

密州穷，四方城门洞的弃婴年年有。穷人弃婴于城门洞，好心人抱回家。而熙宁诸法推行以来，城里城外的弃婴多了。富裕人家养不了这么多，中等户唯求自保。于是丢弃的婴儿就惨了，风中雨中黑暗中，啼叫声昼夜不绝。连山里的野兽都不是这样的，虎毒不弃子。

城里的弃婴，让苏轼想起眉山五亩园那只受伤的小鸟。

惨状不可接受。怎么办？大幅度削减财政开支。

苏太守、刘通判率领州县的所有官吏，把密州城的弃婴全部收养。拾弃婴的过程一言难尽，泪水止不住，泪水流不停。“秋雨晴时泪不晴。”

人类社会绵延至今，爱是第一推动力。

太守流泪，全城皆哭。人心都是肉长的，人又是一种氛围动物。有些人家悄悄抱回了自家娃，其余三百多个弃婴，由官府收养，养到一岁，生身母亲再来认领。弃婴通常有记号。无人认领的幼儿皆入孤儿院。

苏轼这么考虑：一周岁的小孩儿能叫妈妈了，母子缠绕生情，再弃的可能性小。

削减财政，苦了州县官吏，仅此而已。

十余年后，苏东坡再次到山东做官，过境密州，赋诗于超然台上：“重来父老喜我在，扶挈老幼相遮攀。当时襁褓皆七尺，而我安得留朱颜。”

苏太守吃野菜，面目加丰，白发转黑

苏轼的头发有少年白，杭州三年，苦于应酬，大鱼大肉吃下来，白发增多了。不知道是怎么回事。到密州（今山东诸城）来，官厨索然，十天半月才勉强打一回牙祭。官府是有招待费的，叫公使钱，苏太守都拿去救弃婴了，他用自己的俸禄奖赏有功的官吏，但官吏们禀告说：市场上买不到什么东西。

杭州酒肉太多，密州市井寥落。

几个县令窃窃私语：“苏太守给朝廷大臣写了不少信，恐怕想早点调走哦。”

密州通判刘庭式听到了，召集县令开会，说：“尔等叽叽喳喳，成何体统！咱们的太守为民请命，每一封写给朝廷的信都有掉乌纱帽的危险！”

高密县、东武县的两个县令相顾曰：“我等莫言，莫言……”

刘通判却对苏太守说：“使君来密州，忧愁操劳，饮食不周，人在壮年白发生啊。”

苏东坡笑道：“有办法。”

刘庭式纳闷：“有啥办法呢？牛羊猪又变不出来。”

第二天，苏东坡拉着刘庭式，各扛一把锄头，沿旧城挖野菊和枸杞，以及别样野菜。太守吃得津津有味，通判有些勉强，吞几回才吞下去。

百姓说：“太守吃蝗虫，我们就吃蝗虫；太守吃野菜，我们也吃野菜。”

密州的土地并不贫瘠，山也不高，植物漫山遍野。苏轼研究医、药，懂得百草，他需要克服的只是野菜的味道。他是一方大员，他吃野菜吃得香，下属们就能咽下去。

野菜一吃三个月，有趣的现象发生了。苏轼致信友人曰：“面目加丰，发之白者，日益返黑。”杭州吃酒肉，人瘦了；密州吃野菜反而长胖了，白头发转黑头发。

在艰难的年月，苏东坡与密州十万户共渡难关。

苏轼《后杞菊赋》：“予仕宦十有九年，家日益贫，衣食之奉，殆不如昔者。及移守胶西，意且一饱，而斋厨索然，不堪其忧。日与刘君廷式，循古城废圃，求杞菊食之，扪腹而笑。”

一年清知府，十万雪花银。历朝历代，贪官、庸官之多，谁数得清？

苏东坡的仕途起点高，做了十九年的官，“家日益贫”，他的俸禄花到哪儿去了？朋友们知道，凤翔、杭州、密州的百姓都知道。

“请君莫笑银杯小，尔来岁旱东海窄”

从京城来了一位致仕（退休）的高官，乔太傅，做过皇帝老师的。此人几十年吃山珍海味像吃萝卜小菜，七十多岁了，皮肉像春蚕。退休了，南方走一走，北方看一看。走走停停看看，吃吃喝喝玩玩，带走土特产。

刘庭式请示苏东坡：“这乔太傅吃惯了玉盘珍馐，我们如何接待他？”

苏东坡说：“炒几盘好野菜。”

刘庭式表示为难。苏东坡拍拍对方的肩膀：“庭式啊，这是个机会。”

太傅来了，官府设宴。席间，一盘野菜又一盘野菜，苏东坡大箸大箸地“抬”（眉山土话），乔太傅小口小口地试。酒杯又小又浅，下酒菜还是野菜。

乔太傅不高兴了。苏东坡谈笑风生。

宴罢，乔太傅问刘通判：“我得罪过苏子瞻吗？酒杯这么小，连山东炒豆子也不来一盘。”

刘庭式叫苦：“太傅，天旱豆苗稀啊。”

接下来的三天，乔太傅看了育儿院，看了官吏们的饭菜，又造访了苏太守的家。一路默默，偷偷抹泪。是啊，人心都是肉长的。

临走那一天，苏东坡送乔太傅一首诗，佳墨写成条幅。乔太傅千谢万谢，苏东坡的手迹连皇帝都想要哎。他日回转帝京，带进宫夸耀去。

苏东坡的诗中，有两句墨最浓：“请君莫笑银杯小，尔来岁旱东海窄。”

官员们面带菜色

苏轼胖了，官吏瘦了。并不是人人都有吃野菜的好心情，三个月吃下来，很有一些人吃得吐青口水，一见菜根就翻肠倒肚。

刘庭式忧心忡忡：“官员们一脸菜色忙公务，恐怕难以持久。”

有官员发牢骚：“苏大人的肚子里有蝗虫垫底，我等腹中连蛔虫都跑了。”

刘庭式找苏东坡，东坡笑道：“莫急，眉山人自有妙计。”

入秋野物肥，野物可不是野菜。野物却在深山里，鞭长莫及啊。文官叹息，武将发脾气。九月秋高气爽，正是狩猎的好时光，可是州府不见太守的踪影。月底，太守匆匆归来，刘庭式报告：府中大大小小几十个官史，个个营养不良，一半想请病假……

苏轼问：“有人辞职吗？”

刘庭式答：“目前还没有。”

苏轼笑了：“这些人狗舔油锅嘛，舔又烫，不舔又香。当官的面带菜色好，这才看得见百姓脸上的菜色。”

刘庭式释然了，却笑问：“使君面目加丰，脸色红润，却如何看得见百姓的菜色？”

苏轼反问："人人吃野菜，却有几个吃得香？"

刘庭式再问："这些日子，使君忙什么呢？"

苏轼说："我带了几个武将，去常山转了一圈。庭式啊，告诉官吏们，准备大规模出猎。"

密州出猎·宋代第一首豪放词

熙宁八年十月，苏轼率领数百人马会猎于常山，马踏平冈五十里，将林中的野兽驱赶出来，强弓利箭团团围住。兔子、獐子、野猪、豺狼、狐狸……初冬的野物肥且懒，一朝受惊，盲目逃蹿。锦帽雕裘的苏东坡一马当先，弯弓射野狼，拔剑斩蛇蟒。

宋代的文官常摄军事，文武双修乃是百年风尚。

当年在凤翔，苏轼习骑射。自从走马山东以来，练武几为常态，"磨刀入谷追穷寇。"山东大地民风彪悍，苏子瞻入乡随俗，舞枪弄棍。内在的野性有了外化的空间。

苏轼跃马射狼，挥剑斩蛇，随行士卒大呼："使君好身手！"

围猎的地方叫铁沟。苏太守夜宿帐篷，帐外篝火熊熊。文豪犹在兴奋中，手抚黄狗与雄鹰。据考证，那条黄狗正是有名的山东细狗，身形与豹子相似，速度极快，咬力超强。

使君夜不能寐，欣然命笔，《江城子·密州出猎》："老夫聊发少年狂，左牵黄，右擎苍，锦帽雕裘，千骑卷平冈。为报倾城随太守，亲射虎，看孙郎……”

“试上超然台上望，半壕春水一城花，烟雨暗千家”

苏东坡写下豪放词《江城子·密州出猎》，并不自信，他写信给鲜于侁，说：“近作小词，虽无柳七郎风味，亦自是一家，呵呵！数日前猎于郊外，所获颇多……”

打猎是为了解决吃肉的问题。填曲子词，苏东坡还不敢跟柳永较劲。

这一年的冬季几番出猎，野物堆满了军营，官吏与士卒全都吃笑了，菜色初转红润。苏轼又从济南调来大量猪羊投放市场，让百姓手中的钱有处花。齐州太守，正是李常。

刘庭式恭喜苏东坡：“使君尝言，眉山人自有妙计，我还纳闷呢，今日开了眼界也！”

苏东坡摇头曰：“权宜之计耳。密州还是穷。”

苏诗云：“薄薄酒，胜茶汤。粗粗布，胜无裳。丑妻陋妾胜空房……”

苏轼知密州，利用一处废弃的建筑，修了一座超然台。

“休对故人思故国，且将新火试新茶，诗酒趁年华。”

山东粗犷地，苏东坡的好词一首接一首。

“自东坡《水调歌头》一出，余词尽废”

超然台在密州城北的高处，台高约九尺，占地十余亩。苏东坡作《超然台记》，称：“超然于物外也。”他牵挂太多，于是想要超然。超然台倒是见证了苏东坡的未能超然。

牵挂一切又仿佛了无牵挂，苏东坡崇拜的庄子能做到吗？

超然台上，濛濛细雨淋湿了诗人的思绪。

举目山城，风细柳斜斜。苏轼一个人溜到这高台上，徘徊下午，立尽黄昏。

人群中抽身而出，乃是杰出艺术家之常态。背向人众，面向自己。

苏东坡跑到超然台，却跟写作无关。这儿静悄悄，情绪有个安顿处。有时不知不觉就到台上来了。

入秋了，“无边落木萧萧下。”

“天高云淡，望断南飞雁。”

一〇七六的秋天，苏东坡在密州超然台上，不知道自己要干什么。心是沉甸甸的心。四十岁的男人，多少事，欲说还休。

苏子由在济南做小官，兄弟不相见，屈指已七年。苏轼在凤翔做签判时，三年，与弟弟相隔千里。苏辙自幼身子弱，总是跟着强壮的哥哥……

中秋节，苏轼与官吏们共饮于超然台，“欢饮达旦”，喝了一夜的美酒。刘庭式来敬酒，下属们来敬酒，红巾少女婀娜穿梭。苏东坡醉也，月下跳起舞来。

酒神、月神之狂欢。

那个晚上，狂欢的元素都在的。苏东坡知密州七百多天，这一天抵达了情绪的高潮。

多少人在彻夜狂欢。一个人在远方孤单。

情绪喷向了笔端。苏东坡淋漓醉墨："明月几时有？把酒问青天。不知天上宫阙，今夕是何年……"月之阴晴圆缺，对应人的悲欢离合。自然亦如人事。

"一万年太久，只争朝夕。"

"但愿人长久，千里共婵娟。"

但愿而已。兄弟一登仕途，便是劳燕各自飞。

苏东坡的这首《水调歌头》垄断了中秋月，犹如李白的咏月诗飞上月球的环形山。

古人云："自东坡《水调歌头》一出，余词尽废。"

写西湖第一，写豪放词第一，写悼亡词第一，写中秋月第一。

顶级艺术品的产生充满了意外。艺术创造与意志力无关。意志不可去染指感觉的原初性。灵感袭来，事先不打招呼。佳作可遇不可求，犹如遗世而独立的空谷佳人。

一〇七六年的夏天和秋天，苏东坡屡上超然台，情绪思绪，如歌如酒。诗人却哪里知道，一支笔已挥向千年。

大文豪诞生在杭州、密州。

“平生五千卷，一字不救饥”

苏东坡要调走了，调到中原去做官。继任的密州太守姓孔，苏轼写诗送给他：“秋禾不满眼，宿麦种亦稀。永愧此邦人，芒刺在肤肌。”在密州，苏轼为百姓做了很多，但是他很惭愧。为什么惭愧？只因为他毫无政绩的骄傲，眼中只有想做而未做的许多事。

他对孔太守说：“何以累君子？十万贫与羸。”

做官就一个字：累。“哀民生之多艰。”如何不累？

苏东坡浩叹：“平生五千卷，一字不救饥。”

拒绝诺贝尔文学奖的法国作家萨特尝言，他的代表作《词语》，比不上送给巴黎穷工人的一双皮鞋。

美政冲动无穷，何处不是密州？

一〇七六年，苏东坡的词语表达佳，得高度关注。意识的向度乃是生存的向度。词语是什么？词语是价值观。良知是什么？良知是惭愧，是内疚，是心有不忍。

“美政”一词，源头在屈原的《离骚》。

美政冲动是说：苏东坡造福一方的心劲极大，源远而流长，连他本人都不清楚。

孩提时代的憧憬与向往，是要贯穿人的一生的。

盖公堂

超然台之外，苏东坡在密州又修了一座盖公堂。盖公是西汉的一位密州隐士，曹参做齐国丞相，去拜访盖公，问治国方略。盖公送曹参九个字：“治道贵清静，而民自定。”曹参依其言，齐国大治。著名的“文景之治”，核心的执政理念也是无为而为，与民休息，天下百姓生活幸福，陪葬王陵的彩色陶俑一个个面带微笑。

苏东坡重修盖公堂，举行盛大仪式，作《盖公堂记》，浓墨书于堂上。

超然台，盖公堂，都是针对王安石熙宁变法。

苏轼《赠钱道人》：“书生苦信书，世事仍臆度。不量力所负，轻出千钧诺。当时一快意，事过有余怍。不知几州铁，铸此一大错！我生涉忧患，常恐长罪恶。静观殊可喜，脚浅犹容却。而况钱夫子，万事初不作。相逢更无言，无病更无药。”

深入虚无之境，开出实有之花。

在“不”的领域，有多少不登庙堂的民间智慧。苏东坡仕宦二十年，居然能写出这样的诗。

苏轼过济南不写诗

李常字公择，黄庭坚的舅舅。苏轼过境济南，李常留佳客，一留就留了三十多天。这是宋代官员的享受之一。李常拉着苏轼到处转，大明湖，趵突泉，千佛山，杜甫写过诗的历下亭。喝不完的美酒，尝不够的美味，听歌曲，看舞蹈，访良友，夜夜不休。

李常是当时屈指可数的藏书家之一，他的藏书向天下寒士开放。借走不还也无妨。李常又是鲜花丛中的常客，醇酒妇人销魂，堪比欧阳修张子野柳耆卿晏几道。

大明湖畔，北方佳丽夜吹笙，有个叫巫亮的，唱“明月几时有”，且歌且舞。六个长身玉立的姑娘伴舞。北方女孩儿，尤其是山东的女孩儿，个头高出江南女孩儿不少。

苏轼不胜酒力，倒是能抗住艳力。“青春与美丽崇拜”（普希金），仅此而已。

李常抱怨：“子瞻啊，我留你一个月，你一首诗不写。”

苏轼埋怨：“这一天到晚喝得头昏脑涨。”

李常说：“此后五六天你滴酒不沾，给我，也给济南留下两三首诗词如何？”

苏轼笑道：“赋诗必此诗，定非知诗人。”公择不要勉强我。

李常摆摆手：“子瞻差也，今日你不写，济南城几百年埋怨你。”

苏轼问：“李太白到济南留过诗么？”

苏轼在山东，不登泰山，也不去孔庙。当年在家乡也不登峨眉山。

大诗人从来不刻意。苏东坡名句：“天真烂漫是吾师。”

揖别李常后，一行人从济南到汴梁走了十几天。苏东坡在马背上沉思。

马梦得问：“哥哥沉吟词章么？”

苏轼摇头不语。

“好兵者必亡”

苏轼一家子从皇城边走过，滞留于汴京近郊的东园，范镇的宅子。

张方平，范镇，苏轼，苏辙，四个男人在池塘中的小亭剧谈。周遭春花烂漫，池塘游鱼自在，男人们的目光却透着紧张。

朝廷有大变动。王安石第二次罢相，回金陵的老家打发余年。吴充当宰相，这个人是王安石的儿女亲家。吴充反对过王安石。机会来了，范镇快马走洛阳见司马光。司马光上书吴充：“自新法之行，中外汹汹，民困于烦苛，迫于诛敛，愁怨流离，转死沟壑……今日救天下之急，当罢青苗、免役、保甲、市易，而息征伐之谋。”

概言之：罢新法，止征战。

然而司马光上书毫无结果。宋神宗在位十年，念念不忘一件事：用兵。

张方平曾经直接对皇帝说：“宋与契丹，大小八十一战，惟张齐贤太原之战才一胜耳。陛下视和与战，孰便？”而七十多年来，宋与契丹通商、通婚、通文化。两国长期贸易，宋占优势，商品的技术含量高，一款瓷器就能换来契丹人的一匹好马……

范镇两手空空回来了，东园的春天宛如肃杀的秋天。

苏东坡沉思又沉思，徘徊复徘徊。眼中哪有宠柳娇花？举目全是刀光剑影。

苏东坡手书《谏用兵书》：“臣闻好兵，犹好色也，伤生之事非一，而好色者必死；贼民之事非一，而好兵者必亡”“兴师十万，日费千金……内则库府空虚，外则百姓穷匮。饥寒逼迫，其次必有盗贼之忧；死伤愁怨，其终必致水旱之报”“变故百出，皆由用兵……是以圣人畏之重之，非不得已，不敢用也！”

贼民，是苏轼等士大夫的一个常用词，害民的意思。

谁害民呢？想要兴大兵打大仗的宋神宗。

苏轼写的《谏用兵书》，由张方平递上去了。

这里跳动着猛士的心。范镇，司马光，张方平，苏轼……

鲁迅：“真的猛士，敢于直面惨淡的人生，敢于正视淋漓的鲜血。”

四照亭王诜设宴

勇士，猛士，却也是闲雅之士。昨日慷慨激昂，今日何妨诗酒年华。

皇帝的老虎屁股，苏轼十年前就摸过了。“苏三言”曾经轰动京城。

驸马都尉王诜是宋神宗的妹夫，却又姬妾众多，皇帝和太后都不干预。这是宋代的一个奇特现象。王诜善丹青，踢得一脚好球，又醉心于书画收藏，日日展玩不休。他与苏轼早就相识，听说苏轼在汴京郊外，立刻带了几个侍人到四照亭，置酒相招。

酒过三巡，苏轼微醺，作《殢人娇·王都尉宴上赠侍人》：“满院桃花，尽是刘郎未见。于中更、一枝纤软。仙家日月，看人间春晚，浓睡起，惊飞落红千片……”

据《神仙传》：东汉有刘郎，在天台山采药，遇桃树下的思春仙女，与之结为夫妇。

侍人中有名叫倩奴的，就是苏轼形容的“一枝纤软”。

开封城外，四照亭前，锦帐连着红花绿草。歌女舞姬比鲜花妖娆。

王诜带来唐朝韩干画的十二幅马，苏轼题诗，“一枝纤软”捧画轴。

王诜送苏轼乳糖狮子、羊羔儿酒、龙脑面花象板、鲨鱼皮、皇家墨砚、紫茸毡、翠藤簟等物。马梦得收下。王朝云献上一曲琵琶《晚云收》，驸马都尉称奇。

这一年，钱塘女儿王朝云十四岁了。

又在路上

苏东坡在范镇的东园一住两个月，受命知徐州，择日启程。徐州距开封五百里，苏轼一行老幼，日行不足五十里，走了十余天。初夏时节，大地上到处是鲜花。夜宿驿站或村野小店，朝看旭日与霞光满天。马梦得逗孩子们玩，讲项羽“力能扛鼎”，一面说，一面举起一块二百斤重的大石头。苏迈、苏迨、苏过惊呼。马梦得扔下石头，又来一段“数来宝”（山东快板），单道刘邦赴鸿门宴，借口上厕所，溜之大吉。项羽“衣锦昼行”，建都于彭城。

长头儿苏迨叫道：“我想去彭城！”

马梦得说：“彭城就是徐州啊，你爹要去徐州做大官。”

苏迨喊：“我爹是霸王项羽！”

马梦得笑道：“项羽有乌骓，关羽有赤兔马，你爹骑的马叫无名马。”

苏迨再喊：“不对，爹爹骑的马叫子瞻马！”

马梦得乐了：“杞人马梦得，唯子瞻哥哥马首是瞻。”

马背上的苏轼极目天边，沉思汉与唐。官道边盛开着七色花，天空飘浮着九朵云。车子咿呀，马蹄悠闲。人在思绪中，思绪在原野的风中。沉醉。远方有一角酒旗闪出来。

美啊，苏东坡美得不想说话。马梦得与孩子们哇啦哇啦。

煤炭

一〇七七年四月二十一日，苏轼抵达徐州任所，安顿了家小，到官厅视事。

徐州多平原，杂以丘陵，地域广大，曾辖山东、江西大部分地区。秦末，项羽的大军屯于此地。宋代的徐州版图缩小，仍为重镇。此地多产花岗石、铁矿石，冶炼场很多，铸造各式兵器。

苏东坡到任不久发现了石炭，下令大规模开采。石炭锻造兵器，比木炭强十倍。徐州三十六个冶炼场，纷纷改烧石炭。苏轼赋诗《石炭》：“岂料山中有遗宝，磊落如璺万车炭。流膏迸液无人知，阵阵腥风自吹散。根苗一发浩无际，万人鼓舞千人看。投泥泼水愈光明，烁金流玉见精悍。南山栗林渐可息，北山顽矿何劳锻。为君铸作百炼刀，要斩长鲸为万段！”

苏东坡并不缺尚武精神。知兵非好战。赵宋一百三十多万军队，足以保境安民。主动出击胜算少。

徐州的优质兵器源源不断运往京城、边境。

洪水

七月，徐州来了大洪水。黄河上游决口，洪水如千万头猛兽狂奔直下，冲击徐州的城墙。市民们惶恐曰：“城墙昼夜呻吟，河神在咆哮。”

城墙一倒，二十万人性命难保。这突如其来的大洪水百年一遇，让苏轼遇上了。

倍道急足一天三次向汴京报告灾情。神宗皇帝寝食难安。

大雨连日倾盆，洪水时时上涨。上游冲下来的东西，包括一栋栋房子，粗大的梁木撞击城墙。徐州城内人心惶惶，妇孺尽哭声。

苏东坡的抗洪指挥部设在城墙上。史料称：“轼庐于其上，过家不入。”

暴雨不停，水势凶猛。苏轼立雨中，望着城外的滔滔大洪水，良久不动。

下属报告：“城里的一些富豪正在集结车马，收拾细软，想逃！”

苏轼好像没听见。

又有下属报告：“徐州禁军武卫营，拒绝接受太守的调遣！”

苏轼依然面向扑打城墙的洪水。身后有官员调侃：“使君在酝酿诗篇吧。”

狂涛暴雨不断地扑打城墙……

苏轼转身下令：“调集城里所有的船只，用缆绳放到城下，缓解洪水的冲击。”

这么做能否奏效呢？如果船头冲向了城墙呢？汛情万分危急，只能冒险一试。

头一批五十只船放下去了，分散了水力。于是，大批舟船放到洪水中，徐州市民将澡盆子和洗脚盆都拿出来了。最危险的南城墙，水力大减。

然而西门告急：“徐州首富鲁二，带了一百多个强悍庄丁，要强行出城。”

苏轼带马梦得急驰西门。那鲁二自恃有朝廷背景，非常傲慢，不把苏轼放在眼里。

鲁二宣称：“我一家老小三百口，今日非出城不可！”

苏轼吼道：“富人一逃，全城混乱！”

鲁二也扯起嗓子：“全城我不管，我鲁二在徐州，三十年说一不二。”

苏轼冷笑：“本官今日就叫你说二。”

那鲁二的左右两条大汉，凶巴巴拔剑在手。岂料马梦得动作更快，一个箭步过去，剑指大汉咽喉。

苏轼说：“勿伤他性命。”

说话间，这位文章太守也拔长剑，直指鲁二面门。这是一把煤炭锻打的七星剑。

徐州首富垂头丧气，全城富人不敢妄动。

苏东坡马不停蹄奔向了武卫营。禁军，地方长官是无权调动的。苏轼冒大雨亲往武卫营，满身泥浆一脸憔悴，以二十万人的性命乞求于武卫营官兵。首领不禁感动，称：“愿效使君犬马之劳。”

八月，徐州驻军与民夫数万人大汇战，筑长堤九百八十四丈，确保徐州城的安全。

九月二十一日，最大的洪峰来了。徐州安然无恙。

当人们欢天喜地之时，苏东坡蜷缩在城墙根睡着了。

抗洪七十天，血肉之躯如钢似铁。洪水一退，倦意袭来。

数百徐州人围观东坡先生睡觉，然后，悄然退去。

“水来非吾过，去亦非吾功”

宋神宗嘉奖苏轼，下诏曰：“敕苏轼：昨黄河水到徐州，汝亲率官吏，驱督兵夫，救护城壁，一城生齿并仓库庐舍，得免飘没之害……朕甚嘉之。”

全城欢呼苏太守。如果苏东坡趁机邀功请赏，大谈抗洪的意义，强调他在紧要关头当机立断，那么，皇帝会获取更多的信息，给他更大的嘉奖。

苏东坡赋诗云：“水来非吾过，去亦非吾功。”

庸官们叽叽喳喳：这个苏子瞻，真不会做官。

金陵王安石闻之，叹曰：“子瞻，人中龙矣。”

苏太守下令：拆除霸王厅，叫项羽去抵挡洪水

苏轼在徐州建黄楼，黄者，土也，取五行中的土克水。如何取建材？派人到山上去伐木采石吗？苏轼说：“不必，逍遥堂里的那个霸王厅，石材木材俱佳，不妨拆了一用。”

徐州的官员纷纷劝阻：“使君啊，这霸王厅万万拆不得。”

苏轼笑道：“项羽死了一千多年，你们还怕他不成？”

官员惶恐相顾曰：“那个霸王塑像凶神恶煞，看它一眼心惊肉跳，一旦拆除，只怕恶鬼缠身。”

苏轼说：“凶神恶煞正好，叫项羽去抵挡洪水。当年我爷爷拆除眉山城骗钱的茅将军庙，县官说拆不得，我爷爷说拆得。我爷爷是一介布衣啊，率领一群后生掀翻了茅将军的塑像。哈哈，我爷爷以寿终，享年七十有五。我爷爷一辈子喝的酒比我喝的茶还多……”

说起亲爱的爷爷，苏东坡话多了。部属领命而去，拆除霸王厅，移走项羽像。

密州建盖公堂，徐州拆霸王厅，这一建一拆，深意在焉。重王道，斥霸道。

项羽靠杀伐建西楚，称西楚霸王，只历七年，自刎于乌江。

马 盼 盼

黄楼落成了。一代大士苏东坡建的黄楼，克洪水三百年也。

徐州城狂欢三天三夜，那个首富鲁二，捐献了几百头牛羊猪。太守表扬他：“鲁二，这一回你当真说一不二。”

苏子由寄来《黄楼赋》，苏子瞻书于楼中。写到一半，被王巩拉去喝酒了。回到几案前，发现纸上多了四个字：山川开合。

半醉的王巩大喊：“谁写的山川开合？大胆！”

一群官妓缩在画屏后，不敢出头来。苏东坡细看那书法，叹曰：“真吾体矣，可以乱真。”

那王巩还在嚷嚷：“天下书法，苏黄米蔡。我哥哥书写的这幅《黄楼赋》是要刻在石碑上的，王公大臣要来欣赏，四方名士要来瞻仰，是谁妄动笔墨，坏我哥哥的不二书法？”

画屏后面裙钗动，似乎有人要站出来。

少顷，一个十八九岁的姑娘畏畏怯怯地露面了，手里还拿着毛笔。

王巩厉声问：“是你写的山川开合？”

姑娘点点头。她不敢看王巩，更不敢看使君。

王巩又问：“姓甚名谁？何方人氏？”

姑娘回答：“奴家是徐州人，名叫马盼盼。”

王巩讪笑：“呵呵，唐朝有个关盼盼，今日来了个马盼盼，关盼盼居燕子楼，白居易赞美她的风采；你马盼盼在黄楼擅自书写《黄楼赋》，是想借我哥哥的墨迹名播后世么？”

马盼盼薄面通红，连连嗫嚅：“奴家不敢，奴家闹着玩的，奴家自幼临摹苏体字，奴家看了使君真迹，奴家的手就痒了，奴家的手就犯错误了……”

官员们都笑了。马盼盼垂手而立，等候使君发落。

姐妹们为马盼盼求情，希望宅心仁厚的使君从轻发落。

苏轼开口了：“王定国几句玩笑话，马姑娘就吓成这样。姑娘，我跟你说啊，你写的四个字不比我差，是可以刻碑的，也许马盼盼将不逊于关盼盼。为了表示感谢，我送你半丸潘谷墨，一刀澄心堂纸和我常用的眉山砚。”

潘谷墨丸，宋代称第一，半丸抵十两黄金。澄心堂纸乃是南唐李后主的专用纸。

马盼盼幸福地哭起来了，整顿裙钗道了万福，再拜偶像苏使君。

几十年后，痞子皇帝宋徽宗，诏毁天下苏轼碑文，徐州人将《黄楼赋》碑沉到水下。待风头过去，把石碑捞起来，拓片千万张，市场上卖得好价钱……

所谓文化传承，常伴有风风雨雨。

“以为李太白死，世间无此乐三百余年矣”

王巩是名相之孙，名臣之子，生得细皮嫩肉的公子哥儿，一度是个京城玩家。他到徐州来，带了家酿千瓶。苏轼写诗给他：“子有千瓶酒，我有万株菊。”

王巩宣称：“从来不喝外酒。”

苏轼逗他：“我有唐朝的宫廷酒剑南烧春，你不妨尝一尝。”

王巩笑道：“家酿春意百年浓，何须尝它剑南春。”

马盼盼插话：“公子抿一小口，奴家饮一大杯。”

另一个官妓卿卿也来帮腔：“公子闻一闻，我们三个弱女子，各饮两斤剑南烧酒。”

王巩说：“姑娘们配合我哥哥，想让本公子在徐州破戒喝外酒，我不干。”

官妓张英英娇嗔：“公子不用做别的，只叫公子尝一尝。”

自从马盼盼写了山川开合，王定国便与张英英、马盼盼顾盼频繁，诗酒歌舞，偶尔胡闹，却不过分，不逾矩。京城有一位宇文柔奴，乃是王巩之至爱。

一日，苏轼羽衣登黄楼，与李常、马梦得、黄庭坚共饮。黄楼外的大河波翻黄浪，一望千里。忽见一只画船顺流而下，船上的红男绿女正在击鼓传花，划拳吃酒。那玉面王巩大叫："限韵赋诗，限韵赋诗！"

听得马盼盼回应："联句，联句，本姑娘不输给贵公子！"

亢奋马姑娘，不复称奴家。参寥和尚端坐，颜复道长畅饮，卿卿抱琵琶，张英英横长笛……苏东坡叹曰："以为李太白死，世间无此乐三百余年矣。"

宋人目力长远，动不动就三百年五百年。

苏轼漂流百步洪

徐州有个百步洪，是夹在两座青山之间的一条峡谷，溪流数十里，断岸盈百尺。有一段飞瀑直下三十三丈，人称百步洪，一年四季涛声不绝。这是飞鸟与猴子戏耍的地方，苏东坡却要试试。参寥，王巩，苏轼，三个男人要在惊涛骇浪中弄手段。

抗洪，赏洪，玩洪，是谓徐州三部曲。马盼盼连日来玩疯了，玉手不磨潘谷墨，却向波涛探新奇。猴子耍得，人也耍得；男人玩得，女郎也玩得。于是，这几个人在源头放舟，缓缓而下，观百鸟看猴戏目送流云。转眼间到了百步洪，小舟坠入洪流，船与石磕磕碰碰，人是晕头转向。三尺浪一层层扑面，七尺汉几回回心惊。马盼盼呼救命，于潜和尚奋不顾身保护她。和尚不糊涂，救命才是造浮屠。那苏东坡手忙脚乱，栽到东又扑到西，吐美酒咽胆汁。猴群大乐，纷纷飞跃浪中石头。殊不知人比猴子灵光，颠倒之时有灵感。

苏轼诗云："四山眩转风掠耳，但见流沫生千涡。"

想当年在眉山，浪里白条美少年。从此以后，徐州人开始玩百步洪了。

戏耍是需要想象力的，人啊，越耍越能耍。

"静故了群动，空故纳万境"

参寥和尚要走了，苏东坡马梦得，委实舍不得。和尚道士，别有人生智慧，苏轼与之游，游出别样境界来。于潜诗僧落笔不凡："西去想难陪蜀芋，南来应得共吴姜。白云出处元无定，只恐从风入帝乡。"帝乡指汴京。

苏东坡写诗送和尚："欲令诗语妙，无厌空且静。静故了群动，空故纳万境。阅世走人间，观身卧云岭。咸酸杂众好，中有至味永。"

宋代的禅味诗，这是具有开端意义的名篇。

活得不沾，不滞，"勿必"，"勿固"，这是孔夫子讲的。

佛祖破除“执”，庄子提倡忘我。在中国历史长河中，儒、释、道相异而又相生，恒有大能量焉。苏东坡跃入生存的万顷波浪，遍尝人间烟火，又能够领悟空与静。

认认真真游戏人间，如此而已。

“燕子楼空，佳人何在，空锁楼中燕”

苏东坡初到徐州，击退洪水猛兽，美政兴奋了，诗情朝夕涌动。徐州有一座燕子楼，纪念中唐张建封与关盼盼的爱情。张建封是尚书仆射（丞相），关盼盼是他爱妾，二人风流故事，士大夫乐于传播。张去世，关盼盼不事二夫，居燕子楼十余年。后来她香消玉殒，从张建封于地下，香冢与张坟相望。

苏东坡登燕子楼，凭吊关盼盼，作《永遇乐》：“明月如霜，好风如水，清景无限。曲港跳鱼，圆荷泻露，寂寞无人见……天涯倦客，山中归路，望断故园心眼。燕子楼空，佳人何在，空锁楼中燕。古今如梦，何曾梦觉？但有旧欢新怨。异时对、黄楼夜景，为余浩叹。”

男欢女爱的故事一代代重复，永远打动人。苏东坡在燕子楼追怀关盼盼，意犹未尽，还要去黄楼诰叹。马盼盼在他身边伺候笔墨。一年多，马姑娘追随苏东坡。姑娘有心事了，使君知不知？那半丸潘谷墨，她用一幅旧帕层层珍藏，眉山砚却是天天用……

“抛珠滚玉只偷潸，镇日无心镇日闲。”

济南的巫亮，徐州的马盼盼，苏轼动过心么？

在徐州他写了不少艳词。谁给他灵感？关盼盼是两百多年前的佳人。

唐朝佳人飘已远，钱塘有女初长成。

“年纪都来十一二……且更从容等待他。”这是几年前苏轼在杭州为她填的词，词牌《减字木兰花》。

“我独不愿万户侯，惟愿一识苏徐州”

秦少游从扬州高邮来，黄庭坚从江西修水来，眉山人张师厚赴京赶考千里来谒……徐州的旧识新知，有名有姓的三十多个。苏东坡一生交游广阔，三教九流都有。友情冲动，对苏东坡来说，几乎要超过爱情冲动。这个人是喜聚不喜散的，做官二十余年，朋友越来越多。苏洵交友，看重平台。苏轼交友倒是看重志趣相投。二者固然有高下之分，但苏洵的发力是为了光大门楣，他不搭建平台，哪有儿子的价值实现？

这里有个阐释空间：苏东坡的好朋友，个个都是性情中人。“君子之交以义。”这句话是孟子讲的。“小人之交以利，利尽则散。”商品交易最发达的时代，反而处处防范利字膨胀，这个现象耐人寻味。

徐州处士陈师道，字无己，由于不满王安石搞一套《三经新义》作取士的标准教材，便绝意于科举，弃满腹才华与三代寒门于不顾。这陈师道在徐州，却很有一批追随者，俨然非官方的学界领袖。苏轼知徐州，他主动去拜访。

秦观大胡子，苏轼小胡子，苏称秦“髯秦”。秦小苏十三岁。他家境一般，妻子徐文美是高邮首富的女儿，恰似程夫人出自眉山名门。有钱的，找有文化的，蔚为民间之风尚。书香人家的好处显而易见：家风好，败家子少，富可过三代也。

秦观屡试不第，跑到徐州来，呈诗给苏东坡：“我独不愿万户侯，惟愿一识苏徐州。”

太守设宴，秦观高谈阔论，“掀髯一笑”，众贤达侧目焉。徐州自古以来藏龙卧虎，你一个落第寒士，半点都不谦虚。你以为你是谁呀？莫非太守高看你，你就高徐州士人一等？

世之高士，往往不谦虚，李太白杜子美苏东坡都不谦虚。

年轻的秦少游携带自身的气场而来。外地人不谦虚，得罪本地人。陈师道记云：“扬秦子过焉，置醴备乐，如师弟子。其时，余卧病里中，闻其行道雍容，逆者旋目；论说伟辩，坐者属耳。世以此奇之，亦以此疑之。唯公以为杰士。”

如师弟子：不算正式拜师。行道雍容：走路的样子近乎大摇大摆。

徐州人多不待见秦观，唯有苏公视之为杰士。

秦少游《淮海集》：“余既以所学迂阔，不售于世，乡人多笑之，耻与游，而余也不愿见也。”他在家乡就不受欢迎。才高者多自负。

秦少游黄山谷陈无己，在徐州，始拜东坡马蹄。他们一生的命运随苏东坡起伏。

钱塘女儿心事

苏东坡在徐州太忙了，忙公务，忙游冶，住在逍遥堂的一家子，三天有两天难见他的踪影。夫人王闰之忍不住要抱怨几句。她是两个儿子的妈妈，母以子贵，可以抱怨了。小城女人，碎嘴是常态。王闰之在青神县生活了十八年。

逍遥堂中有个小巧别致的枫叶庭，住着钱塘女儿王朝云。虚岁十七的姑娘，已是亭亭玉立。长袖善舞，琵琶绝艺。进苏家近五年了，当初，“玉人家在凤凰山”，现在，玉人家在徐州的逍遥堂。没有爹娘疼爱，甚至没有自己的名字，有的只是卑贱记忆。钱塘女儿到密州，大抵过着低眉顺眼的日子，说话声音小，走路靠近墙角，仿佛墙角才有她的位置。

可是在徐州，钱塘女儿终于有了自己的名字，姓王，名朝云，字子霞。

苏轼字子瞻，王朝云字子霞，这显然不是巧合。何时何地命名？很可能在徐州。

命名意味着什么呢？夫人知道，先生的朋友们知道，王朝云自己也知道。她住枫叶庭，一个叫拾翠的丫头常来服伺她，老奶奶任采莲常来看望她。身份有变化，心境也不同了。这些年，先生的为人，她是看到心里去了。

身为下贱，她敏感不平等。苏家有平等吗？有！先生对谁都和蔼可亲。先生哪里是大官人啊？先生哪里是大文豪啊？

小姑娘出落成大姑娘，闰之夫人也是看在心头的。仿佛她一天天长给夫人看。她踮脚晾衣裳，身子那么挺，当年的青神少女如何比得？更何况她貌美如花，她歌舞俱佳，她云鬓斜金钗，纤手抱琵琶……

枫叶庭枫如丹，逍遥堂竹似海。钱塘女儿有心事了，忽而歌，忽而笑，忽而无端垂泪向黄昏。秋千架上没心情，风也不是风，云也不是云，赏花扑蝶懒懒的。

这是怎么一回事呢？风一般的念头跟不上女儿情态。

“怅望西风抱闷思。”

“此情无计可消除，才下眉头，又上心头。”

王朝云屈指一算：“九天不见先生了。”

丫头拾翠惊呼：“姑娘，你今天又比昨天瘦了！”

《三部乐》及其他

苏轼存词三百六十多首，长调少，小令多。几首婉约长调均写于徐州，可见其特殊心境。词在五代属于艳科，称诗余，也称倚声。南唐李煜为宋代的士大夫词开了先河，到苏东坡，词的表现领域更宽广，并为士大夫广泛接受。宋代文人不抱门户之见，此为一例。而在唐朝，攻击李白杜甫的颇不少。杜甫说：“千秋万岁名，寂寞身后事。”

值得一提的是：宋代大词人都有很好的诗歌修养。“诗言志。”诗歌为曲子词规定了大方向。柳永、欧阳修、晏几道、黄庭坚、秦少游、周邦彦，这些艳词高手，孟浪语并不多。

士大夫的表达是有节制的。写诗是正事，填词是业余爱好。

有一天，任采莲把苏轼唤到一边说：“子瞻，你去枫叶庭看看子霞吧。”

苏轼答应了，出院门，朝枫叶庭走去。夫人王闰之望一眼乳娘，又望夫君背影，她想：乳娘是叫子瞻一个人去……

子瞻与子霞相连，夫人可不喜欢。她从来没叫过一声子霞。念头也要避开它！

苏轼走进枫叶庭吃了一惊：满地都是红叶。

拾翠急忙迎着他，如此这般说了一通。原来，朝云病了。他掀帘子进屋，朝云在病榻上欠起身，欲说话时，眼泪先流下来，顺着挺直的鼻梁流到病中犹红的嘴唇。

这一天，苏轼在枫叶庭逗留到晚上，亲伺汤药，软语慰藉。豪壮男儿如何不懂得温柔体贴？他这一体贴，朝云的眼泪更多了。“眼空蓄泪泪空垂，暗洒闲抛却为谁？”一俟子瞻送软语，“为君焉得不伤悲？”（此三句，引用曹雪芹）

钱塘女儿自古多情。蜀中男子懂得珍惜。只是太守太忙了……

苏轼作长调《三部乐》，这是一首证情词，写给自己也写给对方。以诗证史，可称信史。然而学者们对《三部乐》的阐释大都语焉不详，顾左右言它，似乎为贤者讳，却露出封建尾巴。历史文化有遮蔽，去蔽要下功夫。

苏东坡《三部乐》：“美人如月，乍见掩暮云，更增妍绝。算应无恨，安用阴晴圆缺。娇甚空只成愁，待下床又懒，未语先咽。数日不来，落尽一庭红叶。今朝置酒强起，问为谁减动、一分香雪。何事散花却病、维摩无疾。却低眉、惨然不答。唱金缕、一声怨切。堪折便折，且惜取、少年花发。”

维摩大菩萨有疾，散花天女去问疾，苏东坡用佛门典故，倒过来对王朝云开玩笑，想逗她开颜一笑。后来他的诗词再三自比维摩菩萨，视王朝云为散花天女。

唐时杜牧《杜秋娘诗叙》："杜秋，金陵女也，年十五，为李锜妾。"杜秋娘诗句："花开堪折直须摘，莫待无花空折枝。"苏轼："堪折便折……"

王朝云十六岁了。苏轼问她，何以几天就消瘦、减动香雷？她"惨然不答"。

"娇甚空只成愁，"这显然是花间词的风格。"待下床又懒"，小女儿情态招人怜。

有趣的是，证情后，王朝云的病马上就好了。她翻身下床，要出去走一走，转转占地三百亩的徐州府衙，苏轼扶着她，迤逦穿行于古木阔林子。

风絮语，枝撩人。花非花，雾非雾。

恋爱滋味枫叶庭，掌心初贴逍遥堂。颤。电。从容等待终于有今日也，双双欲长啸。

元丰元年，苏东坡艳词不少，两首《雨中花慢》，写张生与崔莺莺相爱。一百六十个字的苏词最长调《哨遍》有云："昼永人闲，独立斜阳，晚来情味。便乘兴携将佳丽、深入芳菲里……鬓月临眉，醉霞横脸，歌声悠扬云际，任满头红雨落花飞。"

芳菲深处，子霞变醉霞了。

苏东坡艳词《减字木兰花》："玉房金蕊，宜在玉人纤手里。淡月朦胧，更有微微弄袖风。温香熟美，醉慢云鬟垂两耳。多谢春工，不是花红胜玉红。"

微微弄袖风，配那朦胧月，词人的感觉真细腻。看来，王朝云喝酒胜过苏东坡。她的肤色原本是白里透红，酒后颜色，直叫春工惭愧。

王朝云手执长帚，扫地像跳舞

证情了，一千多个日夜啊，西湖边的女儿一步步走到今天，向学，向善，向美。她像小动物一般敏感氛围，不敢多抬一次脚，不敢多说一句话。渐渐地，她嗅到了令她放心的气息。先生的家，可是不一样哦！她先闻到书香，墨香，然后才是浓浓的花香、淡淡的脂粉香……

证情了证情了，穷家女儿不知爹和娘，飘零身世，辛酸谁知？暗地里抹去了多少泪？

西湖美，女儿泪，今生今世托付谁？

王朝云进入苏家便知努力，识文字，捧书卷，学女红，进厨房，洗衣服，练歌舞，她一天到晚都在忙，灯下还学习佛门经书。心诚啊，朝云心劲可不小，于是，不知不觉地，美绽放了，美向她袭来，内外之美芬香四溢。

苏东坡评价王弗："敏而静。"

苏东坡评价王朝云："敏而好义。"

一个义字，不是随便用的。宋代，义是至高无上的价值。

某日秋风中，逍遥堂石板路上走着王闰之，她到枫叶庭去，唤丫头拾翠。本来她不用自己去，只叫采菱去就可以了。近来拾翠老往枫叶庭跑，小蹄子一天晃几回，一晃就没影儿了，还当了众宾客，一口一个子霞姐姐，叫得人心烦……闰之夫人不痛快呢，晴天不痛快，雨天不痛快，横竖胸口堵得疼。乳娘偏叫她抹胸口，出大气，敞心思。嗬，说说倒容易！

红叶飘在枫叶庭，秋风中一片片旋转复旋转，飘出门，飘过墙，飘向碧空。

闰之夫人愣在了门首，眼见得那个钱塘孤女，那个去年的使唤丫头，手执长帚跳起了自编舞蹈，边跳边唱“明月几时有”。扫地就扫地，搔首弄姿的做什么？腿儿抬，腰肢扭，双臂交叉，还摆造型呢，一双深黑的大眼睛，定定的望秋云。闰之夫人伸手扶住墙，头有点晕。王朝云反复唱一句：“但愿人长久……”

闰之夫人想：美得你，我可不想跟你长久！

美政兴奋

苏东坡知徐州，先遇洪水，后遇干旱。太守率部属到城东二十里的石门潭祈雨。家乡眉山有句俗话：二月二，龙抬头。苏东坡二月祈雨后，龙抬了三回头，一场又一场春雨把麦田淋透。他去石门潭谢雨，欣然之情溢于言表。沐浴更衣，焚香再拜。

苏东坡祈雨常有效，不知道怎么回事。当年在凤翔，他建了喜雨亭，作《喜雨亭记》。

夏天，徐州一望无际的麦田闪烁在艳阳下。阳光在空气中颤动，人在画景深处流连。

美政兴奋，乃是宋代士大夫之常态。

丰收了，诗人并不是局外人。由衷的喜悦铺向十万亩金麦田。

嗬，麦田不止十万亩呢。小桥流水人家。古道东风肥马。

美政沉醉，苏东坡最称典型。他不写述职报告，他写诗。

小词极品《浣溪沙》

“惭愧今年二麦丰，千岐麦浪舞晴空，化工余力染夭红。”

二麦丰收了，使君要惭愧，更希望来年的好光景。不得骄傲，不许沾沾自喜，否则老天爷要皱眉头。麦浪卷何处？卷在心头，喜在眉头。苏东坡带马梦得等几个人，乡间古道上走很远了，小厮们牵着坐骑。村头树下喝村酿，捉鸡烹鹅喜洋洋。苏东坡自制了一款荷叶杯，此间正好用上。枫叶庭的庭主王朝云亲手制陶，玉指飞旋，线条流畅，薄瓷生香。

小词《浣溪沙》：“麻叶层层檾叶光，谁家煮茧一村香？隔篱娇语络丝娘。垂白杖藜抬醉眼，捋青捣麨软饥肠，问言豆叶几时黄？”

姑娘们为何隔篱娇语？俞平伯解释：“从前江南养蚕的人家禁忌迷信很多，如蚕时不得到别家串门。这里言女郎隔着篱笆说话，殆此风宋时已然。”

然而更多的乡村姑娘们打破了禁忌，越过了篱笆，“旋抹浓妆看使君，三三五五棘篱门，相挨踏破茜罗裙。老幼扶携收麦社，乌鸢翔舞赛神村。道逢醉叟卧黄昏。”

浓妆姑娘的爽朗笑声、活泼丽影如在纸上。四十二个汉字，几幅风俗画卷，画面如此逼真，比梦境更像梦境，比一切影像更抓人。

她们为何匆匆相约看使君呢？这还用问吗？使君救了徐州啊！

“簌簌衣巾落枣花，村南村北响缫车，牛衣古柳卖黄瓜。酒困路长惟欲睡，日高人渴漫思茶，敲门试问野人家。”

看来，使君一行人在乡野小店过夜，早起喝了卯酒，二晕二晕再远足。日高路长想喝茶，想得很哪，口舌之欲却能弥漫诗意，为什么？诗意强大的统摄功能把肉体欲望纳入自身。

太阳底下的行走，人是恍兮惚兮，田园的长风乃是百里熏风。阳光有气味吗？当然啦。

这里有艾略特讲的“思想知觉化”：在价值观层面，苏东坡非常看重各地的风俗。

“软草平莎过雨新，轻沙走马路无尘，何时收拾耦耕身？日暖桑麻光似泼，风来蒿艾气如熏。使君元是此中人。”耦耕：二人合犁为耦。元是：原是。

美政沉醉，村酿沉醉，远足沉醉，麦浪沉醉，村姑沉醉，词语沉醉。

尼采：“艺术是生命的兴奋剂。”

苏东坡有这几首《浣溪沙》，无愧于田园诗祖陶渊明。“使君元是此中人”，真好。

苏轼迁湖州太守

元丰二年春，苏轼迁湖州太守。

湖州富裕，不减杭州，苏轼知湖州，表明宋神宗信任他。四十几岁的男人，一切都向好。“长风破浪会有时，直挂云帆济沧海。”美政高峰一座又一座，杭州，密州，徐州。写诗填词传万里，东京西京纸贵。且不用说美食美酒美器美园子……

要走了，告别二十万徐州人。市民们发起“拦马”运动，三拦使君坐骑，从府衙拦到城门外的短亭、长亭。苏轼挥泪作《江城子》：“天涯流落思无穷，既相逢，却匆匆，携手佳人，和泪折残红。为问东风余几许，春纵在，与谁同……”

总是这样，伤感的诗人要走向远方。惆怅撑满了意绪，春草直如秋草。

唐宋六百年，官员们在全国调动，南北东西，留下数以万计的审美标记。

苏东坡痛哭文同，痛苦是一种能力

文同忽然死了。他是宋代最廉洁的官员之一，做了三个州的太守，几乎家徒四壁。钱到哪儿去了？他见不得朋友穷，百姓苦，经常掏自家银子。他画竹子，“墨分五色”，南北画坛公推第一，如果他卖一些画，银子是花不完的，可是这个文与可，平生不卖一幅画。苏东坡画竹子师承文同，以他名望之高，地位之显，权力之重，如果他要售字卖画，随手挥几幅，可抵一座东京豪宅。苏东坡也是一辈子不卖字画。蔡襄、欧阳修、王安石、黄庭坚都不卖。

中国古代的顶级艺术品，几乎都是非功利的产物。《品中国文人》揭示了这个现象。

诗配画，起于文同。他画画，常留下空白，嘱求画者：“勿使他人书字，待苏子瞻来，令作诗其侧。”文同画竹，胸有成竹。“其身与竹化”，物与我一焉。

文同写信给苏轼：“近语士大夫，吾墨竹一派，近在彭城，可往求之。”

苏轼说：“吾墨竹，尽得与可法。”

士大夫争相求画，商人们附庸风雅，艺术商品有了空间，但文同苏轼俱不卖，几十年，只字不提这件事。一开口，钱就来了，为什么不开口呢？羞于言利？耻于逐利？这与宋代的氛围有关。写诗作画关乎性情与学养，性情纯粹了，方有好作品。

汉赋可以卖钱，唐诗宋词不卖钱。《红楼梦》不卖钱，曹雪芹在纸上过日子，重构青春好时光。“唯有失而复得的时光才是真实的时光”（普鲁斯特）。

古人云：“东坡墨竹，写叶皆肥厚，用墨最精，兴酣之作，如风雨骤至，笔歌墨舞，窃恐文与可不能及也。”有画家称：“东坡墨分七色。”

苏东坡评价文同：“诗一，楚辞二，字三，画四。”

学养是排在第一位的。苏东坡后来评价米芾也如是。一天到晚写字画画，不读书不修身不悟道，想干什么呢？这个急功近利的苗头，宋代已经冒出来了，欧阳修严厉批评那些为书法而书法的人：“书法不可为怪！”“弃人间百事而专攻一书事，本末倒置矣！”

文同既亡，苏轼大哭，三天不能睡觉，只能默坐，呆望晨昏。“气噎悒而填胸，泪疾下而淋衣。”苏轼中年，经历过许多死亡了，又处于事业的高峰期，日常生活赏心悦目，闻朋友之亡，却能痛苦如此，为什么？他交友，交到对方的骨子里去，深知朋友的生命价值。

痛悼亲友之亡，追思绵绵无尽，古代是常态，形成了良好的风俗。这使死亡成为死亡。而在薄情轻佻、刺激循环、麻木叠加、利益层层算计的氛围中，为他人痛苦的能力将大大削弱，死亡将变成一件表面上的大事。

文同身后凄凉，棺材厝于陈州的寺庙，无钱归葬蜀中故里（四川盐亭县）。苏轼写信给在舒州做官的李常：“与可之亡，不惟痛其令德不寿，又哀其极贫，后事索然。”令德：美德。

文同的后事，苏东坡不能袖手旁观。

“红妆成轮，名士堵立”

苏东坡到湖州去做知州，几天路程走了五十天，过境扬州，玩了半个月。扬州知州鲜于侁，设宴于平山堂，“红妆成轮，名士堵立”，姹紫嫣红的官妓们，轮子似的围了一圈，四方名士立成了一堵墙。这都是鲜于侁为苏轼安排的。

“故人西辞黄鹤楼，烟花三月下扬州。”啊，美妙的记忆，扬州瘦西湖……

扬州平山堂是欧阳修建的，堂后古木森森，堂下沃野千里，“壮丽宏阔，为淮南第一。”欧阳修在堂前种了一棵柳树，扬州人称为欧公柳。欧公调走后，继任的太守姓薛，也在平山堂前种一棵柳，命令下属呼为薛公柳。薛调走，扬州人拔了薛公柳当柴烧。

欧阳修名篇《朝中措》书于堂上，这位文人书法的开创者，下笔“龙蛇飞动”。醉翁词云：“平山栏槛倚晴空，山色有无中……文章太守，挥毫万字，一饮千钟。”

苏东坡追和九泉下的恩师：“三过平山堂下，平生弹指声中。十年不见老仙翁，壁上龙蛇飞动。欲吊文章太守，乃歌杨柳春风。休言万事转头空，未转头时皆梦。”

凭吊欧阳恩公，却唱杨柳春风。向死而生，生生不息也，死亡开出灿烂的生命之花。苏东坡到扬州前，专程到张子野的墓前摆放了一束鲜花……

平山堂盛宴，苏东坡挥毫。其时在座的一位名士张嘉父描述：“东坡登平山堂，怀醉翁，作此词。时红妆成轮，名士堵立，看其落笔置纸，目送万里，殆欲仙去耳。”

东坡的凭吊意绪，却叫人飘飘欲仙。死亡之花与轮子般的红妆少女一同绽放。

“终须放、船儿去，清香深处住，看伊颜色”

一〇七九年的初夏，苏东坡抵达湖州。湖州是荷花之乡，“环城三十里，处处皆佳绝。”恋爱中的男人和青春女郎，在明月清风之夜，驾一叶小舟直入万朵荷花。苏轼湖州艳词《荷花媚·荷花》：“重重青盖下，千娇照水，好红红白白……终须放、船儿去，清香深处住，看伊颜色。”

苏东坡太兴奋了，要出问题。

王朝云太美了，“自是花中第一流。”

子瞻与子霞，只在三十里荷花中。半夜不须归，看它月与荷。美到极致，往往伏着危机。重重青盖下，两情缱绻欲醉欲仙。无情未必真豪杰，怜她如何不丈夫。

而麻烦在于：苏东坡是官身，不仅是情爱之躯。湖州赏心乐事，朝廷风波乍起。

“知其愚不适时，难以追陪新进；察其老不生事，或能牧养小民”

杭州密州徐州湖州，八九年来，苏东坡一帆风顺。他抗拒王安石，痛斥吕惠卿,《谏用兵书》直指皇帝最敏感的那根神经,嗬,老虎屁股,原来可以摸。徐州抗洪功高,神宗皇帝下诏表彰,几十万徐州人咸称苏使君之盛德。而且,他恋爱了,情词一首接一首。这可不是一件小事,他的生命中刚刚融入了一朵绝艳之花。

诸多元素在集合。基因中的某些东西在抬头。

湖州任上的苏东坡浑身放松,格外接近了自己的秉性。按惯例,他向朝廷上谢表,随手写下的两句,却遭来劫难。如果他稍稍谨慎,灾祸可免。这两句,并不是非写不可的。

《湖州谢上表》:“知其愚不适时,难以追陪新进;察其老不生事,或能牧养小民。而臣顷在钱塘,乐其风土,鱼鸟之性,既能自得于江湖……”

新进,明指朝廷的新进之辈,这些人善于生事,“骚动天下”。司马光给王安石写长信,列了四条罪,第一条就是介甫生事。

新进,生事,都是敏感的字眼。两个词,显然在苏轼心里盘桓已久,人在兴奋状态,仿佛自动跳到了纸上。《湖州谢上表》递上去了。鱼鸟之性的苏东坡,携王朝云看荷花去了。

李 定

御史中丞李定是个有才华的小人。监察御史里行舒亶,是另一个有才华的小人,礼部考试曾经名列榜首,平生诗文有百卷之多,《唐宋名家词选》有他的词。

一肚子的子曰诗云，未能阻断人性恶，何以如此？急于往上爬。

人是氛围中的人，人是环境中的人。官场扭曲了，坏人有沃土。

当初李定为了仕途通畅而隐瞒母丧，导致天下非议，司马光说：“李定禽兽不如！”

王安石重才干，让李定进了制置三司条例司，他与吕惠卿，时称“护法二沙门”。

朱寿昌毅然决然辞官职，万里苦寻失散了三十年的老母，士大夫纷纷颂扬。苏轼《贺朱寿昌得母》：“感君离合我酸心，此事今无古或闻。”李定认定，这是暗讽他。

苏东坡知徐州，李定的儿子去干谒，没捞到什么好处。于是，怨恨加深了。

现在，苏湖州谢上表，明明白白讽刺朝廷新进，李定报复的机会来了。五年前，沈括袖章弹劾苏轼，宣称苏轼的诗文“词皆讪怼”，但沈括偷鸡不成，反蚀了一把米，被王安石赶出京师。李定重新捡起经沈括仔细笺注过的苏轼诗文，联合其他新进，发动了攻击。

何正臣，监察御史里行。此人深文周纳，善于搞黑材料。

张璪，知谏院，朝廷的头号谏官，当初在凤翔对苏轼亦步亦趋，像一条叭儿狗，如今换了一副恶狗相，龇牙咧嘴要咬苏轼。《苏诗总案》的编者王文诰说张璪：“能探情变节，左右从顺，各得其欢心。”两年后，张璪蟒袍加身做了副宰相。

李定等人的后台是参知政事（副相）王珪。

五个高官联手搞苏轼，矛头指向居洛阳的司马光。

十年来，许多反对王安石的大臣竞趋洛阳，司马光的五亩“独乐园”，俨然隐形的政治中心。司马光一旦卷土重来辅佐皇帝，那些新进之辈就难保乌纱帽。

元丰二年六月，京城刮起了一股妖风。

李定说：“不可走漏消息，不能让任何一个亲近苏轼的官员知道这件事，以免生变。”

苏轼在湖州的好日子

苏轼做太守，这是第三次了。他巡视湖州各县，调查农桑盐帛，视察太湖的水利工程，忙中抽空再游太湖中的金山寺，跟和尚们谈空说无。他想起了那团波上移动的发光体……

居家妙不可言哪，湖州好吃的东西太多，真是吃不过来。秦少游从高邮寄来咸鸭蛋和粽子，驸马王诜自京城寄来双熊掌、鹿茸酒、鹿胎酒……端午节，苏轼不上班。他已经做了爷爷了，苏迈得一子，取名苏箪，追慕颜回“一箪食一瓢饮”而“不改其乐”。

江南的端午节又叫女儿节，女人们穿丝衣，执纨扇，在清澈的溪流中浴香兰。苏家的女眷们早就跃跃欲试了，包括俩丫头，拾翠和采菱。夫人王闰之寒食后就节食，塑身，丝衣纨扇亮身材啊，她走路要踮脚，悄悄学舞蹈。堂堂太守夫人本不必如此，可是她偏要练，要唱歌，要俊俏。

王闰之才三十出头嘛，不能让那个丫头处处占风头……当初，那个钱塘小女孩儿就是丫头！小丫头倒是长得快，两年就比夫人高了，家中的地位上升了，她还有了姓名，她还有了字，她还随意进出子瞻的书房，把一堆堆书卷收拾得让子瞻甚感妥帖。

夫人向乳娘抱怨："子瞻几千册书啊卷的，红黑（眉山土话，怎么都）弄不巴适。"

乳娘任采莲眯眼笑道："叫你别去子瞻书房，你红黑要去。你哦，犟拐拐。"

六月下旬，苏轼在官舍后院晾晒书画，收藏的古字画，朋友送的字画，一轴轴小心展开来。朝云做他的帮手。夫人主动来搭手，却将王维《空山新雨后》上的小墨点认作污渍，拿湿帕子来擦。朝云忙道："夫人，擦不得！"

夫人手不停，更不抬眼瞧朝云，她说："黑巴巴灰不溜秋的，擦了干净。"

朝云解释："那是摩诘闲笔，画了一只空山新雨后爬上山道的小螃蟹。"

夫人用了夫人语气："磨磨叽叽，就你晓得的多啊？我就没见过这样的爬海（螃蟹）！"

苏东坡在另一边，闻声过来，拿走了湿帕子，只对夫人和颜悦色说："孙儿在前院叫奶奶，你快去吧。"

闰之夫人走了，甩一句在大毒日头地上："磨磨叽叽，爬海我见得多，红黑比你多！"

苏轼叹曰："妻却差贤胜敬通。"差贤：庶几可称贤惠。敬通：汉代怕老婆的典型。

王朝云伏在地上，细心伺候那些宝贝，文同，王维，韩干，吴道子，韩熙载，蔡襄……

日色向晚，闰之夫人吩咐把酒菜摆在院子里，一似眉山风俗。星月在天，人影在地，太湖的风阵阵吹拂，孩子们啃着骨头去捉风头，一个个笑嘻嘻爽歪歪。狗儿跳，猫儿跑，鸡咯咯，鸟唱歌。苏东坡小酌鹿茸酒，痛吃太湖鱼，全身的细胞朝着繁星万点去舒展。

何谓幸福生活？这便是了。“鱼鸟之性，既能自得于江湖。”

神宗下令捉拿苏轼

一〇七九年六月二十七日，监察御史里行何正臣首先发难，上札子称：“苏轼愚弄朝廷，妄自尊大……一有水旱之灾，盗贼之变，轼必倡言归咎新法，喜动颜色……轼所为讥讽文字，传于人者甚众！”

舒亶发起第二波攻击：“臣伏见知湖州苏轼，近谢上表，有讥切时事之言，流俗翕然，争相传颂，忠义之士，无不愤惋。”

七月三日，御史中丞李定上札子，称苏轼有四条罪。其中说：“古人教而不从，然后诛之……陛下所以俟轼者可谓尽也，而傲悖之语，日闻中外……先王之法当诛！”俟轼一句：等待苏轼改过自新，已经仁至义尽了。

知谏院张璪全力协助，副宰相王珪向宋神宗不断地进言。朝廷风暴刮了一个月，苏轼在京的朋友们无一知晓。直到皇帝下令，派人骑快马去湖州捉拿苏轼。

急先锋皇甫遵

奉旨拿苏轼的人名叫皇甫遵，区区一冷官，太常博士，对谁都要点头哈腰之辈。其他官员有所忌讳，毕竟苏轼名高，但皇甫遵跳出来，逮住这个升官的机会。他带了儿子上路，抓一太守，要当场抓给儿子看。

驸马王诜的夫人是宋神宗的妹妹，他得知了消息，连夜赶到二百里外的陈州向苏辙通风报信。苏辙派一壮汉火速赶往湖州。

两拨人马在官道上向湖州急驰。倍道，比平时快一倍。

皇甫遵博士过于兴奋了，驿站喝美酒，弄了一桌子菜，牛肉羊肉鸡肉，不要猪肉。他儿子哪里见过这许多上等人家吃的上等肉，一阵狼吞虎咽，吃撑了，拉肚子拉了半天。

皇甫遵安慰儿子："吾儿莫急，慢慢拉，那苏轼跑不掉，早去早抓，晚去晚抓。"

苏子由派的人先到湖州，时在七月二十八日正午。

“拉一太守，如驱犬鸡”

这一天，苏轼在官厅后院翻晾文同的多幅墨竹图，正感伤，听得墙外马蹄声疾。

子由派来的人气喘吁吁道说原委，苏轼一家老小顿时色变。少顷，马蹄声再起。

湖州通判祖无颇权代州事，他见了皇甫遵。

苏轼在后院收拾文同的墨竹图。王朝云卷轴，动作不乱。闰之夫人惊慌失措。大儿子苏迈望着父亲……祖无颇回来，苏轼问：“我还穿官服么？”

祖无颇答：“现在未知罪名，仍可穿官服。”

苏轼换官衣，朝云去伺候……

官厅的正中立着皇甫遵父子，其状甚威严。四个白衣青巾的台卒面目狰狞，衣服下面各有物隆起，看上去像四把匕首。州衙的官吏全都吓傻了。

皇甫遵厉声道：“苏轼，你知罪吗？”

话音一落，屏风后响起妇人的哭声。

苏轼勉强镇静：“轼自知激恼朝廷甚多，今日必是赐死。死固不辞，乞归与家人诀别。”

皇甫遵说：“你这鸟太守，胆子忒大。朝廷容忍你不是一年两年了，你知道谁下令抓你吗？”

苏轼一脸茫然。皇甫遵目如刀，牙齿缝蹦出几个字：“当今皇上！”

苏轼喃喃道：“今日必是赐死……”

皇甫遵不作声。他儿子说：“爹呀，何必许多废话，跟这厮直说了吧。”

苏轼一身冷汗……皇甫遵依然不作声，对他来说，这一刻，足以炫耀后半辈子。小官玩弄大官，无名之辈捉拿天下名士，拿足了派头。苏轼闭目等死。一时半刻，恍若三秋。

祖无颇再问。皇甫遵徐徐道：“不至如此。”

他轻轻做个手势：“给我绑了。”

四名御史台的台卒一拥而上，将苏轼捆起来，粗绳子勒进了皮肉。

押走了。“家人号泣出随之，郡人为泣涕。”

史料称：“顷刻之间，拉一太守，如驱犬鸡。”

八月的扬子江上，月黑风高浪急

押解苏轼的官船，行至太湖鲈香亭下，停泊修舵。夜里，皇甫遵父子并一帮台卒在吃酒喧闹。舱外浪高，苏轼寻思投湖。北宋不杀大臣，苏轼何以寻死？他思前想后，意识到朝廷那些人决不是单单冲着他，许多高官和朋友都是打击对象。士大夫迁累朋友，情何以堪？这五花大绑的，一路上受侮辱，“士可杀，不可辱。”

从官厅被抓的那一刻起，死亡意识便来纠缠。船行扬子江上，月黑风高浪急，苏轼寻思投江。转思亲爱的弟弟，他的心软了，提不起纵身一跃的劲头。子瞻死，子由不独生。

扬州太守鲜于侁，欲登船见苏轼，被皇甫遵喝退于江边。鲜于侁归衙门，下属劝他赶紧烧掉与苏轼的往来信件，这位太守傲然曰：“欺君负友，吾不忍为。”

士卒围船恫吓，妇人大烧苏东坡文稿

苏轼的十余口家眷在另一条船上，忽然，船停了，大批武装士卒冲上船去，搜取罪臣证据。夫人王闰之顿时嚎啕，乳娘任采莲六神无主。

苏东坡后来有《致文潞公书》：“轼始就逮赴狱，有一子稍长，徒步相随。其余守舍皆妇女幼稚。至宿州，御史符下，就家取文书，州郡望风，遣吏发卒，围船搜取，老幼几怖死。既去，妇女皆恚骂曰：‘是好著书，著书何所得？而怖我如此！’悉取烧之。比事定，重复寻理，十亡其七八矣。”

恚骂的妇人不止一个，应该是夫人带头骂，乳娘或从之。除了这两位，谁敢骂且烧呢？文稿，书信，也许还有珍藏的书画，“悉取烧之。”苏轼痛惜不已，才给文彦博写这封信。

写书有什么用呢？

乌台

汴京御史台有百余棵古柏树，栖息着数千只乌鸦，被称为乌台。乌台也含有黑狱的意思。每日黄昏时分，乌鸦乱叫，遮天蔽日。开封人过乌台，往往要避开几里地。

苏轼的牢房像一口深井，凹凸的四壁阴暗而潮湿。各种虫子顺着天窗爬下来，有些虫子飞下来。偶有乌鸦扑食虫子，翅膀折断落入牢房，垂死的小眼睛盯紧待死的犯人。

活得天宽地阔的男人，忽然被打入深井。深井直通地狱吗?

疲劳审讯。诟辱通宵。狱吏扑打。幽闭窒息。乌鸦惊魂。噩梦惊魂……

关在隔壁的开封府尹苏子容写道：“遥怜北户吴兴守，诟辱通宵不忍闻。”吴兴指湖州。

辱，不仅是言语侮辱。苏轼说：“狱吏稍见侵，自度不能堪。”看来他不经打，一打要呻吟，毕竟半辈子养尊处优，从未想过要受皮肉之苦。士大夫的尊严，大诗人的骄傲，为父为爷爷的面容，一夜间被囚犯二字收去。英气勃勃的面孔，忽如苦难雕塑。

不知道入狱的这些日子他是怎么熬过来的。他本人终身不讲。不堪回首。南宋已有《乌台诗案》一书流传。

一〇七九年，赵宋立国一百二十年，苏东坡遭遇宋代第一次文字狱。

李定伎俩，张璪凶相

有一次李定主审，问苏轼的祖上五代有无誓书铁券，这种皇帝赐予的誓书铁券可免囚犯死罪。苏轼祖上是冷族，哪有什么免死铁券。李定审问苏轼的五代，是发出死亡信号。按宋律，只有针对死刑犯才追问五代。

苏轼睡不着了。船上想死，牢中忧死。他攒下平日服用的青金丹，准备必要时吞金而亡。长子苏迈送饭，送来养生的青金丹。

李定游说官员，必欲置苏轼于死地。他对王安石的弟弟王安礼说：苏轼反对你哥哥，你要站出来提供证据啊。

王安礼拂袖而去，谏皇帝曰：“自古大度之主，不以言语罪人。”

皇帝派使者赶往金陵，征求老丞相王安石的意见，王安石不见使者。

李定急召舒亶、张璪商量对策。头号言官张璪赴杭州取证，后来苏轼记云：“仆顷以诗得罪……杭州供数百首，谓之诗账。”

一日早朝，李定在崇政殿的殿门发呆，自言自语：“苏轼确是奇才！”官员们不敢搭话，李定复自语：“一二十年前所作诗文，引经援史，随问随答，无一字差错，此非奇才而何？”

这倒提供了一个細节：苏东坡的记忆力超出宋代一般士大夫。

张璪扑打苏轼，一日三扑。此人在牢中大言不惭：“当初我跑苏轼的门，一天跑三次，现在我一日三扑，叫他尝尝拳头滋味。”

汴京街头流行相扑，张璪玩新招……

李定张璪何正臣，在牢房摆酒，大吃特吃，将啃过的骨头扔给墙角的苏轼。

李定笑道：“来呀，陪我们几个新进喝酒啖肉。”

何正臣调侃：“追陪，追陪。”

张璪说：“这厮自诩老不生事，且待我酒足时，替他生些皮肉事，弄些个响声助酒兴。”

李定大笑。那一天，皇甫遵父子得以捞个肥缺，充当跑堂的角色，往牢房送酒肉。

牢狱外的救苏运动

苏辙上书皇帝曰：“臣窃思念，轼居家在官，无大过恶，惟是秉性愚直，好谈古今得失……轼之将就逮也，使谓臣曰：轼早衰多病，必死于牢狱。死固分也，然所恨者，少抱有为之志，而遏不世出之主，虽龃龉于当年，终欲效尺寸于晚节……臣窃哀其志，不胜手足之情，故为冒死一言……欲乞纳在身官，以赎兄轼。但得免下狱死为幸。”

苏辙当时担任应天府签判。“龃龉于当年”，指十多年前苏轼几次顶撞皇帝。

范镇致仕已久，在东园与家人享受天伦。他与苏轼交往多，御史台的人每日前去取证，家里的气氛很紧张，五六十口人，惶惶不可终日。而范镇不顾一家子的惶恐，上书皇帝，论救苏轼。可惜这位朝堂勇士的论救文稿未能传下来。

张方平，苏轼的恩师，七十岁了，也在南都（商丘）享受天伦之乐。

他“愤然上疏”宋神宗，官府不敢受，“乃遣其子张恕亲赴京城，持至登闻鼓院投进。”

可是张大豪士的这个儿子天性怯懦，徘徊于登闻鼓前，不敢投书，打马去驿馆了。后来苏东坡见了恩师写给皇帝的文字，吓得吐舌头。“久之，东坡出狱，见其副本，因吐舌、色动，人问其故，东坡不答。”张方平急切论救，却可能害死苏轼。奏疏一开头便说：“臣早尝识其为人……实天下之奇才！”这等于宣称，下旨抓奇才的宋神宗是昏君。此事也表明，张方平老了，思维的情绪含量高了。

杭州的父老深感苏轼恩德，市民相约集于吉祥寺，“为苏轼作解厄道场”，派人专程赴京，投书论救。苏轼在狱中闻之，泣曰：“某死，葬西湖山上。”

左相（宋代，左相为首相）吴充有一天问神宗：“魏武帝如何？”

皇帝表示不屑：“何足道。”

吴充侃侃而谈：“陛下动以尧舜为法，薄魏武，固宜，然魏武猜忌如此，犹能容祢衡，陛下以尧舜为法，而不能容一苏轼，何也？”

神宗曰：“朕无它意，止欲召他对狱考核是非尔，行将放出也。”

吴充是王安石的儿女亲家。他进谏，拿捏了时机和语言分寸。

金陵王安石在钟山散步，模样悠闲。有人问：“苏子瞻被抓，相公作何感想？”

王安石随口回答：“我在想一句话。一句就够了。”

问者茫然。一阵山风送走了王丞相的背影……

李定慌了，去找右相王珪

苏轼可能免死罪，李定等人慌了。苏轼活下来，不会善罢甘休。那么多重要人物和普通百姓为苏轼奔走呼号，这意味着：苏轼背后的力量难以估量。

右相王珪有个经典笑话：几年前在朝堂御座下，王安石发现自己的胡子上有虱子爬，顺手捉住，欲掐死，王珪急止之曰：“丞相，不可！”

宋神宗和王安石都望着他。这个庙堂“胎神”笑曰：“它是一只不同寻常的虱子。”

王安石问：“何以见得虱子不寻常？”

王珪答：“屡游相须，曾经御览。”

皇帝勉强一笑，安石皱眉头……

如今李定找王珪，王珪拍拍李定，说：“本相备有一副杀手锏，杀苏轼不难。”

李定惊喜莫名。王珪面呈得色，教导说：“你呀，闯荡庙堂这个大江湖还嫩了点。”

王珪拿出苏轼手书的诗稿，有两句赫然入目：“根到九泉无曲处，世间惟有蛰龙知。”

李定拍案叫绝：“苏子瞻死定了，单凭这两句，送他下九泉！”

章惇大叫："王珪，舒亶的口水你也想吃吗？"

都慌了，李定舒亶张璪何正臣，他们各施看家本领，拼全力影响摇摆不定的宋神宗。

舒亶奏曰："窃以轼之怨望，诋讪君父……实不容诛，乞以不赦论。"

舒亶称："张方平司马光范镇，都该杀头。"

王珪在舒亶上奏疏的当天，面圣奏曰："苏轼于陛下，确有不臣之意。"

神宗问："卿何以知之？"

王珪对曰："陛下飞龙在天，轼不以陛下为知己，反求地底之蛰龙。"

神宗说："诗人之词，安可如此论？"

王珪力辩："旁人尚可，而苏轼不可。杭州官府供轼诗数百篇，乞陛下明察！"

宋神宗不语。龙椅下的章惇忍不住开口："龙者，非独人君，人臣皆可以言龙也。"

退朝后，章惇质问王珪："相公乃欲覆人家族耶？"

王珪搪塞："闻舒亶言尔。"

章惇大叫："舒亶之唾亦可食乎？"

右相王珪赶紧逃跑。

文武百官的视线去追他。

苏东坡收到了死亡信号

入狱三个月，苏轼生死未卜。希望与绝望轮番纠缠他。命悬一线，于是朝思暮想。目注乌鸦，耳听乌鸦……没有确切的活下去的信号。

关在隔壁的苏子容出狱了，这边毫无动静。夜里，一片死寂。梦里多少次，被狱吏拖出去。活下去是多么美好啊。孙儿苏箪学着走路了，孙儿眼中有犀角……狱吏梁成对苏轼好，但凡得了一点好消息，不值班也赶到牢房告知苏轼。可是一连七天没有好消息了。也没有坏消息。蹊跷。预感不妙。惶恐不安。苏东坡忍不住要看梁成的表情。梁成忠厚老实，话不多，有事儿却瞒不住，表情要露出来。

一日，梁成送来一条鱼，苏东坡见鱼色变，问："谁送的？"

梁成说："还能有谁？你的孝顺儿子苏迈托朋友送的，这鱼做得好，真香啊。"

而苏东坡已经闻不到香味儿了。入狱时他与苏迈约定："情况不妙，送鱼。"

苏东坡勉强吃鱼，吃不出一点味道。满嘴鱼刺。梁成问他时，他发呆……等了三个月，等来确切的死亡信号。井口般的天窗乌鸦乱飞，这个垂死者视而不见了。

黄昏里，勇士垂下头来。

《予以事系御史台狱，狱吏稍见侵，自度不能堪，死狱中，不得一别子由，故和二诗，授狱卒梁成，以遗子由》

这么长的标题，历代诗歌中罕见。

这两首绝命诗写于狱中，字字出肺腑，可称绝命诗之绝唱。大石头终于落地了，落地反弹，而为诗歌。写完后的平静乃是死寂的同义词。

鱼来了，不复有余。死神反复摔打垂死者，摔出两首七律。

“圣主如天万物春，小臣愚暗自亡身。百年未满先偿债，十口无归更累人。是处青山可埋骨，他年夜雨独伤神。与君世世为兄弟，更结人间未了因。”

人要死了，还要称颂圣主，为十余口家人考虑么？世间万事，唯此为大。

当初在徐州逍遥堂，兄弟“风雨对床”，纵论古今得失，通宵兴奋。如今哥哥要先走一步了。他年夜雨，弟弟独自神伤。后两句咏叹调，只因说到来生。

“柏台霜气夜凄凄，风动琅珰月向低。梦绕云山心似鹿，魂飞汤火命如鸡。眼中犀角真吾子，身后牛衣愧老妻。百岁神游定何处？桐乡知葬浙江西。”

向子由嘱托后事，葬在西湖山上。苏轼曾经在杭州买山。

眼中犀角，含赞美语气。傲骨至死不变。只是愧对夫人，没有留下像样的财产。

太守愧对百姓。丈夫愧对老妻。这里有宋代士大夫的利他主义。

宋神宗半夜徘徊

三十几岁的宋神宗半夜徘徊宫中，决心难下。先帝仁宗、英宗都器重苏轼，他拿苏轼开刀。朝廷大臣中，杀苏轼和救苏轼的人分成了两派，双方势如水火。

复杂了，也许从此复杂下去，政局搅成一团乱麻。乌台诗案是个分水岭。

快刀斩乱麻？夜色深处的宋神宗摇了摇头。“抽刀断水水更流。”为君者，要考虑大局。

高太后来了，借着宫灯的光看了看儿子的脸，只说：“吾儿早睡，明日早朝。”

这些日子，高太后隔几天要来皇帝的寝宫，并不问苏轼的案子，而来意不言自明。

宋代皇家传统，外戚不干预内政。英宗的遗孀高氏做得最好。

历史留下的疑问是：皇帝下旨捉拿苏轼，谁给驸马王诜走漏了消息？高太后吗？

宋神宗一夜未眠，终于灵光一闪，想出了一个好主意。

狱中来了一个小黄门

太监衣黄，称黄门。

小黄门跌跌撞撞进了苏轼的牢房，道声晦气，纳头便睡。那鼾声足足响了五个时辰，看来是疲惫不堪。身上多处伤痕。他醒来，并不与观察他的苏轼搭话。牢食子递进来，他一阵狂吞下去，饿慌了的模样。入夜又沉沉睡去……

苏轼想：可怜的小太监，大约得罪了某个宦官。

次日，小黄门被狱吏带走。回牢时，身上有新伤。他吃了睡，睡了吃，苏轼问他时，他只嘟囔几句，余下的便是沉默。苏轼也不管他了，自梳头，自烫脚，吃儿子送到监狱的酒肉。天冷了，梁成每天端来洗脚的热水。

夜里，苏轼呼呼大睡。半夜三更，小黄门悄悄向他靠近，细听他的呼吸与鼾声，包括他的梦话。寒月照在苏轼的脸上，小黄门趴在地上，探头探脑，左右看端详。

第三天早晨，小黄门又被带走了……

“安有盛世而杀才士乎？”

太皇太后曹氏病重，宋神宗晨昏问疾。他欲大赦天下，为祖母祈福。曹氏曰：“你也不用赦天下，只赦了苏轼便罢。”

高太后在侧，为之动容，却仍然不动嘴。十八年前，仁宗皇帝亲口对皇后曹氏说：“朕为子孙得了两位清平宰相！”如今，写了一些讽刺诗的苏轼却可能被砍头。

曹氏，高氏，并不足以左右宋神宗的决断。宋太祖不杀士大夫的家法，宋神宗也可以弃置不顾。这个皇帝只相信他自己的判断。早在登基之初，“求意志的意志”已伏下端倪。这十几年，熙宁新法不顺，他的强力意志不退反进。他有更大的事情需要考虑：是否发动庞大的战争机器。而苏轼断言：“好兵者必亡！”这五个字朝野皆知……

杀与赦，这是宋神宗面临的一个问题。他再一次派使者去金陵询问老丞相。

小黄门来报告：苏轼在狱中十分坦然，三天，能吃能睡。

神宗说：“朕知苏轼胸中无事。”

然而，苏轼讥讽朝政已经坐实了。更何况苏轼背后，赫然有司马光……

宋神宗心烦，决心难下。

派往金陵的使者带回王安石手书的一句话，皇帝拆简急视之。介甫的行草字跃入皇帝的眼睛：“安有盛世而杀才士乎？”

盛世二字，触动了宋神宗。

四个月以来，多少人为苏轼讲了多少话，而王安石只一句，直抵皇帝的隐秘心思。

元丰三年正月初一，苏轼被押解赴黄州

乌台诗案结案，苏轼贬谪黄州。入狱一百三十天，出狱正值新年，偌大的汴京城，家家户户爆竹声，苏轼和长子苏迈黯然出城。因是罪臣，御史台的台卒押解苏轼前往贬所。

满天雪花飘着无尽的忧伤。“忧思齐终南，澒洞不可掇。”（杜甫句）澒洞：广大貌。

活过来了，能与家人团聚了，情绪反而走向低落。走出死亡阴影的第一站，心境一片灰色。以前那个顶天立地的男人正面临自毁之势。仗义执言不好，三缄其口才好。

打入乌台黑狱是个惨痛教训，害己，害朋友，连累家人。

苏辙拖着一大家子贬往筠州，王诜降官三级，司马光张方平等二十二人受惩罚，从小生长在富贵窝的王巩最惨，携幼女贬向广西宾州，冲风冒雪几千里……

苏轼心痛，内疚。沮丧的后面还是沮丧，望不到头。许多人的祸端才刚刚开始。

踉跄奔客栈，风雪欺罪人。

当苏迈说，往牢狱送鱼是他的过错时，苏轼苦笑：这些都不重要了。你不错送鱼，那两首绝命诗也出不来。

一夜无话。风呜咽。

苏轼自梳头，动作不舒展。梳子是好梳子，黄杨木，师尊欧阳修送的。苏迈为父亲端来洗脚水。父与子，俱默默。

“畏蛇不下榻，睡足吾无求。”

这是自断深入骨头的价值观。当初他何等激昂，《上皇帝书》：“言及乘舆，则天子改容；事关廊庙，则宰相待罪。”现在的一介罪臣，要把自己连根拔起：

“平生文字为吾累，此去声名不厌低。”

那八个字要抹去才好，“贤良方正，能言极谏。”从此以后，变成另外一个人。不是愧对范仲淹，而是远离范仲淹。范公也有八个字：“宁鸣而死，不默而生。”

元丰三年初，苏轼贬黄州，风雨兼程悔恨交加。遗传基因与文化基因到哪儿去了？不堪回首，不敢回首。路上的习惯动作是抱紧自己的头。七尺男儿弱不禁风。

心比雪冷，一腔热血降到冰点。“痛苦把人变成石头。”石头不复有痛苦。

苏东坡为文同料理后事

贬途中过陈州（河南淮阳），苏东坡料理亡友文同的后事，留陈州十天。苏辙从南都（商丘）来，兄弟共同想办法凑银子。文同的棺木归葬蜀中，长途跋涉，花费很大。这位绰号“笑笑先生”的高官兼大画家，身后凄凉，全家二十口钱粮无算，借贷无门。苏东坡拼着一张罪臣脸，东敲门，西苦候，踏着厚厚的积雪辗转四方，为亡友凑银子，凑银子……

文同不入土，苏轼心不安。

文与可的灵柩厝于陈州寺庙一年了，如果苏轼不去料理，归葬盐亭故土遥遥无期。

苏东坡最得意时，闻与可亡，大恸连日；苏东坡最倒霉的时候，为文同后事艰难奔走。

鲁迅在上海为瞿秋白编遗稿，不顾病躯，连月挥汗如雨，先生说："收存亡友的遗文，真如捏着一团火，常要觉着寝食不安，企图给它流布的。"

戴望舒《萧红墓畔口占》，只有四句，却是现代悼亡诗之典范。

活着，就是怀念着。有怀念，逝者安眠。

今日出此语，盖因感慨太多。旷日持久的利益算计导致冷漠为常态，薄情为时尚。"算计型思维在最不需要算计的地方统治得最为顽固。"（海德格尔）

希望零零后、一零后，慢慢好起来吧。

陈季常留苏轼五天

正月十八日，苏轼一行过蔡州，大雪中渡过淮水，进入湖北境内。

二十日翻过关山上的春风岭，梅花正艳。苏轼咏梅：“何人把酒慰深幽，开自无聊落更愁；幸有清溪三百曲，不辞相送到黄州。”

陈季常留苏轼在岐亭住了五天，这表明，御史台的台卒押送苏轼时并不严厉。

季常者，侠士、豪士、异士、奇士、居士、寒士也，放着洛阳大富豪不做，却在山中安贫乐道，筑一山舍，自号静庵。家里喂了鸡鸭鹅，日子倒也凑合。苏轼对这个老朋友讲了近来的遭遇，他听了，一句话不说，只仰天大笑。接下来的五天，陈季常只字不提这件事。

五天动作多啊，“抚掌动邻里，绕村捉鹅鸭。”苏东坡吃肉吃笑了，喝酒喝舒服了。岐亭村酿胜过东京官酒。

好朋友就是好朋友。十几年不见面，一见面就勾肩搭背，真好。

“却对酒杯浑似梦，试拈诗笔已如神”

从汴京到黄州走了一个月，罪臣情绪，如河南、湖北山丘之起伏。陈州营葬文同，岐亭携手陈慥，前者但求心安，后者却是友情享受。

享受了，放松了，以前的那个苏子瞻回来啦。

在岐亭与季常谈了些什么，史料无一字。以诗证史也难。

苏东坡诗云：“却对酒杯浑似梦，试拈诗笔已如神。”

乌台百日炼狱后，东坡诗笔已如神。拿自己没办法，活着就要表达。活下去，写下去。

《初到黄州》

元丰三年阳历三月，苏轼抵达黄州。罪臣打量放逐之地，下笔几乎欣欣然，这有些奇怪，情绪忽低忽高。看来，人在挣扎。

《初到黄州》：“自笑平生为口忙，老来事业转荒唐。长江绕郭知鱼美，好竹连山觉笋香。逐客不妨员外置，诗人例作水曹郎。只惭无补丝毫事，尚费官家压酒囊。”

首先关注吃的问题。“先生食饱无一事，散步逍遥自扪腹。不问人家与僧舍，柱杖敲门看修竹。”

孔子曰：“君子忧道不忧贫。”苏东坡年少时，“奋厉有当世志。”书生意气，要担当这个世界。如今但求一饱，类似黄州满山跑的猪。苏轼写信对章惇说：“鱼稻薪炭颇贱，甚与穷者相宜，然轼平生未尝作活计，子厚所知之。俸入所得，随手辄尽，而子由有七女，债负山积，贱累皆在渠处，未知何日到此。见寓僧舍，布衣蔬食，随僧一餐，差为简便……”

贬黄州三个月，苏轼寓居定惠院。宋代的寺庙是官产，方丈由官方任命。

有吃有住，放心了。他去安国寺沐浴，洗完了澡，“披衣坐小阁，散发临修竹。心困万缘空，身安一床足。”平生爱干净，洗澡却悟哲理。血肉之躯仅仅属于一张床吗？

苏东坡的竹子情结，比之眉州、杭州、徐州又不同了。

回到定惠院，大和尚小沙弥都离他远远的。日复一日，没人理他。定惠院的方丈未能在史册中留下名字，看来方丈与苏轼形同陌路。这个方丈，严守官方规定。

苏东坡管紧自己的嘴巴：“默归毋多谈，此理观要熟。”

想说说不了，嘴是吃饭的嘴。生存展不开。转身向自然，向审美，需要时间。

“平生亲友，无一字见及，有书与之亦不答”

苏轼《与王定国书》：“某寓一僧舍，随僧蔬食，甚自幸也。感恩念咎之外，灰心杜口，不曾看谒人。所云出入，盖往村寺沐浴，及寻溪傍谷钓鱼采药，聊以自娱耳。”杜口：闭口。

“感恩”二字触目。豪放词第一人出此语。写信屡提蔬食，表明他馋肉已久。在定惠院住了近半年。钓鱼采药是寻常人可以夸耀的日子，而苏东坡显然不甘心。

苏轼《答李端叔书》：“得罪以来，深自闭塞，扁舟草履，放浪山水间，与樵渔杂处，往往为醉人所推骂，辄自喜渐不为人识。平生亲友，无一字见及，有书与之亦不答。”

李常，字端叔。苏东坡贬黄州，李常可能是第一个给他写信的人。

当地官员、和尚躲着他，远方的亲友像陌生人，杳无音讯。寄出去的饱含期待的信，一封封石沉大海。收不到一丝问候。谁管他的生与死？谁问他艰难时期的生活？

这一层，我们倒是要问一问。一千年了，历史面具可以摘下了。

寓居定惠院的几个月，应该是苏轼一生中最凄凉的日子。

对艺术家来说，这种命运低谷为上升提供了可能性。韩愈：“不平则鸣。”自然界如此，人世间亦然。绝望的深渊风声惨烈，韩愈说：“楚，大国也，其亡也，以屈原鸣。”

苏轼每每忍不住，要朝村子里的小酒店跑，被醉汉推骂。一骂，这个外乡名人乐了。

《答李端叔书》：“自得罪后，不敢作文字，此书虽非文，然信笔书意，不觉累幅，亦不须示人。”

他去看黄州大户人家的私家园林，手痒了，拿毛笔在墙上题字，被人骂得狼狈不堪，落荒而逃。几条狗追他，追到了定惠院。和尚们拍手笑……

苏东坡诗证：“书墙涴壁长遭骂。”

“拣尽寒枝不肯栖，寂寞沙洲冷”

苏东坡活得尴尬，进退失据，左右不是人。想家人想断肠。

有一首《卜算子》，苏轼写于阳春三月，却被称为宋词中最冷的一首词。

“缺月挂疏桐，漏断人初静，谁见幽人独往来，缥缈孤鸿影。惊起却回头，有恨无人省，拣尽寒枝不肯栖，寂寞沙洲冷。”

黄庭坚点评：“东坡道人在黄州时作，语意高妙，似非吃烟火食人语。非胸中有万卷书，笔下无一点俗尘气，孰能至此？”宋元明清学者，附和黄山谷者众矣，谬矣，盖因山谷名气大，学者就盲目去附和。当代学人，夏承焘先生的阐释靠近东坡本意。

苏东坡半夜出定惠院，孤独的人看见了空中孤雁。缺、疏、断、惊、恨、寒、冷，所有这些字眼的背后，依我看，全是人间烟火。只有非常热爱生活的人，才会感到如此之冷。

夜深人静，苏东坡又独自跑出去了

如果说《卜算子》是苏东坡孤寂的孤证，那么，另有两首诗可为佐证。

幽人手持高烛溜出了寺庙。墙内和尚打呼噜，越发衬托了周遭寂静。幽人走在斜坡上，步子显得匆忙，脚下有些乱，跌跌撞撞。山风江风呼呼的。心里一直涌动着什么东西，有一种莫名冲动。夜深人静溜出去，这是第几回了？傍晚不出寺门，半夜才下床溜走。

孤独的人有亲近旷野的冲动，古今皆然。这一冲，词语来了。

苏轼七绝《海棠》：“东风袅袅泛崇光，香雾空蒙月转廊。只恐夜深花睡去，故烧高烛照红妆。”

又有一首长诗，专写这一株孤零零的名花：“江城地瘴蕃草木，只有名花苦幽独。嫣然一笑竹篱间，桃李满山总粗俗。也知造物深有意，故遣佳人在空谷……”

小序云：“寓居定惠院之东，杂花满山，有海棠一株，土人不知贵也。”

仲春的夜晚，一个幽人去看一枝名花。烧高烛照海棠，怕名花幽独久了，意志力衰退，淹没于满山粗俗的桃李杂花。这是苏东坡近乎神经质的举动，像个夜游症患者，像个移动野地的鬼影。海棠是谁？苏东坡自己。此处有显而易见的内心挣扎，拒绝沉沦的苦挣扎。“只恐”云云，与他此间的书信可以互读。

绝望首先是绝望本身，然后才有绝境之反弹。写苏东坡，要让他的无助、绝望与恐慌显现出来。让深渊显现为深渊，然后才有深渊中的升起。理解苏东坡，这是紧要处。

我们这一路追问下来，试图从源头上阐释苏轼之为苏轼，这也不是所谓“以诗证史”，因为“史”这种东西还有待追问。史实并不是最终之物，史实本身需要超越。任何史实都需要超出史实的阐释作支撑。

尼采名言：“眼见为实是人类最大的认识误区。”

现象学生存阐释，乃是本系列的重中之重。

深渊

苏东坡到黄州的重要信件，一是写给李常，一是写给李之仪。

他对李之仪倾诉："轼少年时，读书作文，专为应举而已。既及进士及第，贪得不已，又举制策，其实何所有？而其科号为直言极谏，故每纷然诵说古今，考论是非，以应其名耳。"

后悔了，不该直言极谏，不该考论是非，不该伸张正义。

苏轼在信中又说："妄论利害，搀说得失，此正制科人习气……谪居无事，默自观省，回视三十年来所为，多其病者。"

制科人习气，无非是顶着权势讲真话。苏轼把其他考中制科的人顺带否定了。

深刻反省自己的三十年，反省到少年时代了。看来，错得远。这封信表明，苏东坡在黄州有垮掉的可能。只差一点。痛改前非，自断根系，自拆三十年来的价值观。从此以后，混个庸人庸官吧，学会点头哈腰，凡事模棱两可，风头上，努力做个缩头乌龟。

这个生存落差大。庙堂勇士，官场斗士，热血智者，一夜间要变成唯求自保的怯懦之辈。深渊显现了。深渊意味着两种可能性：

1. 沉沦到底，将深渊视为生活安稳的平地；

2. 在深渊中苦挣扎，缓慢上升。

如果苏轼在元丰三年垮掉，锐气锐减，就没有后面的苏东坡了。

上升

五月二十七日，苏子由携带哥哥的全家人抵达黄州。哥哥迫不及待到江边去迎接，江上连日大风，船不能过来。苏轼耐心等候，等出了一首证史之诗："去年御史府，举动触四壁。幽幽百尺井，仰天无一席……余生复何幸，乐事有今日。"

乐事来了，人精神了，有心劲了，方能回首去年的乌台悲惨事。

还有一桩乐事：鄂州（武昌）太守朱寿昌为苏轼游说，求得一居处临皋亭，以安顿即将到来的一家老小。临皋亭是官舍，罪臣住进去，全靠朱寿昌。

二百天生死别离，一家子终于团聚。这个精神力量大无比。父子情，祖孙情，兄弟情，夫妻情，母子情----乳母任采莲七十一岁了，进入苏家五十多年，她是任妈妈，任奶奶，任祖祖，双手老茧，满脸慈祥，笑起来像一朵花。

闰之夫人垂泪对夫君。她不该烧文稿，毁掉丈夫多年的心血和珍藏的书画。她用锥子刺手，苏轼把锥子拿开。日近黄昏，王闰之怔怔的。苏轼凭窗默坐，良久无一语。文同的墨竹也烧了几幅……从厨房到书房究竟有多远呢？苏轼掠过一念。文之化人，化不了眼前人。孔夫子化不了亓官氏。没办法。多念夫人的好罢。

暮色四合，月亮初转轮，苏轼牵了小孙儿朝江边走，把孙儿架到肩上。少顷，苏迈苏迟拉着苏追苏过苏远，还有几个手牵手的女孩子（子由的女儿们），冲开暮色，颠颠地奔来。

真好啊，江边月下的苏东坡热泪盈眶。

临皋亭

五月二十九日，苏轼一家住进临皋亭。接到家小后，他不复回定惠院。

临皋亭在回车院中，回车是挽留客人的意思。房间不多，院子不小，足以让孩子们嬉戏，蹦蹦跳跳。苏轼写信给大江对岸的朱寿昌："已迁居江上临皋亭……酌江水饮之，皆公恩庇之余波。"

苏氏兄弟两家人，几十口，一天到晚热闹，吵闹。仲夏天气，男孩子们不妨打地铺，草席上滚来滚去，复于廊柱间转来转去，原野里冲来冲去，天幕下打来打去。

苏轼盘腿坐地，讲黄州的鬼故事，孩子们一个个屏气静息，又害怕又想听，稚嫩的毛发一根根倒竖。小女孩儿左看右看，说："好可怕的东西，毛毛虫，巫婆，可怕大树……"

男孩子女孩子，都要做家务事，担水劈柴扫地，洗衣晾衣补衣，下厨帮厨净厨，揉面切菜烧火……闰之夫人俨然家务总指挥，史夫人像是副总指挥。苏迈的妻子堪称巧媳妇。

苏东坡闹中取静自看书，可是实在太闹，他关起门来写信。

宋人尺牍，通常耐读。

苏轼《致范子丰书》："临皋亭下八十数步，便是大江，其半是峨眉雪水，吾饮食沐浴皆取焉，何必归乡哉。"

门外的喧闹声令人惬意啊，如今的黄州回车院，当年的眉山五亩园。

苏轼接着写："江山风月，本无常主，闲者便是主人。闻范子丰新第园池，与此孰胜？"

范子丰是大官，在城里新置了私家园林，雕梁画栋隐于假山、奇石、荷塘之间，苏东坡却笑问："你那豪门大宅美园子，比得上我这江边的临皋亭吗？"

范子丰不过是豪宅主人，而苏东坡是江山风月主人，"无案牍之劳形"。

这个写信的男人写高兴了，讽刺文字又涌到笔端："所不如者，上无两税及助役钱耳。"临皋亭非私产，不上税，也不按王安石的新法交纳助役钱。

苏子由看了这封即将寄出去的信，摇了摇头。

苏东坡搁笔出门，信步走到长江边，江面十余里，江风阵阵，波翻浪涌。七尺男儿浑身舒展。长风一股股吹拂旧长袍。意志力回来了。世界随之向他蜂拥。

德国哲学家谢林："世界是元意志。"世界与意志同起伏，分分秒秒不停。

波浪中的船房

苏辙带着他的一家人离开黄州，贬谪官员不可久留。兄弟惜别，相期来年。陈季常来信，说要到黄州，苏轼复信：“临皋虽有一室可憩从者，但西日可畏。承天极相近，门前一大舸亦可居，到后相度。”相度：看情况再说。

借僧舍待客，或者是门前停泊的一条旧船迎宾。苏轼亲自动手，将船舱修葺一新，宽敞而明亮，朴素而舒适，名之曰“船房”。客人未来，主人先住。这条船后来派上大用场。

涛声中的一条船，江风送爽的一条船，明月入窗户的一条船，沙鸥扑人面的一条船。江水平，船轻摇，可是七八月浪正高，船摇得厉害，俨然大海上的海盗船。人要睡舒服，非得适应船的节奏不可。闰之夫人下船住了一晚上，次日，整天晕乎乎的，走路像扭秧歌。

苏轼在船上续写《易传》，这是苏洵未完成的遗著。墨砚纸笔，诸多参考书，由王朝云收拾妥当。闰之夫人不来瞧，她对丈夫的文稿有点怕。厨房的香味儿一向是她的工作成就，不用喊，苏轼闻到菜肴香就上岸了。对岸鄂州的朱寿昌屡派人，送好酒好肉过江。

夜里，苏轼带孙儿睡，让幼儿听大江，从声音中捕捉自然的律动，开启最初的心之涟漪。过了十来天，任采莲却把苏箪抱走了，也不讲抱走的理由。

苏轼写《易传》九卷，“易可忘忧”。接下来的写作计划是撰写《论语说》。同时思考两部书。当年在眉山的书房南轩，父子三人谈易学、论孔孟，激烈争论俨然同窗……宋人阐释《论语》的著述多达数十种。疑古是宋学的一大特点，比如司马光写孟子，题目叫《疑孟》。

王朝云续茶添香，苏东坡浑然不觉。

良久，这位学人搁笔叹息：“不懂数学。”身边的佳人抿嘴一笑。

《四库全书·易类二》：“轼之说，多切人事。”

人事欣欣然，说不尽道不完，何必一味追究玄理？

收笔了，苏东坡才闻到茶香，吸一口瑞脑香。茶香瑞脑香，却不及淡淡的脂粉香。

夜幕中，子瞻腾空跃入了江水，子霞扶桅杆玉立船头。少顷，那个浪里白条湿漉漉爬上船来，这位蓝小袖女郎笑吟吟递上浴巾。

临皋亭下的船房，在月色中摇荡。

豪言壮语，不过是寻常家语

李常写信来，信中有一首诗，对苏轼贬黄州表示深深的同情。不料，苏轼很不以为然。作为一个强大者，苏轼不接受别人的怜悯。他宁愿自舔伤口。

苏轼《答李常书》：“示及新诗，皆有远别惘然之意，虽兄之爱我厚，然仆本以铁石心肠待公，何乃尔耶？吾侪虽老且穷，而道理贯心肝，忠义填骨髓，直须谈笑于死生之际……”

苏东坡留下一千多封书信，这一封最具盛名。勇士摆脱了深渊的纠缠，上升到坚实的大地。有吃有住且有酒，有朋自远方来，有正在展开的两本著述，有思接圣贤的朝朝暮暮，于是，人在大地上站稳了。“虽怀坎壈于时，遇事有可尊主泽民者，便忘躯为之。祸福得丧，付与造物。”尊主，是有前提的，前提是泽民。民贵君轻。

所谓豪言壮语，不过是苏东坡的寻常家语。回信的结尾说：“非兄，仆岂发此？看讫便火之。”李常并未烧掉这封信。黄庭坚和他的这位舅舅，北宋两条汉子。

怪石供

一块石头百万年，它是凝固的时间，地力挤压它，河水雕刻它，“海沙变成石，鱼沫吹秦桥。”（李贺）。长安秦桥的坚固号称天下无双，鱼沫吹它垮掉。顺便提一句，时间意识与死亡意识，古代诗人以李贺为最，“天上几回葬神仙”“天若有情天亦老”……

有些石头温莹如玉，有些石头赤橙黄绿，有些石头如山峰如战舰，有些石头像一尾鱼一块肉，有些石头轻轻一打便有火。

黄州有个赤壁，乃是自然的红色杰作，山形如北斗星，矗立于江中。苏东坡一有空就往赤壁跑，捡石头，当地小孩儿觉得他是个好伙伴，乐于跟他一起玩。驾小舟登岸，不怕落水的，长江边的男孩儿全是好水性。苏轼致信参寥：“予谪居黄州，辩才、参寥遣人致问，且以题名相示。时去中秋不十日。秋潦方涨，水面千里，月出房、心间，风露浩然。所居去江无十步，独与儿子迈棹小舟至赤壁，西望武昌山谷，乔木苍然，云涛际天，因录以寄参寥，使以示辩才，有便至高邮，亦可录以寄太虚也。”房心：星名。秦观号太虚。

美尺牍，美妙石头，美滋滋的心情。他自觉是美文，所以遍示三位。他弄了一个铜盆，盆中排列二百七十枚“细石”，取名“怪石供”。其中一块石头，“如虎豹首，有口鼻眼处，以为群石之长。”道观有道长，石头有石长。揣摩造化，玩赏石头，爱石头，画石头……庐山归宗寺的佛印大和尚云游到黄州，软磨硬泡，夺东坡之所爱，连铜盆带怪石一并拿走。

东坡叹曰：“只有你佛印能夺我宝贝。”

和尚笑嘻嘻说：“你从赤壁夺来，我在你家拿走。你若怨我，赤壁何尝不怨你？”

东坡有点急了：“噫！你拿了我的东西，还拿道理压我。”

佛印说：“怪石头供在庐山，比供在临皋亭好。”

东坡问：“何以见得？”

佛印摇摇硕大而油亮的光头：“人说子瞻傻，果然不聪明。我大庐山方圆五百里，你临皋亭才几丈几尺啊？容我一方丈，已嫌局促也，害我三日不得一好睡。”

东坡挠挠冬瓜脑袋，纳闷说：“你这泼赖和尚，打呼噜巨响，连波涛都听不见，害我失眠三天，你倒强词夺理。”

那乐呵呵的胖和尚，只不言语，抱了怪石供，御赐僧袍舞东风，扬长而去。

苏东坡黄州说鬼

“人在天空之下，大地之上。”海德格尔经常说的这句话意味着什么？天、地、人、神，四位一体，短暂者（人）活动于其间。足不踏实大地，焉能仰望天空？

苏东坡在黄州说鬼，先听鬼。荆楚大地鬼魅多多，有屈原的辞赋为证。

女鬼，饿鬼，厉鬼，厕鬼，门鬼，山鬼，水鬼，风鬼，树鬼，织布鬼，打柴鬼，剪刀鬼，绕屋鬼，夜路鬼，冤枉鬼，战死沙场的思乡鬼，夜间游荡的伤心鬼，徘徊艳冢的光棍鬼，愧对爹娘的披麻鬼，宁死千回的战斗鬼……鬼的世界蓬蓬勃勃。

苏东坡一向厚爱风俗，最喜欢听当地人讲故事。人家把村里的人事讲完了，他不过瘾，“强使人说鬼”。五百年以后，蒲松龄在山东般阳城外，摆一个免费的茶摊烟摊，专请过路的人抽烟说鬼，又请朋友们“邮筒寄鬼”……

鬼文化的传承，从干宝、苏东坡到蒲松龄。

黄州夜漆黑，举目野茫茫，一日，苏轼专讲水鬼，一大群孩子围着听。水鬼又分凼凼鬼，池塘鬼，瀑布鬼，潭鬼，河鬼。鬼样子不同，鬼抓人的手段有异，鬼发出的声音却像春天的鸟语。苏轼称：“赤壁下有个回水沱，回水沱有一群不吃鱼虾的沱沱鬼……”

苏过忙问：“沱沱鬼吃啥子？”

苏迨挺胸自壮胆，说：“沱沱鬼吃人哦。”

黄州的黄毛小儿点头曰：“赤壁那个回水沱，年年淹死人哦。”

另一个黄州小儿说：“不是淹死的。沱沱鬼拖进了水洞洞，大鬼吃肉，小鬼啃骨头。”

无边野地风乍起，阴惨惨，悲号号，几个小孩儿摸着自己身上的肉。

苏轼问：“有啥子办法呢？”

所有的小孩儿同声答：“避开回水沱，远离沱沱鬼！”

苏东坡谪居黄州近五年，听来的鬼故事和自编的鬼故事甚多，也许他编过小册子。也许蒲松龄看过小册子，《聊斋志异》序言说：“才非干宝，雅爱搜神；情类黄州，喜人谈鬼。”

晋人干宝有《搜神记》。黄州东坡听鬼说鬼。

有一天，苏东坡对苏迈说：“去爬赤壁，如何？”

苏迈略显踌躇：“不是说赤壁洞有蛇精么？不过既然父亲敢去爬，儿子不做胆小鬼！”

赤壁

有一座临江的少室山，山形如北斗七星，苏东坡记载：“斗入江中，石色如丹，传云曹公败处，所谓赤壁者。或曰：非也。”

苏轼拿不稳：真是三国赤壁大战的遗址么？大江对岸还有个华容镇，莫不是关羽放走曹操的地方？苏轼欲怀古，而古战场难以确定。潜意识中，倾向于真。于是三番五次去赤壁，漫步少室山，或是驾小舟到赤鼻矶下。

元丰三年秋，他和苏迈去爬赤壁。赤壁并不高，八九丈而已，只是裸露的岩石大都光滑，攀爬须抠紧石缝，抓牢藤蔓。苏轼小时候爬城墙是好手，城墙笔直，也不好爬。

《东坡志林》：“断崖壁立，江水深碧，二鹘巢其上，有二蛇，或见之。遇风浪静，辄乘小舟至其下，舍舟登岸，入徐公洞。非有洞穴也，但山崦深邃耳。”

徐公指《图经》的作者、探险家徐邈。

断壁湿滑，苏东坡抓住树根一跃而上，支脚去踏徐公洞的边缘，未能踏稳，又来第二次。巨大的赤色石壁，荡来荡去的束带男儿。望着父亲的苏迈一阵阵气紧，手脚有些发麻。

苏东坡边爬边说：“当年在凤翔爬山爬不过章子厚，今日子厚来赤壁，未必上得去。”

那条树根离徐公洞尚有七八尺距离，身材高大的苏东坡荡过去，荡了三次。树根若是扯断，攀岩的人可能要落到岩石上面。苏迈张开双臂，双脚分前后，站得稳稳当当，随时准备将突然掉下来的沉重的父亲接住。

赤壁大战，周公瑾、诸葛亮面对曹孟德的百万大军，有几分胜算？五六分而已。他们联手干起来了。张良火烧栈道三百里，有几分把握让汉王重返关中？张子房一把火，汉江山四百年。高人出手，并不求百分之百的把握。苏轼爬赤壁，自信心是有的。他进徐公洞了，把树根扔给苏迈，儿子用父亲的方法也爬上来了。却有两只猛禽惊起，双双护其巢，煽动黑色的翅膀直扑人面，利爪掠过，叫声怪异而凄厉。苏轼合掌道：“得罪了得罪了。”

鸟巢中有十几枚鸟蛋，苏东坡父子不伸手。令人费解的是：猛禽与蛇如何相处？

巨蛇爬行的响声只在近处，据说赤壁二蛇的巨口能把人活生生吞下去。苏迈唰地抽出短刀。苏轼小声说道：“莫动。”

二蛇朝相反的方向去了。蛇尾似乎有碗口粗，山崦里的二男倒抽一口冷气。

人在山崦里观大江，别是一番壮阔景象。苏东坡对儿子说：“徐公到过赤壁，但未能爬上来，这不是山洞，是山崦，或者叫浅山洞。蛇也只是蛇，并非黄州人传说的蛇精。”

苏迈问：“究竟有没有蛇精树精狐狸精？有没有山鬼水鬼树鬼沱沱鬼？”

苏轼答：“不知道。也许有吧。”

苏迈寻思道：“子不语乱、力、怪、神。”

苏轼笑道：“夫子不还是说出了这四个字吗？夫子不语，未必不思。”

思想是生发思想的一种能力，追问有追问的连续性。孔子想要避开的那些东西，后世学者反而想去探个究竟。尤其宋儒，追问的态势强于汉唐。

冒险，探险，源于强烈的好奇心。

几年后苏轼半夜爬上石钟山，写下《石钟山记》。

苏过告状：二哥多看了一眼咸牛肉！

一年过去了，苏东坡谪居黄州，钱粮无算，布匹紧张。青黄不接时，尤为拮据。牛羊肉吃不起。全家十几口必须厉行节约。乳娘任采莲想起了一个眉山老办法，转与闰之夫人商量。夫人喜曰：“好呀好呀。”

次日，开饭了，饭桌上方吊下来一块二尺长的咸牛肉，很有些馋人。孩子们埋头吃米饭，抬头望牛肉，下饭菜除了白菜便是泡菜。任奶奶说，看一眼咸牛肉拨一口饭，受吞，好吃。

在眉山，这叫“咸猪肉止馋法”，一般吊肥嘟嘟的二刀肉。

苏迈带头看肉，吃“鼓眼饭”（没有下饭菜，眼睛鼓起），吃得很受吞的样子。苏过崇拜大哥，听奶奶的话，看一眼咸肉，吃一口饭，转眼吃光了一碗饭，又下桌舀一碗，认认真真坐下来，先看肉。

大哥表扬说：“弟弟，你吃得多长得快，过两年就跟二哥一样高了。”

苏迨表示不满：“哥哥，难道我不长个吗？过两年我比你还高！”

任奶奶摸摸这个长头儿，笑眯眯说：“都高，都高，迨儿赶紧吃吧，咸牛肉的味道就是好。”

苏迨看牛肉，并不觉得嘴里有味道，于是再看咸牛肉。苏过发现了，立即告状：“奶奶，二哥他多看了一眼咸牛肉！”

任奶奶严肃地说：“不管他，咸死他！”

苏东坡忍俊不禁，进厨房笑去了。

马梦得首谋东坡

马梦得不知从什么地方跑到黄州来了，穿深衣（长衣），戴幞头，脚蹬一双皮靴，虎背背个大背包，背包里装满了大大小小的礼物。这一年多，马梦得混得不错。

子瞻在黄州穷，于是梦得来了。据梦得讲，他在南都（商丘）订过亲，由于女方索要聘礼耍花招，贪得无厌，他一怒之下退了亲，并且发誓再也不娶娘子，光棍一条走天下，一人吃饱全家不饿。单身汉要单到底！

苏轼说："梦得，你精通六经，又有一身武艺，哪里都不愁饭吃，到我这儿来，恐怕要受穷挨饿。"

梦得只是傻笑。他带来了熏鸡熏鹅，与子瞻哥哥的一家老小享用。他不吃肉，说是在大户人家"舌耕"（教书），油水太多，吃胖了。以前他的腰围不如苏轼，现在苏轼不如他。

马梦得在回车院的墙角，搭个草棚住进去。不住临皋亭，更不去船房住。苏家毕竟有两对夫妇，还有老奶奶和幼小的孙儿。在苏家，他一如既往什么都干，打柴劈柴，劈成了墙角的一座山。吃饭时他也抬头看咸牛肉，埋头窃笑。长头儿苏迨侦察他的笑容……

有一阵子，马梦得动不动就跑没影了。有人看见他在黄州城里的府街闲逛，穿深衣蹬皮靴，俨然上等市民。闰之夫人感到纳闷：这梦得是不是嫌子瞻太穷了？

马梦得回来，并不作解释，换了短衣芒鞋（草鞋），干起活来。过几天他又跑没影了。

苏迨说："梦得叔叔进城吃羊肉，他身上有股子膻味儿。"

苏过曰："我不信。"

苏迨生气了："不信拉倒！反正我说啥你都不信。"

长头儿转向他爹："父亲去一趟黄州城就看明白了。"

苏轼笑道："去不得去不得。"

罪臣未经允许，不可以进城的。黄州太守徐大受，一年多，不见苏轼一面。

有一天，马梦得溜回家，搬柴禾劈柴禾，面有得色，却又神秘兮兮，凭谁来问，不透露半点消息。但见斧头起落，柴花子（劈柴如花瓣）堆起半墙高；但闻爽朗的歌声起，飘出了回车院临皋亭。妇人们莫名其妙，小孩儿弄不懂，苏迨走来走去在研究。

次日，天刚蒙蒙亮，精神抖擞的马梦得，衣冠整齐进城了。

大半天光景，九岁的苏迨作思索状，冬瓜脑袋持续转动，很像父亲思考问题，并且背了一双小手，闲步大江边，远眺对岸的武昌，口诵杜子美名句："峥嵘赤云西，日脚下平地。"正沉吟间，忽见一条汉子仿佛在田埂上飞，苏迨定睛一瞧，不是马生是谁？

平时苏轼称梦得，称马生，孩子们有时也混叫。

那马梦得"飞"进了临皋亭，二话不说，拉了正在画枯木怪石图的苏轼便走。磨墨的王朝云也感到奇怪，子瞻作画，九条牛都拉不动的。

两个四十六岁的男人急匆匆走向城东的坡地。云层中金光斜射，大江上白帆如云，马梦得一边走一边双手比划，又大笑，大叫："马生有梦有得，马生谋划东坡！"

少顷，苏家妇孺十几个，沿着蜿蜒的田间小道跟来了，苏迨雄赳赳走在前头，后面，王朝云扶着一头白发的老奶奶任采莲。

日后，苏子瞻动辄语人："马梦得首谋东坡啊！"

东坡

东坡是一块约五十亩的坡地，是一处废弃多年的军营。马梦得三番五次跑太守府，磨破嘴皮子，摇痛三寸舌，硬把五十亩地说了下来。当然有人帮他的忙，有人替他作介绍，出主意，但是首谋东坡者，当属马梦得无疑。

此后近千年，百亿人皆知东坡居士。

开荒种地，要吃饭，要活下去，世界性的文化符号，缘起就这么简单。

垦荒非常艰难，废弃的军营布满瓦砾和荆棘。苏家人没一个是种田的，包括任采莲，十二岁就作为程夫人的贴身婢女进了苏家。苏轼本人以三州太守之贵，文坛领袖之尊，学界翘楚之荣，须臾间变成面朝黄土的农民，下苦力却是轻描淡写，拿锄头扛扁担更不迟疑。

每日几身臭汗，累得腰酸背疼。并且，要一直干下去。

一家子要吃饱要吃好，这个目标是如此明确，于是，目标直接是信念。信念化为数不清的日常动作。农事纷繁而复杂，学着干吧，慢慢来吧。

伟大的陶渊明前来照面了，“农人告余以春及，将有事于西畴。”陶渊明开启了耕读传家的好传统。出门扛锄头，回家拿起笔。“漉我新熟酒”“摘我园中蔬”。

苏东坡口诵陶渊明的诗句出门去，“晨兴理荒秽，带月荷锄归。”傍晚收工时，这个中年男人却累得直想趴下，喝凉水用大瓜瓢，咕咕咕灌下去。牛饮。陶令不知何处去也。

“形容虽似丧家狗，未肯弥耳争投骨。”

“喟然释耒叹，我廪何时高？”

乡下人来帮助他，有名字传下来的就有十多个：王齐愈，王齐万，潘丙，古耕道……苏东坡在田间慨然赋诗：“四邻相助率举杵，人人知我囊无钱。”

干完了农活，古耕道等人不吃夜饭就走了，拉都拉不住。黄昏里，几条汉子的背影消失在远方。苏轼发了一回呆，眼睛有点潮湿……可是旷日持久的劳作不需要任何感伤。

夜里匆匆洗漱了，倒床便睡，连翻书的劲都没有了。蜡烛倒是用得少。

天不亮就要起床，草草洗漱。苏轼闷声不响填饱肚子，拿起铁锹复去东坡。从临皋亭到东坡，要走二三里地。旭日东升朝霞满天，却是毫无诗意，这个手持铁家伙的农民在田埂上忧愁：半月未下雨了，若是连月干旱，麦子种下去，麦苗出不来。从江边担水到东坡浇灌，劳动量太大。愁啊，土地是沉重的土地。五十亩是个可怕的数字，够他一家对付，邻居帮一时，不可能帮长久。回家的路上，苏东坡步履沉重。话少了，笑声少了，幽默不见了，沉思的面影让位给木讷的表情，著书立说的纸笔搁置一旁。他最喜欢的张武笔不复亲近他的手……每日习惯性的动作是伸手向农具，锄，钎，锹，铲，还有那根压弯脊骨的扁担。

开头几天，拿锄头的时候还有些欣然，现在，他摸到的全是沉重。清理东坡的废砖瓦砾，足足用了十天。寸土三篼篼啊，两块土砖就是一担。文章太守要变成干农活的好把式，谈何容易。手上脚上磨出老茧，打起血泡……

孔子推崇的士大夫的木讷，与农民的沉默寡言，完全是两回事。

乳娘任采莲用爱怜的眼光望着他，夫人王闰之在厨房抹眼泪，侍妾王朝云几乎包揽了全家人的脏衣裳臭袜子。三个儿子都要上东坡去干活。马梦得每天苦干十几个小时。

“腐儒粗粝支百年，力耕不受众目怜。”这是苏东坡后来写的诗句。

田园的审美者，与田地的耕耘者向来是两种人，生存的重压会挤走审美，持久的劳作只有汗水，没有诗意。世世代代的农民，只有一个陶渊明。

水。哪来的水呀？苏东坡歪倚斜坡歇工时，出现了幻觉：一群大力神江中取水，一个个奔向东坡健步如飞……幻觉消失了，太阳照着这一大片干焦焦的坡地。

谁有办法？水的问题不解决，意味着什么，不言自明。

持续的、年复一年的生存重压，挣扎在温饱线上，对苏东坡这样的人来说是不可想象的。

井

开荒种地按计划进行，颓垣、瓦砾清理完毕了，荆棘野草被太阳晒干了，开始点火烧荒。这对孩子们来说是一件乐事，火一烧，硕大的地老鼠到处跑，烤焦了，烤熟了，不妨打打牙祭。打牙祭这个词成了孩子们的口头禅，大人们不禁感到辛酸。米面不够吃，油荤少，营养不良，影响孩子发育。穷苦人家的厄运会落到苏家人的头上吗?

赤脚的苏轼坐在砖头上，虫子爬上了腿肚子他浑无知觉。火光熊熊，这个男人开朗不起来。马梦得也闷在田边，高个头的小伙子苏迈，又瘦又黑又寡言，正在追另一只地老鼠。苏迨、苏过、苏箪吃烤鼠吃笑了，连皮带毛吞下肚……苏轼背过脸去。

水啊。黄州的肥田都在江边。苏东坡手里那点钱，买不起几亩肥田。穷人有薄田，无钱打深井，收成不及肥田的一半。穷日子越过越穷……一人穷，全家困。杜甫的诗句涌入苏轼心头："贫贱夫妻百事哀。"

烧荒的火光映着苏轼忧郁的脸。

坡地的尽头，长头儿苏迨叫道："这儿有一口井！"

其他人并不动。苏轼苦笑，心想：这迟钝的孩子倒能装怪。

穷日子穷下去，小孩子天生的幽默感会打折扣。

长头儿又叫："这儿真有一口井，好深的井！"

一向跟二哥抬杠的苏过笑嘻嘻说："我这儿也有一口井，深得很，水汪汪的青砖大井。"

长头儿苏迨冲向了圆脑袋苏过，要厮打。苏迈加以喝止。长头儿只不言语，使劲拉着大哥朝坡地尽头走。苏迈一看，顿时哭起来了，大叫："爹啊，真有一口井！军营用的青砖深井！"

马梦得跳起身奔过去了。苏东坡合掌望天，默念阿弥陀佛。

麦子

大麦小麦种下去了，井水浇灌了一二次，雨水又来了，透雨下了一夜，田地松软了，种子发芽了。麦苗儿青青菜花儿黄，天上有个金太阳，这不是天府之国、富庶眉山的景象吗？

陶渊明仿佛从田间走来，“微雨从东来，好风与之俱。”有了粮食就有了一切，“邻曲时时来，抗言谈在昔。”弯弯曲曲的农舍，招手便来的酒局，真真太有诗意了。哦，回车院养了一大群鸡咯咯（眉山土话），一小群鸭公公鸭婆婆。缸子里舍不得多舀半瓢的存粮，如今随便舀，饭桌上终于有了剩饭剩菜，鸡咯咯吃得肚儿圆鼓鼓。追呀追呀，追饭团子。母鸡下蛋公鸡打鸣，狗儿跟着猫儿跑，猫狗一起上房了。

艳阳下的麦浪，哪里是翻滚在地头，那是起伏在心头啊。不容易，太不容易了，苏东坡去看东坡麦田，手上终于有了一卷书，白居易的《香山集》，香山居士写过《东坡八首》……

麦田是什么？东坡居士有何种含义？

陶渊明说：“有酒斟酌之”“登高赋新诗”。五柳先生有几分摩登相的。

苏东坡说：“去年东坡拾瓦砾，自种黄桑三百尺。”东坡先生有几分自豪感的。

粮食和布匹都有了。青神县的二十七娘王闰之，如今叫做纺织娘。任奶奶纳鞋底，王朝云绣荷包，苏迈的妻子穿针引线缝制新衣裳。任奶奶唱歌似地念：惜衣得衣穿，惜鞋得鞋穿；新三年，旧三年，缝缝补补又三年。

苏东坡每天都要去看麦田，看不够。劳动者珍惜劳动成果，古今皆然。

丰收啦，银镰割麦子唰唰唰，桑木扁担挑麦子弯悠悠，回车院是个现成的晒坝，麦子铺上去，金灿灿的一地。

苏家小孩儿拾麦穗，捆麦草，欢天喜地滚麦草，草垛之间捉迷藏；又扯来一把把的油苕，各削了一根细竹筒，大打“窝挖籽”仗，这种黑而圆的油苕籽，从一尺长的细竹筒中使劲吹出去，打在脸上生疼，饱含口水的窝挖籽一气喷射，盖了对手的口鼻眼。却见邻居小儿颠颠的奔上东坡，投入田野混战……身穿蓝小袖衣裳的王朝云，挎着竹篮子到东坡来饷田（送饭菜到田间），看见十几个麦田里的孩子乐成那样，不禁鼻子一酸，悄悄哭了。

“良农惜地力，幸此十年荒”

苏东坡留下两千七百多首诗，这两句，在今天看来最好，最值得牢记，最需要念念不忘，最应该写成条幅挂在墙上。地力有限，地力绝不是无穷无尽的。

诗人写道：“良农惜地力，幸此十年荒……投种未逾月，覆块已苍苍。农夫告我言，勿使苗叶昌。君欲富饼饵，更须纵牛羊。再拜谢苦言，得饱不敢忘。”

军营的废地抛荒十余年，才有旺盛的生长力。农家有抛荒、撂荒、休耕的好传统，种一半，闲一半。长期催逼地力，犹如让一个妇女不停地生孩子生孩子生孩子……

“谁能伴我田间饮？醉倒惟有支头砖”

李常从几百里外寄来了许多橘树苗，苏东坡大喜。环东坡栽竹，栽桑，栽橘，栽桃子李子杏子，这位“性好种植”的农民真是大大过了一回瘾。栽树很有讲究，苏东坡小时候就跟着爷爷学，栽松，成活了一大片。丁母忧的时光，他“手植青松三万裁”。

想想看，三万棵松树啊，绵延了几座山。“料得年年肠断处，明月夜，短松冈。”

人类杰出人物，劳心之余往往善于劳力，乐于干活。托尔斯泰写完《安娜·卡列尼娜》，在他的庄园痛痛快快割了七天草，从早晨割到黄昏，大汗淋漓，大口吃肉。雨果是称职的木匠，瓦匠，花匠，泥水匠。海德格尔是名副其实的足球队员、滑雪爱好者、伐木者和良匠，维特根斯坦在一所中学做园丁……请听六十七岁的托尔斯泰伯爵怎么说：“用简单的体力劳动的方法，从脑力劳动中得到休息是何等愉快啊！按照季节，我每天或是耕种土地，或是锯木材和劈木头，或者用镰刀干活，或者用别的工具干活。至于犁地，你想象不出那是一种什么样的满足，它纯粹是一种享受！血液在你的血管里快活地流着，你头脑清醒，感觉不到双脚的重量——还有那以后的好胃口，还有那睡眠！对于我，每天的运动和体力劳动，就像空气般不可缺少。要是长时间坐着从事脑力工作，没有体育锻炼和劳动，那真是一种灾难！”

而坐着活，宅着活，拒户外于千里之外，今日已成常态也。拇指取代四肢，生命正在退化。电脑掌控人脑，乃是今日之异化。

请看苏东坡在田野上写诗：“谁能伴我田间饮？醉倒惟有支头砖。”

一觉醒来，天宽地阔。这是一种生存范式。

此二句，画一幅油画或水墨画该有多好。九百多年来还没人画过呢。

朋友们

陈季常来了，秦少游来了，参寥和尚来了，巢谷来了，道士杨世昌来了……朋友们次第来东坡，相约干农活。黄州的古耕道、潘丙等人更是常来，鞋子一扔下田去。

有一天，苏东坡抄《汉书》，抄着抄着睡着了。王朝云注意到，先生写字手抖，字迹不潇洒。先生拿毛笔的手满是老茧（末梢神经迟钝）……朝云把这些现象告诉了陈季常。

季常与梦得、少游、巢谷、潘丙，在田间开小会，专门讨论苏东坡干农活，一致得出结论：子瞻长期躬耕是不行的。锄头拿久了，拿毛笔手会抖，失去捕捉书画艺术之毫厘的手感。大文豪下田地有个度的问题。

几条汉子说干就干，把苏东坡每天干的农活分走大半。东坡初不以为然，一试，试出破绽来了：犁了半天地，满纸就涂鸦。马梦得批评他。

苏轼笑曰：“批得好，批得好。”

陈季常先后七次到黄州来，主要选择农忙时节。巢谷、杨世昌居黄州一年多。

可爱的马生

马梦得字正卿，小苏轼八天。这个人闪闪烁烁出没于苏轼的生活中，查孔凡礼先生《苏轼年谱》，马梦得时不时踪迹难觅。苏轼在京城做官，马梦得的相关记载少。乌台诗案前后，也不知道这位侠义心肠的人在忙什么。苏轼贬黄州，他来了，不走了。

苏东坡最艰难的时期，马梦得不弃不离，不声不响。

《东坡八首》之一：“马生本穷士，从我二十年。日夜望我贵，求分买山钱。我今反累君，借耕辍兹田。刮毛龟背上，何时得成毡？可怜马生痴，至今夸我贤。众笑终不悔……”

汉子性格，想要啥是摆在明处的。二十年要不了，穷士娶不了老婆，却夸子瞻贤。他原是堂堂太学正，满肚子经史子集，不写诗，不画画，他的作品叫“首谋东坡”。

任奶奶走了，苏东坡撰写墓志铭

任采莲病逝于黄州，享年七十二岁。苏东坡为她撰写墓志铭，这件事很大。

墓志铭不是谁都能写，更不是谁都能获得的。士大夫替人写神道碑或墓志铭，价钱可观，不妨参考《北宋文人的经济生活》一书。苏东坡一生写的墓志铭寥寥无几，他自己说：“独铭五人，皆盛德故。”这五位盛德之人，如欧阳修，司马光，张方平，他不收亲属一文钱。其他亡人都是家人，王弗、任采莲、杨金婵、王闰之……王公贵族，高官巨贾，千金万金请不动囊中羞涩的苏东坡。

人分三六九等，苏东坡却为下人写墓志铭。杨金婵是苏辙的保母。

苏轼《乳母任氏墓志铭》：“乳母任氏……事先夫人三十有五年，工巧勤劳……养视轼之子迈、迨、过，皆有恩劳……铭曰：生有以养之，不必其子也。死有以葬之，不必其里也……”

苏东坡在黄州，为孩子们热爱的任奶奶举行了安葬仪式，妇孺恸哭，里人举哀。尤其是先天不足的长头儿苏迨，伏在任奶奶的棺木上哭得不省人事。

“今年刈草盖雪堂，日炙风吹面如墨”

来黄州的朋友越来越多了，临皋亭住不下。苏东坡盖了一座雪堂，共有五间房和一个院子。南宋陆游《入蜀记》：“居士亭，亭下面南一堂颇雄，四壁皆画雪，堂中有苏公像……又有四望亭，正与雪堂相直。在高阜上，览观江山，为一郡之最。”苏公像谁画的呢？

雪堂的雪景是苏东坡画的。“东坡雪堂”四个字，是东坡手笔。他割草，风吹日晒，面孔更像农民，而笔下一片轻盈的洁白，每一片雪花都诉说着风雅。后来，孔仲武赋诗《苏子瞻雪堂》云：“东坡营雪堂，始种坡前柳。至今有遗迹，过者为回首。”

东坡居士致信友人：“近于城中得荒地十数亩，躬耕其中，作草屋数间，谓之东坡雪堂。”雪堂下有荷花池塘，苏轼诗：“东坡作塘今几尺，携酒一劳工农苦。”

《年谱》：“雪堂之成，得力于四邻。”

苏东坡携酒浆犒劳四邻，又于雪堂之侧，“手植梅一株，大红千叶，一花三实。”

友人沈辽远道而来，小住后留诗而去：“眉阳先生齐安客，雪中作堂爱雪白。堂下佳蔬已数畦，堂东更种连坡麦。”眉阳：眉山城之南。东坡雪堂与东坡麦田相望。

苏轼《与李公择》：“某见在东坡，作陂种稻，劳苦之中，亦自有乐事。有屋五间，果蔬十数畦，桑百余本，身耕妻蚕，聊以卒岁也。”

堂上雪景，堂前细柳红梅，又种蔬菜和水果，地势高，为观览江山之最佳处。苏轼忍不住向人夸耀：“几席之下，风涛掀天。”更妙的是素心朋友不断，“往来书疏如山”，画画，写字，著大书，填小词，饮美酒，携娇娃，访溪山，小舟听歌，武昌吃鱼，赤壁怀古……

“充满劳绩，人诗意地栖居在大地上。”

海德格尔最为推崇的生活方式，在苏东坡身上体现得最为完美。

试问古今之豪宅，何处可比黄州雪堂？

感觉的丰富性乃是一切生活质量的前提。

盖雪堂的时间，是元丰五年正月，大雪纷飞之际。

雪堂义樽

苏东坡两边住，临皋亭和雪堂。诗意栖居之处有二，相隔不过里许。远近的朋友蜂拥而来，有些人好多年不见了，各携礼物，多赠佳酿。酒太多了，天南地北的都有，苏东坡一高兴，把几种酒加以混装，尝尝味道不错，竖一大樽置于堂，谓之“雪堂义樽”。

消息传出去，各色人等嘻嘻上门。东坡雪堂打出了“义樽”招牌，天底下人人可以来。打秋风的，耍酒疯的，借酒不还的酒鬼，过路讨酒喝的流浪汉，相约来找马梦得的黄州光棍们，将装了二十多斤酒的雪堂义樽一饮而空。马梦得呵斥不住，苏东坡笑脸相迎。

长头儿苏迨背了双手走来走去，表情很严肃，分析了半天，说一句常识："反正喝完就没有了。"

却是喝不完的，李常、王诜、司马光、黄庭坚、米元章寄来美酒，雪堂义樽又满盈了。

一日，东坡居士独饮卯酒，忽自语："吾上可陪玉皇大帝，下可以陪卑田院乞儿。"

作家没有身份标签，作家栖身于每一个阶层。作家自贴身份标签就完蛋了。

闰之夫人藏下了两瓶驸马王诜寄的鹿胎酒。苏轼找了几回，找不到，说："可能是某个酒鬼抱走了。"

夫人窃笑，被苏迨发现了。长头儿喊道："妈妈，不能笑！"

三 混

黄山谷寄来江西修水县的双井茶，连泡茶的泉水也寄到黄州，这种泉水叫谷帘泉，仅次于杭州的虎跑泉。宋代邮递快，若寄快递，一日可达五百里。当时叫倍道急足。

苏轼混酒成功了，又搞混墨试验，将宋代最有名的三种墨，张遇墨，潘谷墨，李延珪墨，按不同的比例加以混磨，王朝云当助手，试验了几十次，终于满意了。黄州画的《木石图》，写的《寒食帖》今犹存焉，皆是博物馆镇馆之宝，墨色鲜亮犹如昨天的作品。

苏东坡叹曰：“非人磨墨墨磨人。”可见混墨实验难之又难。几年后，苏轼在汴京混墨十余种。这个眉山人总是充满了好奇心，什么都想试试。人们都说新茶好，但苏轼发现旧茶更酽，他把新茶与旧茶泡一壶，名之曰“混茶”，取其清香和酽浓。龙井茶的鼓吹者秦少游尝了混茶，表示认可。苏东坡大喜，马上给辩才法师寄了一包混茶，附一简，在佛门推广。

苏东坡每日用粗茶漱口，再以盐水漱，牙齿白净。苏家人走出去，一个个牙齿白如玉，亮如贝，令人称奇。美好的生活永远需要想象力。

苏东坡精心酿酒，朋友们个个腹泻

苏子瞻在黄州搞试验上了瘾，炼丹药像李太白，酿家酒如陶渊明。他决定釀蜜酒，用杨世昌的方法，采武昌山的野蜂蜜，配一味中药天门冬。酒熟时，拿荷叶杯一尝，自己先得意了。他派苏迈邀请朋友们来雪堂，痛饮东坡蜜酒，堂前空地摆了六张八仙桌。黄州太守徐大受也来凑兴，太守的弟弟徐大正，乡人巢谷，道士杨世昌，黄州名士潘大临，过境黄州的高官滕元发、刘贡父……可谓高朋满座，贤达云集，祝贺新酒成功。酒过二巡，东坡居士眼巴巴期待着。客人们啧啧称赞好酒好酒，徐大受连连举杯。东坡小酒量，满饮复满饮，脚步乱了，肚子还有点疼。时在仲春，雪堂周遭的野花开得正艳。苏东坡颠三倒四插花起舞，徐大受打起了拍板。然而东坡先生颠倒舞步非醉酒，只因肚子咕咕响，痛了一阵，又痛将起来。不大好，似乎很不妙。客人们神色有异状，起身离座，先是二三个，渐渐多了，一群群地跑厕所。雪堂厕所当然是不够用的，够用的是花草间、柳树后、坡坎下，所幸日色向晚，黄昏色部分遮去了惹眼的肉白色。有些士大夫强忍腹痛跑到了大江边，解带大泻一气，他年犹觉下腹畅快，想象孔夫子在陈、蔡吃草根拉肚子。那一天，有些人狂拉稀，拉脏了赴宴才穿的新衣裳……史料称，苏东坡黄州造酒，客人们“暴下”。他不死心，还要造。

东坡本人喝得不少，暴下再暴下，却向外大喊：“快熬黄连汤，黄连汤！”

刘贡父止泻后戏曰：“东坡蜜酒甜，子瞻黄连苦。”

秦少游闻之，叹曰：“呵呵，这就是生活。”

苏轼《饮酒说》：“予虽饮酒不多，然而日欲把盏为乐，殆不可一日无此君。为酿既少，官酤又恶而贵，遂不免闭户自酝……则苦硬不可向口……”蜜酒倒是甜软，却闹了一场笑话。

“我欲醉眠芳草”

元丰五年，苏东坡在黄州佳作连连，趣事多多。而佳作常与趣事相连。人兴奋，有好诗。尼采说得好：“艺术是生命的兴奋剂。”这种生命兴奋却不消耗能源……

有一天苏轼骑马出走，不知野到哪儿去了。半夜不见归来，家里人个个着急。马梦得通知了古耕道，古耕道敲醒了几户本地人。大家分头去找，方圆二十里找了个遍，不见东坡的影子。于是慌了，唤起更多的人进山寻找。闰之夫人走一路颠几回，开骂了：“子瞻你这该死的哟，你藏在哪个旮旮角角哦，害我找一夜哦，该死的苏子瞻你快点出来哦，菩萨保佑哦，佛爷爷的佛光照一照哦。”

蜀中的妇人们，通常是这么爱且骂的。

佛光看不见，月光照群山。天快亮时，有人在一座桥边发现了一匹马，惊呼：“这不是东坡先生的坐骑吗？不好啦，马在人没啦！”

他这一喊，几个后生跳下河找去了。闰之夫人未到河边，已顿足嚎啕……

长头儿苏迨、圆头儿苏过冲上了小石桥，忽见桥中间有个人影欠起身，先是吓一跳，随后惊喜，欢叫。树上的布谷鸟儿叫得更欢。人们涌到桥上，那个颀长身影伸个懒腰。看上去睡舒服了，像神仙一般。桥柱上赫然有一首词。马梦得大叫：“绝妙好词！”

苏轼名篇《西江月》：“照野弥弥浅浪，横空隐隐层霄。障泥未解玉骢骄，我欲醉眠芳草。可惜一溪风月，莫教踏碎琼瑶。解鞍欹枕绿杨桥，杜宇一声春晓。”

《西江月》小序：“顷在黄州，春夜行蕲水中，过酒家饮，酒醉，乘月至一溪桥上，解鞍，曲肱醉卧少休。及觉已晓，乱山攒拥，流水铿然，疑非尘世也，书此语桥柱上。”

绿杨桥，在今湖北浠水县东。坡仙的称号始于这座桥。

苏东坡信马由缰，山道中独行，小酒店喝醉了，也不投宿，任凭马蹄胡乱转悠。深山里一人一骑，就不怕山贼剪径、虎狼扑来么？可见那个叫蕲水的地方比较安全。人是彻底放松了，酒神、睡神、美神，携手来造访他的躯体和灵魂。

酒鬼们幕天席地。苏东坡春夜酣睡绿杨桥。

萨特尝言，巴黎街头的酒鬼们的生活质量，超过爱丽舍宫的法国总统。

普希金赞美吉卜赛人到处流浪：“由于贫穷而得到保障的野性自由。”

诠释自由一词，词条成百上千，唯有这位俄罗斯头号诗人将贫穷与自由挂钩。

“夜饮东坡醒复醉”

酒神美神双双找上门，拿走了苏东坡的魂。一〇八二年，美神频频光临黄州雪堂。大雪中破土动工是个好兆头。冬、春、夏，佳作有如长江水，一浪追一浪。东坡麦田有吃的，雪堂草屋有住的，这是诗意栖居的物质基础。然而无数人有吃有住，有些人物质基础雄厚，美神并不来光顾。苏东坡居黄州草堂，犹如杜甫居成都草堂，美神来了就不想走。

苏东坡一落鼠须笔，垄断了千百年的黄州。此前有徐州、密州、杭州、眉州……

海德格尔：“我们要倾听诗人的言说。语言是存在的家，犹如云是天上的云。”

灵感是什么？灵感是一团滚动的火焰。灵感纷至沓来，肉身承受不住。

元丰五年的苏东坡到处跑，仿佛美神拿着温柔的鞭子轻轻抽他。

雪堂里待不住，人在四面八方。中年恰似少年郎，天上都是脚板印啊，天天玩到黑摸门，天天出去找朋友。邻近的州县，留下坡仙的仙踪。马蹄的半径也是心理半径，这个真好。

何以称好？人类中的绝大多数做不到。

《品中国文人·圣贤传》：“一方春水池塘，大于五湖四海。”

过桥不同俗，隔山不同音。唐宋诗人们，端赖此而彪炳全球。

西方人真应该学一学汉语言艺术，盖因唐诗宋词几乎不可译。

苏东坡不做官浑身是闲，今天畅饮潘丙家，明天留醉古耕道的宅子，后天又棹小舟去了岐亭，与陈季常谈佛论道累日，边谈边吃鸡和鸭。做个居士真好，可以酒足肉饱。

这一天，苏东坡又把自己弄丢了，不知饮于谁家，醉了又醉。可怜的小酒量，偏又在酒桌上不肯服输，“饮少辄醉”，却不妨一日三醉五醉。喝到半夜三更，还好，还记得回家的路。酒徒兼诗人一路上走得歪歪扭扭，月下画着几何图形，胡乱哼着家乡小调。

归向何处？归向临皋亭。大约他敲过雪堂的门，敲不开。

苏轼名篇《临江仙》：“夜饮东坡醒复醉，归来仿佛三更。家童鼻息已雷鸣，敲门都不应，倚杖听江声。长恨此身非我有，何时忘却营营？夜阑风静縠纹平，小舟从此逝，江海寄余生。”縠纹：细浪。

这首词第二天就传开了，太守徐大受吓得不轻，“以为州失罪人”，那可吃罪不起。

宋人叶梦得《避暑录话》：“翌日喧传子瞻夜作此词，挂冠服江边，拏舟长啸去矣。”

苏东坡想跑，逍遥于江海，想想而已，江边站了很久，也许不忍心叫醒家童。

徐大受“急命驾往遏，则子瞻鼻鼾如雷”。命驾：命车夫驾车。往遏：去阻止苏轼逃跑。

苏东坡的尺牍，证明他的兴奋

元丰五年正月初二，苏轼致陈季常：“何日果可入城？昨日得公择书，过上元乃行，计月末间到此。公亦以此时来，如何？如何？窃计上元起造，尚未毕工。轼亦自不出，无缘奉陪夜游也。”雪堂动工的时间是正月十五，上元节，也即元宵节。苏轼希望陈季常与李常月底同时来，夜游黄州。自从来到黄州后，苏东坡成了夜游神。

二月，再致陈季常：“柴炭已领，感怍！感怍！东坡昨日立木，殊眈眈也。”罪臣可以到官府领柴炭。眈眈：目如射电。

季常的行期推迟了，雪堂的五间草房也未竣工。官府发放柴炭，苏轼表示感激，《苏轼年谱》用了两个惊叹号。临皋亭是官舍，而雪堂是苏轼自己的家，立木之时，他双目炯炯。

苏轼《雪堂记》有云：“筑而垣之，作堂焉，号其正曰雪堂。堂以大雪中为之，因绘雪于四壁之间，无容隙也。起居偃仰，环顾睥睨，无非雪者，苏子居之，真得其所居者也。”

苏轼致光州太守曹九章：“明日成行否？不克诣违，千万保重！保重！新酒两壶，辄拜上，不罪浼渎。不一！不一！轼再拜主簿曹君亲家阁下。”新酒是什么酒呢？

一封短信，四个惊叹号。曹九章是苏辙的儿女亲家，李常做的媒。光州与黄州相邻。

苏轼《答秦太虚书》：“所居对岸武昌，山水佳绝，有蜀人王生在邑中。往往为风涛所隔，不能即归，则王生能为杀鸡炊黍，至数日不厌。又有潘生者，作酒店樊口，棹小舟径至店下，村酒亦自醇酽，柑橘椑柿极多。大芋长尺余，不减蜀中。外县斗米二十，有水路可至。羊肉如北方，猪牛獐鹿如土，鱼蟹不论钱。岐亭酒监胡定之，载万卷书随行，喜借人看。黄州曹官数人，皆家善庖厨，喜作会。太虚视此数事，吾事岂不济矣乎！欲与太虚言者无穷，但纸尽耳。展读到此，想见掀髯一笑矣……夜中微被酒，书不成字。不罪！不罪！轼再拜！”

又是几个惊叹号。

黄州什么都有，山川风物，江湖人物，汴京是没有的。肉食果蔬充足，一斗米才二十钱，类似唐朝开元年间的米价。更令人欣慰的是当地人情，却并非单单冲着苏轼来的。古道热肠，古已有之焉。人情好，喝水都甜。东坡居士喝卯酒，喝夜酒。老师给弟子回信，称再拜，可见交游之平等。这封信，若是换成白话文来写，文字量会增一倍，而意蕴减半也。

宋人尺牍，美文甚多。

苏东坡的书信贴近日常情景，信笔写来，字字精当，句句见真性情。

深描苏东坡，一定要深入他的处境与心境。

两首奇怪的传世佳作

元丰五年春，苏轼写《寒食诗》，其一：“我自来黄州，已过三寒食。年年欲惜春，春去不容惜。今年又苦雨，两月秋萧瑟。卧闻海棠花，泥污燕脂雪。暗中偷负去，夜半真有力。何殊病少年，病起头已白。”

第二首更凄凉：“春江夜入户，雨势来不已。小屋如渔舟，蒙蒙水云里。空庖煮寒菜，破灶烧湿苇。那知是寒食，但见乌衔纸。君门深九重，坟墓在万里。也拟哭途穷，死灰吹不起。”

清明、寒食，连下了几天雨，雨势不小，苏轼情绪低落。空庖，寒菜，破灶，湿苇，乌衔纸，真是满纸辛酸。雪堂建成不久，何以言破灶空庖湿苇？苏轼的情绪回到了元丰三年，一场寒食雨，让他心情不好。大风大浪走过来了，一场雨却经不起。为什么？想到君门在九重宫阙，亲人们的坟墓在万里之外。

“今年又苦雨”云云，是说前两个寒食节，也是梅雨下不完。苏轼对寒食已有心理障碍。平生志向，是为国家做一点事情，对百姓有一些担当。志向落空了，平生最大的发力点被权势封杀。这一年，苏东坡四十七岁。退隐江湖的念头萌生了。

强大者心不甘，逢淫雨发哀声。这一位志在庙堂的强大者却并不知道，他已经有了另一个发力方向。人的丰富性正在他的生命中展开，审美的符号、艺术的自足正在他的笔底生成。

庙堂太复杂了，官场太诡异了，力与力互相抵消，人与人死打烂缠。如果苏轼在元丰五年复起，重新做官而告别江湖，告别广袤的大地，告别质朴的人群，那么，强大者才真正走了下坡路。艺术的自足，文学的自律，生活的自主，尚在苏东坡的意识之外。换言之，他还不知道自己正在成为另一种强大者，不知道自己正在向未来千百年发力。

《定风波》

这个词牌有意思。人有定力，风波就不算风波。

雪堂下了连日雨，苏东坡自伤自怜。他书写《寒食帖》，潇洒笔意冲淡了心中寒意。据《年谱》，仅仅过了两天，他去沙湖看田，途中遇骤雨，同行的几个人皆狼狈，唯独苏东坡不要雨具还走得昂扬，还有些显摆。意志力起来了，下雨算什么？

人是顶着压力才有意志可言。

“莫听穿林打叶声，何妨吟啸且徐行。竹杖芒鞋轻胜马，谁怕？一蓑烟雨任平生。”

苏东坡想要不怕谁？或者说他怕过谁，现在仍然怕谁，谁在他心里留下挥之不去的阴影？怕官场吗？他又希望重新获得一顶乌纱帽？此间，他让长子苏迈去汴京谋个县尉一类的小官。一家人都与仕宦相连。

“料峭春风吹酒醒，山头斜照却相迎。回首向来萧瑟处，归去，也无风雨也无晴。”

人在雨天晴天的边缘上，方能够出此语。走向官场与背向官场，产生了张力区。苏东坡宣称无风雨，却写下风雨这个词。摆脱不了的东西，恐怕一辈子要来纠缠他。

“也无风雨也无晴”，东坡居士向往而已。这一向往形诸词语，带动后世。

“门前流水尚能西”

元丰五年，苏东坡栖身于强对流张力区，佳作有井喷之势。而古今学者未能有这个层面的阐释。恰好他处于受力点上，受力的位置稍有偏移，都难以形成艺术之井喷。

重复一句：苏东坡本人并不自知。这个不自知却非常重要。

所谓生命冲动百万年，动物由一种看的冲动，千秋万代绵延下去，朦朦胧胧而发力精准，终于获得了视觉器官。百万年的生命冲动，唯有上帝才能测量。顺便提一句，人类永远是进化或退化中的人类，不可能具备终极理解力。人类要懂得：人在宇宙中永远微不足道。

苏东坡寒食节苦雨，沙湖看田笑傲风雨，回雪堂，臂疼，左手肿。

这是苏东坡的老毛病，大约是风湿。《年谱》：“往麻桥庞安时家治疗，留数日。安时尝求书字，书之。”

归途中过蕲水，苏轼赋《浣溪沙》：“山下兰芽短浸溪，松间沙路净无泥，萧萧暮雨子规啼。谁道人生无再少？门前流水尚能西。休将白发唱黄鸡。”

苏轼记云：“元丰五年三月，偶以事至蕲水。”文化的好处，是能让人有意识地倒着活，五十岁活向四十岁。蕲水有一座清泉寺，苏子云：“寺在蕲水郭门外二里许，有王逸少洗笔泉，水极甘，下临兰溪，溪水西流……是日极饮而归。”王羲之字逸少。蕲水的兰溪映照绍兴的兰亭。兰溪水倒流，人要倒着活，极饮，饮出个境界来，浑身细胞舒展，向善向学向美，向自然向人事，低沸点的欣悦无处不在。

庄子八十岁、老子一百岁，不是照样欣欣向荣吗？这是个大养生概念，精神之格局引领身体。人是什么？人是能在：向可能性存在。

“自然所赋予的身体的潜能，文明所赋予的精神的潜能，今之国人，深思才好。”

参见拙作《品中国文人·圣贤传》之孔子篇。

《眉州远景楼记》

“吾乡之俗，有近古者三……”

这一篇著名的文章，开篇就说近古。古代好，乃是宋代士大夫的共识，显现了历史自信力。王安石甚至不把唐太宗放在眼里，他追慕的是夏商周三代。

眉州太守黎希声在眉山县城建了一座远景楼，请苏轼写文章。故乡好啊，说不尽道不完的亲切。眉山的山水，眉山的风俗，眉山的菜肴，眉山城的五亩园，亲人们的墓园……苏东坡远离故土，屈指十五年。能否归去是个未知数。

宋代的眉州辖四县，州治在眉山。青神县是王弗、王闰之的故乡。

怀乡，乃是无休止的惆怅与疼痛。唐宋多有好诗。

苏轼写道："吾家蜀江上，江水碧如蓝。"

"每逢蜀叟谈终日，便觉峨眉翠扫空。"

"瓦屋寒堆春后雪，峨眉翠扫雨余天。"

都是佳句。

《眉山远景楼记》："其士大夫贵经术而重氏族，其民尊吏而畏法，其农夫合耦以相助，盖有三代、汉唐之遗风。"

《年谱》："《宋苏东坡大楷眉山远景楼记》末云：'元丰五年四月廿八日。东坡居士苏轼撰，并书于侨居之雪堂'。"

临皋亭下十步，便是大江，江中一半是峨眉山的雪水。雪堂一间屋子的墙上，苏轼用大楷写下近千字的《眉山远景楼记》，想见其浓墨深情矣。"何必归乡哉"，强大者奈何奈何。

《前赤壁赋》与仙

道士杨世昌是绵州人，李白的同乡。这道士有个怪癖，喜欢“泥行雨宿”，走泥巴路能走五六十里，放着驿站不去，偏要风餐露宿，“汲山川之灵气。”他像李白一样在树上睡大觉，在悬崖峭壁唱歌，豺狼犹疑不敢靠近。他有剑。洞箫是他的一绝，据说能吓退山中野狼。

七月十六日夜，东坡居士约杨道士等人泛舟于赤壁，用临皋亭下的那艘精致“船房”。

“壬戌之秋，七月既望，苏子与客泛舟于赤壁之下……少焉，月出于东山之上，徘徊于斗牛之间，白露横江，水光接天。纵一苇之所如，凌万顷之茫然。”

长江比岷江宽阔得多，直线十余里。苏子泛舟于江中，思接万顷却茫然。或者说，万顷进入思绪，只能叫人茫然。人类的渺小前来照面了。宋人画山水，山高水阔，人小到几乎看不见。《前赤壁赋》，人的渺小得以充分表达。何以克服渺小？“羽化而登仙。”

“寄蜉蝣于天地，渺沧海之一粟。哀吾生之须臾，羡长江之无穷。挟飞仙以遨游，抱明月而长终！”渺小者与短暂者，乃是长江上的苏东坡。这一点，叫做主题。

可是月夜泛舟真舒服啊，月亮是一位女神啊。茫茫江面，无风三尺浪，“水枕能令山俯仰，风船解与月徘徊。”苏子仿佛躺在波浪间，喝酒，听箫，唱歌，笑谈。“于是饮酒乐甚，扣舷而歌之。歌曰：‘桂棹兮兰桨，击空明兮溯流光。渺渺兮余怀，望美人兮天一方。’”

这是神仙过的日子。人与自然浑然一体，月亮在怀抱里。皇帝能过这样的好日子吗？

试问何谓好日子？庄子式的逍遥游。美人在何处？美人在雪堂，美人在船房。

赋体散文，《前赤壁赋》是巅峰之作。请看它的结尾：“杯盘狼藉，相与枕藉乎舟中，不知东方之既白。”

绿杨桥上睡，杜宇声声唤醒他。月夜波中眠，不知太阴转太阳。

《念奴娇》与娇娃

《赤壁赋》一挥而就，被徐大受拿走。闰之夫人不高兴，这徐君猷（大受）不够意思，当时匆匆见一面就躲起来了，躲苏轼一年多，如今三天两头朝雪堂跑，拿走不少新墨宝。哼，东坡墨宝，皇帝老儿都想要！徐大受你凭啥子？跑雪堂跑得腿儿颠，你不图锅巴不贴灶！

王闰之的弟弟王箴，人称王十六的，从眉州青神县千里迢迢来黄州，想要那幅笔势酣畅的《赤壁赋》，未能如愿。

王十六抱怨：“姐啊，弟弟没捞着。”

闰之夫人许愿：“这回没捞着，下回姐姐替你捞！”

王十六问：“姐啊，听说你在湖州船上放火，烧了姐夫的好多字画文稿……”

闰之夫人怒曰："滚一边去，灶头上烧火做饭，剥葱捣蒜。"

长头儿苏迨在屋檐下点评："这叫哪壶不开提哪壶。"

闰之夫人发毛了："你也滚，滚冬瓜，替你爹泡茶去，用那把旧提梁壶。"

王朝云赶紧过来说："我来吧。"

正室夫人气呼呼的，抱孙子去了。

苏轼正在写另一本大书《书传》，书指《尚书》。案几上还有《中庸论》。王朝云穿蓝小袖，脚上一双绣花鞋，进出书房脚步声小。她给子瞻换一盏新茶，提着铜制的"东坡提梁壶"。

苏东坡贬黄州有四大发明，提梁壶是其中之一。

闰之夫人走过子瞻的书房，听得子瞻在窗内说："中庸的前提却是洞察两个极端，汉唐腐儒酸儒，哪里懂得两端，一味中庸，道远也。"

王朝云边吹茶沫边应声："道不远人啊！"

王子霞想要匡正苏子瞻……

苏东坡品香茶，美滋滋说："呵呵，盗亦有道。"

王朝云启齿一笑："盗跖也是一个有情有义的人啊！"

闰之夫人驻足听，心想他们说些啥呢？这一句又一句的。

元丰五年，钱塘王朝云二十岁，进苏家八年。"敏而好义"，这个敏字须掂量。

苏东坡每日命笔，三五个时辰不等，搁笔时，要出去走走，上东坡或是下江岸。这一天是七月十九日的下午，苏子瞻与王子霞照例出雪堂散步，信步去了赤壁。闰之夫人在他们身后用眉山话喊："早点回来吃夜饭哦，天黑要下雷阵雨哦……"

江边风大，天空中乌云乱飞，江上的大小船只鼓满了风帆。

苏东坡“若有思而所无思”，王朝云欲启齿而无言。先生这般情态，朝云最是知晓。江风劲吹蓝小袖，“皓腕凝霜雪”，朱唇一箸红，是筷子头轻点的胭脂。

秦少游尝言：“知子瞻者，第一是子霞，第二是子由，第三是梦得。”

所以二人饭后要在江边散步，人很放松，思绪松散，忽然凝聚。艺术家懂这个。有些好东西可遇而不可求。不用力，力自来。

苏东坡在长江边赤壁下的出神之思，思接历史风云，极目浮于大江上的若干个小白点，倾听扑向赤壁的一层层巨浪。少顷，波澜奔来方寸间。苏东坡原地摇晃又稳住身形。历史的推力吗？“大江东去，浪淘尽，千古风流人物。故垒西边，人道是，三国周郎赤壁。”

“乱石穿空，惊涛拍岸，卷起千堆雪。江山如画，一时多少豪杰。”

诗人的灵感，忽如长江水奔腾不息。子瞻脱口而出的，子霞默默记下。但凡有她在，哪用鼠须笔？这默契，更不是一朝一夕能有的。“遥想公瑾当年、小乔初嫁了，雄姿英发……”

须臾之间，王朝云记牢了新词《念奴娇·赤壁怀古》，才启齿问：“先生，赤壁大战时，小乔嫁周郎已经九年，这初嫁二字妥否？”

苏东坡拍拍脑袋瓜：“哦，我记错了……可不可以将错就错？”

王朝云启齿一笑：“先生今日之错，不过是小错。”

苏东坡挠头再问：“我几时有大错？”

王朝云说：“昔日先生考进士，还杜撰圣人故事呢，‘皋陶曰杀之三，尧曰宥之三。’”

苏东坡点头曰：“大错尚且错得正确，遑论今日之小错！”

这一天的江边雨也是奇怪，酝酿到傍晚时分，头顶上大块大块的乌云翻滚多时，不见一滴阵雨，却如同金戈铁马古战场，如同长江上的战舰往来奔突。天边更有迅速移动的火烧云，烧战舰千艘，吞雄兵百万。人间好词天助否?

下雷雨了，起大风了。蓝小袖王朝云迎风俏立，口诵《香山集》的句子：“天意君须会，人间要好诗！”

而在雪堂那边，抱着几把雨伞的闰之夫人朝这边奔来。

舒婷：“风扬起纷飞的长发，我是你骤雨中的百合花。”

《后赤壁赋》与酒

萨特名言：“严谨的工作之外，生活应该是一连串的赏心乐事。”

元丰五年，苏东坡的赏心乐事多。十月十五日，他再游赤壁，先找好酒，几间屋子找了半天。游兴高时须美酒，却只有自家酿的蜜酒。这酒甜得不像酒，喝了还容易拉肚子。

杨世昌与马梦得去临皋亭下弄船去了，苏轼忙着找酒，一面望东山，十五的月亮升起的样子最好看了，有山有树有嫦娥，有吴刚捧出桂花酒。闰之夫人立在薄暮中，抿了嘴儿笑。

苏轼嘟哝：“本来雪堂义樽还有残酒，十六弟一气喝光了。今夜泛舟，喝江水罢了！”

长头儿瞅着爹爹笑。老爹赌气的样子好可笑哦，长头儿绕着柱子笑……

闰之夫人解释："我叫弟弟喝的，免得你贪酒上火。"

苏轼抱怨："你明明晓得我约了客人夜游赤壁。"

夫人偏了头，笑问："那又怎么样呢？"

苏轼有点冒火，忍忍也就罢了。夫妻二十年如何不忍？回头去看月亮，担心它冒出来。丫头拾翠却在一扇门前笑。这鬼丫头！苏轼冲着鬼丫头说："快帮我找找啊！"

拾翠偏不动，暮色中像个含笑的木头人。少顷，闰之夫人变戏法式地拿出两瓶鹿胎酒，驸马王诜送的。苏东坡大喜过望，亲了亲夫人的脸。夫人被他亲个冷不防，噘嘴嗔怪夫君："老夫老妻的，你整啥子哟……拾翠丫头想说啥又没有说。长头儿在柱子后头探头。"

苏东坡抱着两瓶好酒，冲向临皋亭。暮色尚未四合，三个男人已在江中。另有一妇人在船舱里备佳肴斟美酒，不是王闰之是谁？

《后赤壁赋》："江流有声，断岸千尺，山高月小，水落石出。"两个成语诞生在这个晚上。夜色中，苏东坡一人爬上陡而高的赤壁，抓紧树藤摆荡，长身子荡入了徐公洞，手脚利索如灵猴，"二客不能从焉。"赤壁断岸有千尺吗？这是一个问题，但不是一个学术问题。庐山瀑布有三千尺吗？白发有三千丈吗？轻舟过了万重山吗？燕山雪花大如席吗？

诗人亢奋，读者兴奋，如此而已。不妨重温尼采："艺术是生命的兴奋剂。"

王十六拿走了东坡醉墨《念奴娇·赤壁怀古》

苏东坡半醉，写了“大江东去”，甚得意。此后书写总不及。王羲之《兰亭序》也是这种情形，好书法偶然得。《年谱》云：“《东坡赤壁》谓坡仙亭石刻有此词，草书，书后有款识：‘久不作草书，适乘醉走笔，觉酒气拂拂，似指端出也。东坡醉笔。’”

苏轼一般写行书。这一幅《念奴娇·赤壁怀古》是唯一流传下来的东坡草书，原作由王十六拿去，妥善保存下来。后来若干年，王十六为生计，在汴京和杭州卖了不少东坡字画。

王闰之叮嘱弟弟：“十六啊，你得了你姐夫的宝贝，千万不要弄丢了啊。”

王十六拍胸脯：“姐呀，弟弟识得好货，姐夫的这幅字，我压在箱子底下。”

苏过要看父亲的得意之作，舅舅王十六说：“犹子啊，你已经看过两回了。”

宋代人称侄子为犹子。未满十岁的苏过，一见书画眼睛就亮。平时苏过也贪玩，但只要父亲作画，他就不走开。外地画工们寄来的丹青，他嚷嚷着要先看……苏过看字的时候，手指头不停地比划。夜里，点灯再看，向空中再比划。

他妈妈说：“一幅字你都看几天了，看几百遍了，又不是看戏——看戏都看腻了。”

王十六纠正姐姐：“姐啊，你不懂，那个米元章，绰号米颠的，看一幅字画要看三天三夜。”

闰之夫人承认：“姐是不懂。姐认得书，书认不得姐啊。”

王十六笑："姐啊，难怪你要烧书。姐夫写书出了名，我姐放火烧书，传遍东京西京南京……"

夫人呵斥："闭嘴，滚回你的屋子去，洗洗睡！"

王十六说："等犹子看完了《念奴娇·大江东去》，我就回去。"

苏过抬起头来："舅舅，我还想看。"

王十六说："慢慢看，舅舅等。"

苏过笑了："万一我看到天亮呢？"

王十六说："那你就是苏颠。"

"皓齿蛾眉，命曰伐性之斧"

栖霞楼是黄州最有名的一座楼，据说始建于中唐，临大江，观远山，仰流云。太守徐大受几番设宴于栖霞楼，款待苏东坡，似乎有赔不是的意思。他有四房姬妾，称侍人，二侍人叫做王胜之，原是官家的富贵女儿，家败，做了歌儿舞女。"掌上身轻意态妍"，二侍人生一副风流骨相，巧笑，恃宠，颇善于争风泼醋。她还牙尖舌怪，挑弄家庭是非，让徐大受不好受，夜累身子昼累心。大受硬撑，认为自己是在享受，"老大逢欢，昏眼犹能仔细看。"

苏东坡戏谑："大受，看你这名字起得哦，五房四妾轮番进攻，偏叫你大受。你弟弟叫大正，改邪归正，正了根本，六十多岁体健如牛。"

徐大受哀叹："唉，我是一年不如一年了，只怕不久于人世。"

苏东坡委婉劝曰："现在收敛还来得及，毕竟性命要紧。"

徐大受翻眼皮举例子："那个张先老儿活了九十岁啊，他一生风流，生前是你好朋友！"

苏东坡摇头曰："杭州张子野养生有术，游戏裙衩罢了。"

徐大受愁眉苦脸："子瞻啊，我也想'笙歌丛里抽身出'，奈何抽不出啊。"

王胜之才十七岁，脂粉堆中弄权，压倒大侍人幺侍人，团结三侍人妩卿。她赖着苏东坡填词给她唱，东坡只好提笔，《西江月》有云："龙焙今年绝品，谷帘自古珍泉。雪芽双井散神仙……人间谁敢更争艳？斗取红窗粉面。"散神仙：醉茶貌，松散如神仙。红窗粉面是斗艳斗出来的。《西江月》小序："送建溪双井茶、庐山谷帘泉与胜之。胜之，徐君猷家后房，甚丽，自叙本贵种也。"

陆羽《茶经》，列天下佳泉二十种，谷帘泉第一。好茶好水，送了王胜之。

东坡居士又有一首《减字木兰花》，称王胜之"海里猴儿奴子是"。海里猴儿是江南土语，犹言活泼好孩儿。殊不料这好孩儿越发来劲了，笑指苏东坡：海里猴儿主子是！

海里猴儿往徐大受身上猴，娇滴滴说："今日良辰美景，胜之加班啊。"

大受愁眉苦脸。苏东坡走开了。王胜之冲着他的背影喊："那个王朝云，敢不敢来与我斗双井茶？我王胜之胜之，胜之！"

仅仅几个月以后，黄州太守徐大受卒。一次感冒人就走了，油尽灯枯。

未久，王胜之改适张方平的儿子、性格柔弱的张恕。苏轼闻之，叹息至泣下。哀太守，复为恩公的儿子担忧：“张恕弄不过那个刁钻小妖女王胜之。”

苏东坡在雪堂，手书一行大字：“皓齿蛾眉，命曰伐性之斧。”

马梦得叹息说：“唉，我倒是缺那把温柔斧头。哦哦哦，温柔斧头。”

大胡子秦少游视之良久，似有所悟。

子瞻，子霞，栖霞楼

四十年前，七岁的苏轼，在眉山听一个姓朱的九十岁老尼姑，讲她亲眼看见的花蕊夫人与蜀主孟昶的情事。当时的小男孩儿耳朵竖得高高，情色启蒙早。现在，四十年过去，犹不能释怀，写下名词《洞仙歌》：“冰肌玉骨，自清凉无汗，水殿风来暗香满。绣帘开，一点明月窥人，人未寝，倚枕钗横鬓乱……”

热恋中的苏东坡出此情色语，真不减柳永张先。

柳永：“闲拈针线伴伊坐。”

苏轼：“倚枕钗横鬓乱。”

接下来的情状是：“起来携素手，庭户无声，时见疏星渡河汉……”

这想象画面的细腻程度，不亚于白居易写《长恨歌》。

元丰五年的苏东坡，创作如此之丰，词赋如此出色，名篇、名帖、名画、名著、名尺牍一大堆，其中一大因素是热恋。可惜教科书不谈这个。但是，我想总有一天会加入注释与解读的。理解人性，最需深入。唐诗宋词背后，显而易见有个“红颜贡献率”的问题，这个问题不应该回避——学者们避之唯恐不及，形成所谓“集体潜意识”。

歌德：“永恒之女性，引领我们上升。”

钱锺书《宋诗选注·序》：“据唐宋两代的诗词看来，也许可以说，爱情，尤其是在封建礼教眼开眼闭的监视之下那种公然走私的爱情，从古体诗里差不多全部撤退到近体诗里，又从近体诗里大部分迁移到词里。”钱先生讲“开眼闭眼”，甚形象。

元丰五年，王朝云携同黄州佳山水，让苏东坡艺术受孕。

同一年，爱情使王朝云怀孕。

九百多年过去了，这种实事总得有人来讲。

春日携手登楼，夏日红裙过江。每一朵浪花都是情浪。

栖霞楼上王子霞，船房载酒苏子瞻。“一年好景君须记，最是橙黄橘绿时。”

《蝶恋花·春景》

“花褪残红青杏小，燕子飞时，绿水人家绕。”

语调很轻快。这是它的基调。苏东坡有大量婉约词，这一首，庶几称最佳。

“枝上柳绵吹又少，天涯何处无芳草。”后来，王朝云不辞万里跟随先生，到岭南的贬所惠州，唱《蝶恋花》，反复唱这两句，一唱双泪流。先前可不是这样。她喜欢唱全篇，可惜曲谱未能传下来。朝云总流泪，自伤身世也，此无疑焉。临终前她口诵《六如偈》……这两个现象要联系起来考查。顺便提一句，海德格尔再三强调：“文献史要变成问题史。”

词牌饶有趣味的《蝶恋花》写于何时？很可能写于元丰五、六年。

太轻快了，“墙内秋千墙外道，墙外行人，墙里佳人笑。笑渐不闻声惭悄，多情却被无情恼。”恋爱中的男人春三月到处游荡，隔墙听佳人荡秋千，听那一阵阵欢声笑语。

这春景里徜徉的男人嘴上说恼，笔调哪里是恼？

巅峰兴奋之时，却能敏感穷人

好作家是什么人？是自寻烦恼的人，是自找苦吃的人。

雪堂外面常见一些穷人，无家可归的光棍，打短工的农民，外地来的流浪汉。苏轼给他们饭吃。这些穷人并不伸手要，远远地站着，蹲着。严冬衣衫薄，身子不停地哆嗦。有个失去爹娘的小姑娘，从江对面的武昌过来，只因她听人讲，雪堂有好人。她来到黄州就不走了，雪堂前讨几口饭吃，然后，不知所踪。一日夜里，小女孩儿独自睡在梅花树下。那儿当江风，她小小的身子缩成了一团。问她，她说从小喜欢梅花，又听妈妈讲过，梅花不怕寒冷。

小姑娘说：“我和梅花守在一起，我就不冷了。这是我妈妈说的。”

王朝云一听就哭了。她也是个孤女啊。她拉着小姑娘进了她的房间。有邻居妇人来相劝，说黄州孤儿不少，收养不过来，再者，她有孕在身，万一流浪的小女孩有病呢？

闰之夫人也犹豫了。朝云一听，顿时变了脸色，切齿说道：“今日谁来劝都不行！”

进苏家十年，王朝云这是头一次当着夫人的面，不给人面子，间接驳了夫人的面子。

苏迈夫妇、以及苏迨和苏过都在场，默默看在眼里。

眉山有句老话：“屋檐水点点滴，点点滴滴在心头。”

人在做，人在看。

东坡居士一夜无眠。邻妇的话是有道理的，朝云的理由却也充足，不容半点商量。可是一拨又一拨的穷苦人闻雪堂之名而来，他苏轼应对不了。

半夜披衣起徘徊，这个从小受妈妈教导的男儿，这个佛祖的崇拜者，忍不住要探究：黄州鄂州光州，为何有那么多的光棍？而徐大受妻妾成群，几间华屋藏娇……

诗圣杜甫写道：“朱门酒肉臭，路有冻死骨。”

白居易写《卖炭翁》《上阳人》……

《苏轼年谱》：“念及舍外无薪米者，亦为之耿耿不寐。”

苏东坡一家的日子渐渐向好，他又处于艺术的巅峰兴奋期，却为穷人心情沉重。

睡不着。要想办法。一定要想办法！

古今中外文学艺术大师，都具有悲天悯人的大情怀。雨果写《悲惨世界》，投向穷人的目光无限深入，雨果把他的财产的三分之一送给穷苦人，去世后，这位法兰西伟人留下遗嘱：躺在穷人的板车上进入先贤祠墓地。托尔斯泰要把他的两万亩耕地、全世界的著作版权送给受剥削、受压迫者。契诃夫倾其所有，长年累月奔波，免费为数以万计的农民治病。梵·高坚决画底层的苦难生活。萨特、福柯为巴黎的穷工人奔走呼号……

除恶俗

风俗有良俗、恶俗之分。黄州有溺女婴的恶俗，一般平民小户，只能养二男一女，生多了，往往溺杀，尤其是女婴。苏东坡写信给对岸的朱寿昌："初生辄以冷水浸杀，其父母亦不忍，率常闭目背面，以手按之水盆中，咿嘤良久乃死。"

这恶俗，恐怕已有几百年了，人们习以为常。虎毒不食子，人被称为"性本善"，却干这种事。黄州历任太守，视溺婴为寻常，认为不值得大惊小怪。官吏"享国"，小民杀婴。杀了多少代了，亦不忍，却要一代代杀下去。有法律禁止，但管不了偏远之地。

古代男尊女卑，衍生各种各样的恶俗。针对恶俗，可以写几本书。

问题的症结在于：官员们太享受了。冗官，冗费，冗宗。国家财力又主要用于养兵。

熙宁、元丰年间，司马光在洛阳率先搞“三菜一汤”，十二个国家级政要每月聚会，用餐极简。这是为全国的官员作表率，力戒奢侈之风。但皇帝并不这么想。朝廷各部门“利孔百出”，争利打破头。官员都是利益链条上的官员，范仲淹式的人物只会越来越少。

长此以往，国将不国。历史有个循环怪圈。

目光长远的官员与纠缠眼皮子底下那点利益的官员，其斗争是长期的，有时水火不容，势不两立，你死我活。而后者占上风的情况在诸多朝代屡见不鲜。北宋后期，官风日坏，像蔡京这种人，在汴京扩建豪宅四十里，强拆民居一千多户。

优秀的士大夫们遵循孔子孟子，不言利，只言义，为什么？

逐利是动物本能，尚义是价值规范。

司马光、苏东坡这样的人，在元丰年间已是逆势而行。

朱寿昌是孝子，苏轼传书过江，合作的可能性大。他不曾考虑黄州长官徐大受。

苏轼在信中说：“但得初生数日不杀，后虽劝之使杀，亦不肯矣……若岁活得百个小儿，亦闲居一乐事也。吾虽贫，亦当出十千。”一万钱，是他一家几个月的生活费。

贬黄州无权无钱，苏东坡想方设法。

他倡导建育儿会，一年能救百余女婴。他牵头干起来了，朋友广，善款多，由“敏而好义”的王朝云负责日常，工作做得细，并且考虑长远。

黄州女婴终于不再遭溺杀。

雪中芹

元丰五年十二月十九日，苏东坡过生日，约了古耕道等人再游赤壁。胡仔《苕溪渔隐丛话》：“酒酣，笛声起于江上。”吹笛子的人叫李委，专为苏东坡生日献曲。

十月听箫，年底闻笛。苏轼《与范子丰书》：“李善吹笛，酒酣作数弄，风起水涌，大鱼皆出，山上有栖鹘，亦惊起，坐念孟德、公瑾如昨日耳。”

读书人在民间潇洒，幸福生活静悄悄。李生笑谈曹孟德周公瑾，如数家珍。

江湖很丰富。而苏东坡交游广阔，境界又高，兴趣又广，板眼儿（眉山土语，类似名堂）多得没法数。强大者之强大，毕显于大地之广袤。这叫实实在在活在天地之间。

元丰六年正月，黄州好大雪。苏东坡携王朝云踏雪寻梅，陪有孕在身的朝云走走。大雪兆丰年呐，一望无际的“雪被子”为庄稼御寒。麦苗长势喜人，麦田旁边新种了茶树，“不令寸土闲，更乞茶子艺。”桑树三百棵，一望绿油油。黄州的蚕妇们见了，谁不夸东坡先生的种植术?

朝云说：“陶令有佳句，‘桑麻日已长，我土日已广’啊！”

她的身孕还不显，不用先生搀扶。三尺宽的水沟，一步就过去了。雪里红颜，青春活泼。

茫茫雪野中，苏东坡发现了一寸长的芹芽，口占一首小诗：“泥芹有宿根，一寸嗟独在。雪芹何时动？春鸠行可脍。”

曹雪芹的雪芹二字，就取自这首诗。《红楼梦》中，贾宝玉赞美朝云。

曹雪芹又号芹圃、芹溪。雪芹先生与东坡居士，生存之向度一焉，傲世之风骨一焉。

林黛玉菊花诗：“一从陶令评章后，千古高风说到今。”

人格的高度通常是阻力的产物，海棠，梅花，修竹，雪芹，都是苏轼自况。

千古高风，却不失人间烟火，春鸠烩芹菜是蜀中的一道菜，三月斑鸠肥，野地多弹弓。斑鸠俗名“咕嘟咕”，喜单飞，栖矮树，三只斑鸠两根芹菜就可以炒一盘，下酒相当舒服。

朝云说：“鸟儿多可爱啊！”

东坡解释：“春夏鸟多了，吃庄稼。”

雪地里，二人深一脚浅一脚地走着。走出很远了，苏东坡回望那一寸雪中芹。

为甚酥·错著水

黄州有个刘唐年，其妇善做饼，请苏轼去吃。苏轼吃了好几回，吃不够。闰之夫人说，刘家饼子倒像眉山西门口那家店子做的锅盔，又香又酥，十分可口。

东坡寻思道：“他家做点饼生意岂不好？”

夫人拍掌："好呀好呀，刘家饼子一定不愁卖。"

一日，东坡复去吃饼，边吃边夸饼好吃，形似眉山锅盔而略小，黄澄澄的又像一轮满月，色香味都有了，支个窗口卖，黄州人一传十，十传百。

刘唐年点头："饼是好饼，只缺个名字。乞东坡先生赐名才好。"

妇人曰："就叫刘家饼吧，黄州城有李家饼杨家饼。"

东坡不语，却问："吃过你家饼的人如何评价？"

妇人回答："也没咋个说，只爱问一句，你家饼子为什么那么酥。"

东坡笑道："有了，就叫为甚酥。"

官府中人刘唐年叫好，妇人问："我不大懂，为啥好呢？"

刘唐年摆出学者架势："你是妇道人家，难怪你不懂。刘家饼杨家饼有何区别？为甚酥三个字，抵得一万张饼矣，风雅之士掏钱买，贩夫走卒从之矣。"

妇人恍然大悟："哦！"

为甚酥卖起来了，只嫌窗口小。黄州读书人相顾曰："东坡居士起的名哦，咬一口酥半天！"

这叫概念消费。古代有分寸。

黄州又有个民间诗人潘大临，有佳句传世："满城风雨近重阳。"他有自家酿的私酒，不喝外酒。苏与潘，过从甚密。苏喝不惯他的酸家酿，调侃："莫作醋，错著水来否？"

潘大临笑曰："这款酒，以后就叫错著水。"

有一天，苏轼夫妇带了三子一孙去郊游，到刘唐年宅子附近，手书一柬，讨几张饼吃："野饮花间百物无，杖头惟挂一葫芦。已倾潘子错著水，更觅君家为甚酥。"

杖头挂了酒葫芦，馋嘴要啃为甚酥。

幽默却在不经意处。刘唐年几张为甚酥，换得苏子亲笔，大喜。

东坡肉

苏东坡年少时，在眉山西城墙搞野炊，摆野宴，状如野孩子，大吃焦皮猪肉。如今在雪堂摆夜龙门阵，说起当年弹弓射鸟，竹竿钓鱼，古城墙大快朵颐，孩子们个个听得流口水。

闰之夫人插话：“黄州猪儿满山跑，何不烹来尝尝？”

长头儿、圆头儿异口同声：“我要吃呀爹！”

苏轼笑问：“恁大口吃爹啊？”

小孙儿苏箪大张口，声称：“我要吃爷爷。”

苏迈抚摸儿子的头：“你哦，长大是个方脑壳。”

这孙儿冲着夜色喊：“我是方脑壳！”

拾翠笑道：“冬瓜南瓜木脑壳，咱家里都有了。”

月光下，王朝云摸了摸自己的肚子。

除了冬季，一家子要在雪堂外的花木间闲坐。梦得如兄弟，巢谷是家庭教师，潘丙、潘大临是常客。十几个大人小孩儿，龙门阵摆到天上地下，半夜不肯散去。邻居的孩子也来凑热闹……

这一类温馨场景，在二十世纪七八十年代的南北城乡，到处可见。繁星满天亲近人。

苏东坡说干就干，次日买了十斤五花肉，专与夫人商量，要烹出点新名堂。

打油名诗《猪肉颂》并东坡肉问世：“净洗铛，少著水，柴头罨烟焰不起。待他自熟莫催他，火候足时他自美。黄州好猪肉，价贱如泥土。贵者不肯吃，贫者不解煮。早晨起来打两碗，饱得自家君莫管。”

马梦得续上：“你也打两碗，我也打两碗，肥而不腻东坡肉，滋溜一声肚儿圆。”

后数年，苏东坡把这道美味带到杭州去了。

米颠千里拜东坡

米芾字元章，绰号米颠。唐朝的“草圣”张旭，人称张颠，他的标志性动作是“长头发搅墨缸”，用头发作大笔，百尺长壁恣意挥写，长安城万人围观。

汴京画家李公麟，借了一幅米芾珍藏的王献之真迹，玩赏大半年，赖着不想还。米芾急了，说：“你再不还我就跳江。”李公麟以为他开玩笑，他却真跳了，奈何不会水，淹得“阿不吃阿不吃”，眼看要秤砣落水，弄不好葬身鱼腹。幸好艄公手段高，一个蛙式栽下去，将米芾救起。米颠的绰号不胫而走。这襄阳小伙子才二十几岁，金陵见王安石，黄州见苏东坡，均长揖不拜。“皆不执弟子礼，特敬前辈而已。”

米元章却有“集古字”的烦恼，古帖吸附他。他的字，逃不出汉晋唐大书家们的魔力圈。现代文艺理论称为“影响的焦虑”。

米芾来黄州，与苏东坡在雪堂朝夕切磋。米芾首先是学问好，文章好，其次才是书法妙。这叫道在先，技在后。

米芾夜夜绕雪堂而徘徊，寻思破解集古字，手指头在夜色中不停地比画，屡揪自己的头发。他向东坡讨教，东坡戏之曰：“你既不拜师，何必来学艺。”

米芾叹曰：“我发过誓，平生独往独来，不拜任何人。”

东坡逗他：“我有好句，或可破除你的集古字，叫你写出自家风格来。”

米芾忙道：“先生教我。”

东坡笑道：“你诨号米颠，来黄州半个月了，未曾见你颠一回。”

米芾：“居士要我怎个颠法？”

东坡：“麦田生杂草，你去割完它。三天如何？”

米芾：“一天！”

小伙子更不打话，拿起镰刀上了东坡麦田，一看，心里有点打鼓：这杂草疯长田地，一天之内，如何能够放倒它们？这米颠甩开膀子大干，饿了狂啃为甚酥，渴了痛饮潘子酒。下雨了，这条七尺汉子几乎赤条条，泥巴里滚来滚去。杂草泡软了，更不好割。割到半夜，活脱脱泥人一个。马梦得要去帮他，苏子瞻止之曰：“梦得，你这是妇人之仁。”

天亮了，天也晴了，米元章伏在田埂上睡着了。江风吹他醒来，自打井水洗干净了，到回车院换了衣裳，朝雪堂那边走去。他回望五十亩东坡田，一根杂草都不见。

雪堂门前，却挂了一幅行草苏体字：“诗不求工字不奇，天真烂漫是吾师。”

米元章一蹦三尺高，大叫：“醍醐灌顶也！”

方山子

宋人善于生活在别处，异人奇人各地都有。苏东坡作《方山子传》：“方山子，光、黄间隐人也……庵居蔬食，不与世相闻。弃车马，毁冠服，徒步往来山中，人莫识也。见其所著帽，方，耸而高，曰：‘此岂古方山冠之遗像乎？’因谓之方山子。”

方山子不是别人，正是苏东坡平生至交陈慥（季常），又号龙丘居士。

陈季常本是富豪，在洛阳有园林豪宅，有万亩良田。他却不要荣华富贵，跑到岐亭山中过苦日子，“环堵萧然”，家徒四壁。这个方山子带着全家人待在穷乡僻壤，弃车马，毁冠服，睡板床，穿布衣，走远路买东西，来回两脚泥。妻子奴婢却并无怨言，“皆有自得之意。”

不是十年八年，而是几十年这么过下去。居陋室而不见其陋，乃得身心自由。苏轼贬黄州，才知道陈季常住在岐亭，看来这位方山子，并不打算把他的行踪告诉苏轼。

当年在凤翔，陈季常香车宝马妖姬，一把剑，一车酒，纵横百里，呼啸城市。大约三十二三岁，他摇身一变成了山方子，读书，谈禅，品茗，游冶，生活在妇孺和素心人中间，贫穷而逍遥，恰似五十年长居陋巷、与草根百工相善的庄子。

苏轼来了，陈季常先后七次到黄州。方山子并不故作隐士，“闲暇辄相思，相思则披衣”（陶渊明）。素心人是陶渊明造的词，“闻多素心人，乐与数晨夕。”

方山子靠什么过日子呢?《方山子传》没写。庄子卖草鞋度日，活了八十四岁。方山子的寿命也高于一般官员，活了八十几岁。

重温普希金名言：“由于贫穷而得保障的野性自由。”

苏轼记云：“余闻光、黄间多异人，往往阳狂诟污，不可得而见。方山子傥见之欤? ”苏东坡很想见那些异人。见不了，心向往之。这里显现了苏东坡的生存向度：逍遥于江湖。

秦少游《龙丘子真赞》:“惟龙丘子以大块为舆(车)，元气为驹，放意自娱，游行六区。世莫我疏，亦莫我亲。追配古者，葛天之民。”

差异性生存，异质性生活，漫长的古代不鲜见。人上一百，形形色色。

在人的面目日益趋同的当下，谁来写一部《异人传》呢?

法国哲学家福柯：“重要的是培养对差异的敏感。”

如果人人活得像他人，活成“无其人”，活得一饼沾（芝麻饼上的芝麻），意思就不大了。

“江边千树柳，落我酒杯中”

陈慥到黄州是步行，四五十里路，对他来说不值一提。值得一提的是不断后移的地平线，是“野水泛长澜”“无人柳自春”（李贺），毫无风景概念。风景是个大词，不具备原初性。

陶渊明：“平畴交远风，良苗亦怀新。”

旷野真好，植物的朦朦胧胧的欣悦，就是人的低沸点欣悦。

沸点是如此之低，一朵陌上小花也来亲近人。

龙丘居士到黄州去做什么？拜访东坡居士。东坡居士何许人也？反正不是那个头戴乌纱帽的官人。苏轼做大官十年，龙丘居士不联系。

长路上的感觉真舒服啊，走一回想二回。风更像风，雨更像雨，阳光更像阳光。笔者深有体会。

人有一种野地兴奋，而这种兴奋唯一的解释，是激活了人类祖先百万年的野性基因。古代多野地，多长路，所以多好诗，好画，好的音乐，好的建筑……生活方式的自主空间大。

陈季常不写诗不画画，听风，听雨，听流云，嗅阳光的气味，闻大地的呼吸。

季常回去，东坡又送他。坐船，顺风顺水，“风正一帆悬”。船中的苏东坡饮酒赋诗：“送君四十里，只使一帆风。江边千树柳，落我酒杯中。”

苏东坡从歧亭返回黄州，野地独行五十里。居士而兼艺术家，感觉又不同。不看风景不写诗，却与季常同。他前后走了三次，一百五十里长路。

河东狮吼

青年陈季常是剑客，侠士，酒徒和登徒子，现在四十多岁，跟老婆之间形成了一种微妙平衡。让老婆安贫乐道，估计他是下了一番功夫的。一家子似乎主动远离富贵生活，这个颇不易。光州，黄州，这类人还比较多，有利于“价值观抱团”。异人之间当有往来。

老婆是有怨气的，居士是有愧疚的。

老婆吼，居士抖。老婆吼出了她的路数，居士养成了挨骂的习惯。哪天不挨“头子”（话打头，蜀人谓之头子），反而感觉缺了一点什么。陈季常一向是迎着头子上的，眉州俗话说得好：“头子一来，脑壳一埋。”

老婆从一根葱子开骂，从半碗馊豆腐开骂，叉腰挽袖骂得痛痛快快，有时她坐下来骂，边骂边梳一头秀发。骂得兴起，骂出了节奏感，忽然原地蹦三尺，屁股能把凳子甩上墙。

骂归骂，却不改丈夫定下的生活大方向。

有一回她问苏东坡：“你老婆骂你么？”

不等苏轼回答，她又追来一句：“你老婆跳起来骂，还放火烧你写的书！”

东坡居士只能无语。

东坡到岐亭访问季常，并不受她欢迎。自从东坡贬黄州，丈夫的脚明显变野了，去黄州，动不动就十天半月。她恨不得拿扁担打歪陈季常的脚，打得他走不远。

元丰六年春，苏东坡又来了。

陈季常的儿子通报情况，说：“先生，你也要准备挨头子。”

苏轼笑道：“有那么夸张么？”

两个居士面对面趺坐，开始谈论佛与空，道与静，有与无，实与虚，阴与阳，生与灭。“玄之又玄，众妙之门。”这扇玄门一旦敲开了几条缝，五蕴六根俱在，大千世界蜂拥。

从早晨说到黄昏，说到半夜。门内谈兴浓，门外狮子吼。

苏东坡戏曰：“龙丘居士亦可怜，谈空说有夜不眠。忽闻河东狮子吼，拄杖落手心茫然。”

河东狮吼，从此成典故，编入成语词典。

后来，陈季常说：“那天我老婆隔山打牛，指桑骂槐，倒把她自己骂成了著名女人。”

南堂

淮南转运副使蔡承禧，到黄州来看望苏东坡，觉得雪堂草房简陋，不便接待四方高朋，于是，特于水驿高地为东坡建了几间瓦房，名曰“南堂”。

苏东坡即兴赋诗：“更有南堂堪著客，不忧门外故人车。”

有了大瓦房，当然也有停车场。

“故作明窗书小字，更开幽室养丹砂。”

苏轼眼睛不好，久不作小楷。如今窗明几净了，写小字不费力。幽室养丹砂，学长生不老术。“南堂独有西南向，卧看千帆落浅溪。”

宋代人描述：“东坡居士酒足饭饱，倚于几上，白云左绕，青江右洄，重门洞开，林峦岔入。当是时，若有思而无所思，以受万物之备。”

黄州人都说苏东坡是坡仙。麦子丰收时节，东坡先生喜欢在环东坡的树荫下睡午觉，听麦浪。

病

苏东坡三种病：眼病，左臂麻木，痔疮。都是小病，平时注意饮食就行了。然而艺术家首先是性情中人，性情中人是什么意思呢？换个词叫任性。而任性意味着：任由天性。

苏东坡作为官员、学者和父辈，自律甚多，律己极严。余下的事，却不妨任性。

逍遥于江湖，逍遥就是释放天性。而释放的前提却是压抑。压抑是一种能量聚积。这里有个压与放的循环。

一味任性，人就轻薄轻浮轻佻了，苏东坡反是。轻浮轻佻之辈，生命是没有质感的。一连串的生命之轻从它自身脱落。而任何对“轻”的享受，皆以“重”为前提。

元丰六年，苏东坡在黄州生病。日子好了，朋友多了，酒局几乎天天有。由于劳动，他的体魄前所未有的好，浑身无赘肉，饭量酒量都上去了。拿锄头和拿毛笔，皆能自如，于是他放任自己，不妨多喝几杯，不妨半夜不归。日积月累的，眼赤，痔疮屡发，“左臂不仁”。

看来，身体并不是精神的盲目追随者。

苏轼先天小酒量，偏偏是个大文豪。这几乎是一个结构性矛盾。

如果说他的生命冲动不及雨果或托尔斯泰，那么，首先还是输在身体。湿热体质常病酒。

元丰六年的春雨下个不停，疾病来缠绵，湿热交袭，人在病榻。苏东坡一个多月未出门。

闰之夫人抓药，三个儿子轮番煎药。一门讲孝顺，先要动手做。

夫人数落，一声声应和着雨声：“叫你别淋雨，你要淋；叫你少吃公鸡，你偏要吃安逸；叫你不爬赤壁不爬赤壁，你说你爬了几回？杨道士爬不上去，迈儿爬一半梭下来，你就乐成那样。嘛，你凶（厉害）得很，你是不老仙，你喝得醉醺醺，你在桥上拉抻睡到天亮……”

逞能的强大者，床上的病弱者。听春雨，听数落，听儿孙们叽哩咕噜叽哩咕噜。

范镇大恸，欲千里奔丧

黄州有好事者，说苏东坡死了。

名人注定是要被议论的。元丰五年，传苏东坡跑了。元丰六年，传苏东坡仙去了。听传言的耳朵一般都竖得高，大抵倾向于真，且能一惊一乍：“哇，苏东坡没啦？”

接下来，一堆脑袋凑拢，开始热烈议论：好人啊，当过大官呀，只可惜大官人……

秀才们写信，传到四面八方。

皇宫里的宋神宗听到了，吃不下饭，叹息曰：“才难，才难！”人才自古艰难。

仁宗、英宗器重苏轼，神宗放逐苏轼，此人于心有愧否？

居河南许昌的范镇，闻苏轼亡，当庭大哭，要去黄州奔丧。左右劝曰：“传言未知真假，不如先写信，派急足到黄州，坐实了再作计较，免得人笑范蜀公也。”

急足奔黄州，走到半途，返回了。急足听马梦得讲，东坡先生安然有小恙。

范镇闻之大乐，同时写信给张方平、王安石，报道苏东坡平安。

金陵王安石笑道：“东坡，人中龙矣，岂能先我而去？”

而黄州的好事者，杜撰故事亦有功劳，歪打正着载入史册。

《记承天寺夜游》

闭门养病三十多天，苏东坡真是憋坏了。病才七分见好，人已十分精神，要把丢失在病榻上的时光找回来。写书，写信，画枯木怪石长卷，挥大字，试草书，一叶小舟访问久违的朋友，雪堂南堂夜饮，东坡麦田除草，半夜忽然欠起身，要听王朝云腹中的胎儿……

“一点浩然气，千里快哉风。”

醉心于日常生活的苏东坡最可爱了，张怀民，俨然黄州版的马梦得，这个人不厌其烦讲东坡居士的好。马梦得戏言：“怀民兄，星星月亮需要讲吗？星星月亮一直在那儿。”

处士张应之曰：“天何言哉？四时行焉，草木生焉。”

苏东坡在黄，把日子过得行云流水，“行于所当行，止于不可不止。”

换言之：饿了总要吃，困了总要睡。灵感来了要写诗，要画画，要哼词。

不想睡咋整？披衣出门去。小品文极品《记承天寺夜游》，有云：“解衣欲睡，月色入户，欣然起行。念无与乐者，遂至承天寺寻张怀民。亦未寝，相与步于中庭。庭下如积水空明，水中藻、荇交横，盖竹柏影也。何夜无月，何处无竹柏，但少闲人如吾两人者耳。”

闲是什么意思呢？在当下的语境中，这个字正在蜕化为无所事事。闲与无聊直接挂钩，闲得两眼空洞，要去抓瘾头，抓牌瘾抓网瘾。闲是空虚的同义词，是自我放纵、自甘堕落的近义词。很有一些人，生命中只剩下几场牌。所有的人生努力，最终归结到牌桌上。

谁的生命持续丰盈呢？谁在指认生活之意蕴层呢？谁把寻常月夜过得赏心悦目？

《洗儿诗》

元丰六年秋，王朝云生一子，取名苏遁。苏东坡作《洗儿诗》：“人皆养子望聪明，我被聪明误一生。惟愿孩儿愚且鲁，不灾不难到公卿。”

惹不起还躲得起，罪臣在黄州有了第四个孩子，小名曰干儿。邻居都说，这孩子长得像苏轼，当然也像他妈妈，五官精致，皮肤白嫩，粉嘟嘟的。苏轼爱得不行，高兴了，写诗又讽刺朝廷那些人。江湖待久了，江湖性格跃然纸上。

江湖不屑于庙堂，乃是此间的苏东坡。

次年春，朝云抱着半岁的苏遁上东坡看麦子。麦子抽穗了，桑叶泛着新绿。有吃有穿有房子，其乐融融一家子，真好啊。阳光灿烂的舒心日子啊，朝云嗅着麦田亲着干儿。

先生从雪堂那边过来了。哦，亲爱的，轻快的，身材高挑的王朝云真想跳舞啊。

朝廷拿走苏东坡的诗意栖居图

元丰七年夏，朝廷告下：苏轼量移汝州，仍为团练副使（地方武装之副）。

东坡的麦子正忙着收割，春蚕养成了夏蚕，茶树摘了一轮又一轮，杏子李子桃子熟了，家酿新酒也熟了，大江鱼肥，草长莺飞，鸡鸭鹅满地跑，朋友越来越多，雪堂、南堂简直是客栈。客人来，要先写信订房。

苏东坡是一粒好种子，黄州有的是沃土。生根，开花，结硕果。

皇帝动个念头，罪臣连根拔起。

深宫里的黄袍男人，哪里懂得江湖逍遥。

可叹，可悲，可怜，这提线木偶式的生活。爱上了一片土地，又将告别这片土地。苏东坡还盘算着，有朝一日带领全家十几口回眉山……

量移属于一种恩赐。得到消息的那一天，苏家人个个沉默。朋友们没有一个来道喜。

要 走 了

雪堂、南堂交给潘大临料理，雪堂义樽也送给潘大临，农具留给汪若谷、古耕道，耕牛黑牡丹送给名医庞安常。闰之夫人抱着黑牡丹哭，当初牛病了，是她巧用青蒿粥，治好了她的美丽姑娘黑牡丹……

要走了，要散了。巢谷归眉山颐养天年，马梦得去洛阳闯荡，陈季常不可能再来黄州访东坡。黄州的素心朋友们，“相见时难别亦难”。此一别，多半是永别。

伤感，这没办法。毫无办法。皇命来了就得走。苏迈要去江西的德兴县当县尉。

《年谱》：“二月一日，与道潜（参寥）、徐大正步自雪堂……入乾明寺观竹林，谒乳母任氏墓。”

竹林深处，苏东坡长跪乳母的坟墓。

《年谱》：“三月三日，与道潜、徐大正、崔闲等访定惠院东海棠，憩尚氏第。”

三月下旬，接连多日，苏东坡绕着雪堂打转，一声不吭，一纸不写。夜里他坐在麦田的田埂上，嚼麦粒，打来井水喝几口。繁星亿万点，不问人间事。

往事如烟。屈指黄州近五年，忽然要走，要远走……沙湖田白看了，栖居图白画了。

后半夜，闰之夫人把郁闷的丈夫找回去。田埂上趺趺撞撞。

“恰似西川杜工部，海棠虽好不留诗”

李琪是黄州的营妓，琴棋歌舞为一郡之冠，她是苏东坡的崇拜者，暗地里写苏体字，像徐州的马盼盼。生性有些羞怯，不知何处讨得一方先生用过的端砚，砚底有“东坡”二字，她横竖不肯示人。数百年后，这方端砚落到乾隆皇帝手中。

黄州太守设宴为苏东坡送行，宾客坐满官厅。古耕道大醉，汪若谷击节高歌，徐大正插花满头，马梦得滴酒不沾，忙着铺纸磨墨试新笔。苏轼给在座的每一个人留下书法，团扇折扇、腰带裙带，不一而足。这种事，以前是没有的。苏轼的黄州书法已臻化境。

官妓们歌且舞，“佳人舞点金钗溜”“红锦地衣随步皱”。李琪姑娘领舞领歌，横一管长笛，吹人沉醉。曲终，姐妹们围到东坡先生身边去了，李琪不动。待人推她时，她才怯怯地靠近先生。未及启齿，脸先红了。

苏东坡拿起随身带的张武笔，凝神少思，浓墨落丝巾：“东坡七载黄州住，何事无言及李琪？”写完这两句，却被太守拉走。有人悄悄问：“东坡先生在黄州待了七年吗？”

醉了。忘了。眼看席终人要散，李琪鼓起勇气再拜先生。

先生一笑，再握张武笔，续上后两句：“恰似西川杜工部，海棠虽好不留诗。”

海棠花是西川的名花，杜甫居成都，却不曾吟咏海棠。苏东坡对杜诗了如指掌。

黄州太守府，“一座击节。”好诗名花两相得，东坡先生带笑看。

离黄

陈季常不辞而别，马梦得不高兴，说：这个方山子急于回家做隐士吧。

苏轼曰：“季常自有道理。”

快要过长江时，但见当年的游侠陈季常飞马而来，原来他回家请长假，送子瞻到庐山。原以为要磨一番嘴皮子，不料他的贤妻——那位大有名气的“河东狮吼”，这次很爽快，还为夫君打点行李与盘缠。她问：“六十天够不够？”

丈夫忙道：“够了，够了！”

官船过江，已是黄昏。季常、参寥随行。江边数十人伫立暮色中。苏东坡默念他们的名字，复念临皋亭，念回车院，念雪堂，念南堂。遥望天际线上的赤壁矶。《年谱》引《梁溪漫志》：“东坡去黄，夜行武昌山上，回望东坡，闻黄州鼓角，凄然泣下。”

山居小景

参寥、徐大正、陈季常，三个人送苏东坡，送到武昌山，留王齐万家数日。

王齐万、王齐愈兄弟，早就盼着这一天了，杀鸡宰羊且为乐，一饮会须三百杯。

陈季常的酒量十倍于苏东坡，又无老婆管着，一日三醉，一把醉剑舞得风雨不透。半夜却又打坐，天光未明，闻鸡起舞。徐大正羡慕得紧，要拜季常为师，学一点枪棒功夫。

季常笑道：“我平时闲云野鹤，只怕你找不到我。”

东坡戏曰：“若闻河东狮吼，必有陈君季常。”

王齐万为先生续茶。先生茶醉也，逍遥椅上散神仙……

徐大正叹息：“我哥哥不注意养生，我可不想步哥哥的后尘。”

参寥说：“徐大受大受四房，不看雪堂‘四戒’，峨眉皓齿，终于是一把斧头。”

徐大正点头：“和尚所言极是啊，哥哥的后房四把斧头！那个王胜之，还嚷嚷要加班！”

苏东坡在黄州时，徐大正亦步亦趋，学诗赋，学养生，远离声色斧头。

初夏，一行二十余人到了兴国军，当地处士李翔殷勤款待，日杀一羊。

苏轼催季常回去。季常只说：“还早呢。”

和尚与龙丘居士品茶闲聊，似乎可以无休止地谈下去。佛门故事，三界传说，禅宗偈子，从燃灯古佛说到欢喜佛，说到观世观菩萨。山居小院清静。院外一小亭，亭中的和尚、居士与处士，各挥着扇子。房间里，王朝云奶着孩子，奶水很充足，东坡先生为母子打扇。隔墙的闰之夫人为小孙儿唱着家乡儿歌，讲鸡妈妈故事……人间烟火气亦有禅味，亦是禅境。

东坡又催季常回岐亭，龙丘居士却摇身一变成了侠士，教徐大正“吴起九式”，说一式须练三天。大正大喜过望。这吴起剑法，是陈季常在凤翔跟章子厚学的。

兴国军地近九江，江州彭泽县是陶渊明的故乡，苏东坡抄《归去来辞》送李翔。

入夜，一家子在院子里乘凉，长头儿冲进一头冲出一头，苏过、苏箪、苏遁大呼小叫。

“殷勤昨夜三更雨，又得浮生一日凉。”

“有情风万里卷潮来……”

坐逍遥椅晃悠的苏东坡，在阴影中暗自感动着。练武正起劲的陈季常忽然蹿到树上去了。

《苏轼年谱》引《东坡先生祠堂记》：“前三十年，一妪尚及见先生，修躯黧面，衣短绿衫，才及膝，曳杖谒士民家无择……来则呼纸作字，无多饮，少已，倾斜高歌，不甚着调，薄睡即醒。书一士人家壁云：‘惟陈季常不肯去，要至庐山而返，若为山神留住，必怒我。’”

长身，黑面，短衣衫，正是此间的苏东坡形象。长衣白面则为官人，所谓体面人。

常饮酒而量小，浅睡梦多，盖因上火。唱歌不着调，喜欢到处跑，见不得人家的白壁头。

兴国军的长官杨元素，当年的杭州太守，一向与苏轼相善。乌台诗案，杨元素也被牵连进去，浑不在意。他听说苏轼挈家眷过江，住在李翔家，即刻命驾前往，把苏轼一家从半山民居请入了山下官厅，天天摆宴席，夜夜有笙篁。杨的官袍与苏的短衣，杨的白面与苏的黑面，相映成趣。苏轼“倾斜高歌”，满座皆笑。季常醉也，扭头笑语苏轼：“跟着子瞻操，顿顿吃元宵。”“操”是眉州土话，含闯江湖之意。陈季常的老家在眉州青神县。吃元宵意味着亲朋团聚。苏东坡俨然大磁铁，走一路吸一路。纷纷小磁铁，颇愿意被他吸牢。

人是什么？人是能量。

苏子由为哥哥饯行，不说一句话

仲夏，苏轼一行抵达慈湖镇。这小镇后来也叫磁湖镇，《舆地纪胜》：“东坡谓湖边之石，皆类磁石。”

《年谱》：“在慈湖，与道潜、陈慥观瀑布。晤友人程师德。”

程师德，“有才学善行，不求仕进。东坡先生尝与之游，家多苏仙墨迹。”苏东坡在民间，民间人物到处冒出来，向他靠拢。他走过瑞昌县，这个县就有了坡公亭，载入《永乐大典》。

在庐山脚下，陈季常告别苏东坡。几天后，徐大正暂别苏东坡。

朋友走了，弟弟来了。

在筠州的高安县，苏轼一待十天。苏辙贬在高安县，这一年他四十七岁。

苏子由比以前更沉默了，长背有点驼，眼神迷茫。苏子瞻对三个犹子，苏适，苏远，苏迟，疼爱有加，丝毫不掩饰。子由的女儿们一半未嫁，她们好奇地望着穿短衣的、精神抖擞的大伯。两家人合在一处可能有五十口。闰之夫人和史夫人，手拉手拉不完的家常。

孩子们欢天喜地，兄弟俩相对默然。

黄州四年千余日，苏东坡盼弟弟，一回回望眼欲穿。这是隐埋在心底的痛，不愿启齿的疑惑。那些最艰难的日子，“死灰吹不起”的时光，孤魂野鬼般的朝朝暮暮……

黄昏里，子由流泪。哥哥不忍心责备他。

在高安城外，子由为哥哥饯行，始终不说一句话。苏东坡闷得慌。

子由变化大。兄弟情在，而那个敢于仗义执言的苏子由不见了。

兄弟二人的性情，先天已有明显区别，后天渐行渐远。生命冲动有高下。子由冲力减弱，是为了回避威胁他的阻力，他对绘画、书法、古琴，对陶渊明，皆有微词。写诗填词平庸，在宋代不值一提。活着，更多的是为了活下去。他自幼体弱，自保意识浓。

城外饯行，不发一语，这是中年苏子由的形象。子由以沉默来提醒谈锋仍健的哥哥。

《年谱》引《梁溪漫志》："苏子瞻泛爱天下士，无贤不肖，欢如也。子由晦默少许可，尝戒子瞻择交……子由监筠州酒税，子瞻尝就见之，子由戒以口舌之祸。及饯之郊外，不交一谈，唯指口以示之。"哑语吃饭，酒肉无味。昔日在徐州"风雨对床"，恍如隔世……

高安相处十天，苏子由对意气风发的哥哥感到奇怪。他确实没料到。走向官场与背向官场，其间生强对流，强对流生一流的个体，一流的艺术家。而一般人扛不住。

胖和尚与瘦东坡

佛印专程从浙江润州到江西的庐山，要见苏东坡。这胖和尚食笋，食松茸，爱吃各类坚果，摄取大量植物油，体重超过二百斤，御赐的锦绣僧袍小了，皇帝按他的身材再赐袈裟。佛印在佛门中的名气，不在辩才法师之下。

佛印见东坡，说：“居士瘦了。”

东坡笑道：“和尚越发心宽体胖。”

佛印说：“你吃肉我吃素，却是我胖你瘦。”

东坡曰：“和尚四体不勤，这山门吃到那山门，天下寺庙随你吃，如何不长肥肉？”

佛印大笑：“好个躬耕东坡的苏子瞻啊，好，好！”

东坡摇头：“和尚谬也，你这叫自夸方外富贵，看看你一袭锦袈裟，欺我短衣芒鞋破拐杖。”

和尚嘻嘻笑：“子瞻此言差也，你这眉宇间英气逼人，野性诱人，举手投足全是自信。东京、西京那些个阔佬，哪里配得富贵二字？”

参寥点头曰：“了元（佛印）慧眼真如炬，不愧是天下第一高僧。”

胖和尚呵呵笑：“辩才第一，了元第二，道潜第三。”

两个大和尚陪苏东坡游庐山，方外高僧与世外之高人，盘桓五百里大庐山。

泡长汤

温泉俗称长汤，庐山香炉峰下有个温泉院，苏东坡泡长汤四天三夜。这个享受型的男人，恨不得泡它个九天九夜。酒肉摆在石头上，玉枕搁在长汤边。一个叫刘格的朋友弄来许多山珍野味，两个和尚合掌：善哉善哉，居士慎勿杀生。

居士不杀生，却要吃野肉。

胖大和尚也要泡长汤。佛印游泳时，像一条娃娃鱼。苏东坡挂一小衣（裤头），从岩石高处栽蛙式。这个人做了几年农民，浑身有肌肉，腾空入水，潜泳多时，突然冒出来，像一根水柱。这是泡温泉吗？这叫戏长汤。庐山夜凉如水，长汤正宜肌肤。瘦男人与胖和尚游来游去，躺水看月亮，月牙儿挂在古木梢头。香炉峰赫然入目。星月之清辉不正是神的光辉吗？

参寥盘腿坐于光滑的岩石，微闭目，苦吟诗，寻章摘句不休。刘格跟一个山中后生只忙着手抓肉，对饮酒，佯作虎啸狮子吼。

苏东坡躺水躺到月西沉，喃喃自语："真舒服啊！"

翻个身，出口气，人又沉下去了，摸着水底的石头慢慢游，不是游鱼，胜似游鱼。

庐山的夏夜啊，美酒清风拼沉醉。

东林寺打油诗

香炉峰，庐山瀑布，李太白是留下了好诗的。谁跟诗仙比啊？坡仙可不敢比肩诗仙，就说戏水吧，那李白在骊山泡长汤，双臂掀大浪，嚷嚷着要跳进杨妃入浴的华清池。

飞流直下三千尺啊。飞身一跃华清池……

参寥说：“子瞻，你要为庐山留佳作哦。”

刘格说：“佛印禅师已传语庐山十大寺庙，要求和尚们准备好笔墨和铁砚。”

佛印说：“苏子瞻在温泉院三天，只顾眯眼泡长汤，睁眼时，又一味吃肉喝酒。”

参寥笑道：“长汤都有一股野物的腥味了，我是不敢再踏进温泉院半步。”

苏轼逗他：“下山时，再来泡几天。”

参寥曰：“你去泡，我自跑。汉阳皓月冷千山，和尚归去无人管。”

大汉阳峰是庐山的最高峰，海拔一千四百四十七米。

圆通寺，栖贤寺，归宗寺，东林寺……苏东坡等人进山十几天了，偶有佳句，无佳作，小和尚们一路苦追随，忍看居士吃酒肉，却向钵盂抓馒头。

苏东坡描绘漱玉亭：“我来不忍去，月出飞桥东。”

他留诗于归宗寺三峡桥的桥墩：“清寒入山骨，草木尽坚瘦。”

《舆地纪胜》：“三峡桥，在庐山之归宗寺，最为庐山之雄观。”

苏东坡过简寂观，闲坐悬崖峭壁旁，与几个道士吃玉阳养生酒，啖山塔菌炖蟒蛇。次日雄鸡未唱晓，斯人已在弯弯曲曲的石板山道上，看山转山。却见后头有和尚追来，横竖要追和苏子的三峡诗，还要镌刻在另一桥墩。这和尚名叫可遵，在圆通寺修行有年。

只听佛印一声大喝：“你这臭和尚写甚歪诗，从今日起你不叫可遵，叫可杀！”

参寥吓他：“圆通寺的长老居纳禅师，不过是佛印大和尚的师弟。”

可遵一溜烟跑了，边跑边回头，担心变成可杀。

东林寺就在香炉峰下，七百年前慧远禅师设道场于此，陶渊明、陆静修去拜访慧远，东晋三位高士，大笑携手过虎溪，留下赫赫有名的《三笑图》。东林寺内外，古木森然。苏东坡写下《三笑图赞》。

佛印作虎啸，山大王应和。

苏东坡吟诗：“如今不是梦，真个在庐山！”

参寥叹曰：“子瞻才尽也，走了半个月的庐山路，留下两三句打油诗。”

佛印说：“难怪哦，他爷爷就是干这行的，打油诗的鼻祖。”

苏东坡不服气：“才两三句吗？我差不多写了二十首！”

佛印一笑：“你爷爷写了几千首哦，写遍了眉山的大街小巷，写一条下西街，写了二百首。”

苏轼苦笑：“东林寺号称庐山古刹第一，奈何我不配，这秃笔扔了也罢，扔了也罢！”

参寥说：“且慢，等你游了西林寺，再扔秃笔不迟。”

苏轼摇头：“说甚东林西林，东坡居士已灰心也。”

天下第一哲理诗，放大了五百里庐山

《舆地紀胜》：“庐山山水甲天下。山之南，则简寂、栖贤、开先、归宗，山之北，则太平、圆通、东西二林。”

西林寺建于东晋，“水石之美，亦东林之亚。”西林寺的住持常总禅师，佛门中被称为“僧中之龙”。苏东坡下榻于精舍，大大小小的和尚如众星捧月。

佛印、参寥、常总，北宋三大高僧陪着东坡居士。其他的寺庙和道观也请东坡去小住，奈何他并无分身之术。古刹巴不得有名人题诗，当然，最好是具有传播力的佳作。

两天过去了，苏东坡居西林寺，未写一个字。谈佛论道，品香茶，剥松子，听溪水清音，听晨钟暮鼓，细雨中漫步山道上，采药采蘑菇。常总禅师并不催他。禅师说：“先生来了就行了，老衲对先生的人品与才学仰慕已久。”

佛印笑道：“他在温泉院泡了三天长汤，灵感泡汤了也。”

参寥滑稽模仿：“写了打油诗，刻在古桥头。东坡庐山打油，欲借何物不朽？石头。”

佛印脱口而出：“石头与东坡，不朽，不朽。”

苏东坡只不言语，凭他二人说去。

灯下看闲书，啥都不想。披衣出门去转山，转不出什么名堂。庐山太大了。一座座山峰像迷宫。鄱阳湖的波涛声隐隐约约。禅静。幽人自归佛门精舍，躺倒便睡。次日早起，吃了早点喝卯酒，提笔写五柳先生的名篇《饮酒》，赠予常总禅师，聊以塞责也。名人到了名山，总得留下一些东西。初升的太阳照在临窗的案几上。龙尾大砚张武笔……

可是且慢。似乎来了灵感。老伙计当真来了吗？少顷，一首小诗落在纸上。写完他出去了，转山，转了半个时辰又回来，再看纸上小诗，笑了。字写得一般，也许是灵感把书法挤到一边去了。灵感是一种霸道的东西。灵感是一道照亮自身的闪电，却让全世界归于阴影。

佛印、参寥嘻嘻哈哈夺门而入，苏东坡把纸上的东西烧了。

佛印说："何必烧嘛，你不留在西林寺，我带回金山寺去。"

苏东坡往外走，边走边说："烧字，非烧诗。"

不多时，一百多个和尚在常总禅师的带领下，聚于西林寺的寺壁前。老禅师亲自磨墨，破了五十年规矩。欧阳修来西林寺也是自己动手。

佛印与参寥犯了嘀咕，相顾曰："莫非他真有好诗？却不叫我二人替他参考参考。"

常总禅师笑道："他叫苏东坡。"

刘格插话："苏东坡来到西林寺。"

且看短衣居士面向寺壁，长锋苏字一挥而就："横看成岭侧成峰，远近高低各不同。不识庐山真面目，只缘身在此山中。"

一首二十八个字的小诗，不数日，传遍了五百里大庐山。

才下大庐山，却上石钟山

苏东坡下庐山，庐山六大寺庙的方丈、三大道观的道长送到山门。数百和尚道士，争睹坡仙风采。了元，道潜，各归千里外的宝刹。刘格得了一幅东坡先生画的《庐山虎溪松》。

苏东坡来走一趟，人人都高兴。王侯将相豪车来，显威风摆排场而已，山林并不理会。

佛教道教，诗歌丝竹，契合山的气场。“明月松间照，清泉石上流。”

元丰七年，苏东坡四十九岁。

苏迈去德兴县当县尉，苏轼送儿子到湖口，月夜驾小舟去了石钟山。父子二人爬上一块巨大的石头，“有大石当中流，可坐百人，空中而多窍，与风、水相吞吐。”

水流太急，小舟靠近大石头比较麻烦。好在这几年，短衣汉子苏东坡手脚好使。爬，撑，翻，动作颇连贯。这一次苏迈也爬得利索，比攀爬黄州赤壁强多了。

苏子下庐山，上石钟山，相隔一个多月。

父子躺在大石头上，星星月亮亲近人。这是一种神奇的、难以名状的、极其重要的亲近。

苏东坡夜游，通常选择繁星夜或明月夜。

宇宙式的神秘首先属于诗人们。诗意的生活，低沸点欣悦，不会去算计天地。传统文化两大价值：对自然取审美态度，对生活取质朴态度。

海德格尔：“很可能，在自然背向技术的那一面，恰好隐藏着自然的本质。”

苏东坡游石钟山，也修改了郦道元《水经注》关于石钟山的某些说法。

《石钟山记》首先是诗意之作。

李赤·郭功甫·华夏人文地理

六月中旬，苏东坡的官船过芜湖，抵过当涂县。李白亡于当涂，据说喝醉了，跃入江水捉月亮去了。历代诗人，李白咏月称第一。诗仙与月神，终于在人们自发的想象中合二为一。

李白的价值在于：他拥有一双无与伦比的、充满神性的眼睛。

当涂城中的酒肆，到处挂着李太白的招牌。苏东坡喝了这家进那家，且不管痔疮发。江湖自由五六年了，心中之高人，最数陶渊明、李太白。

城里有个异人，身佩长剑，头戴一顶烟囱似的高帽，走路挺胸昂首。这异人叫李赤，自称李白的后代和传人，写诗仅次于诗仙。他把自己写的诗混入李白《姑孰十咏》，印成小册子，到处叫卖，甚至传入皇家秘阁，连王安石的弟弟王安礼也鼓吹这本小册子。

苏东坡到当涂，李赤正病倒。这个异人但凡上厕所，就会碰上“厕鬼”。他把马桶搬进房间，厕鬼随之而来，跑到他的病床上装怪。睁眼厕鬼，闭眼厕鬼，厕鬼跟厕鬼还挤眉弄眼说着悄悄话……李赤竟然一命呜呼了。

苏东坡分析：“今观此诗止如此，而以比白，则其人心恙已久，非特厕鬼之罪。”

李赤太想传诗篇，结果心恙发，厕鬼来纠缠，终于将他从卧榻上拖走。

当涂县有个诗人叫郭功甫，梅圣俞赞赏有加，苏东坡去访问他，相见恨晚。苏在郭家喝得烂醉，作《竹石图》，复作古风一首：“空肠得酒芒角出，肝肺槎牙生竹石。森然欲作不可回，吐向君家雪白壁。

平生好诗仍好画，书墙涴壁长遭骂……”

好个肝肺槎牙！这幅竹石图，宋明元清的书画家点评甚多。

郭功甫将两把祖传的鸳鸯铜剑送给东坡居士。居士灯下看剑：“剑在床头诗在手，不知谁作蛟龙吼？”

李太白是剑客，自称天下第二。元丰七年夏，苏东坡在当涂城看剑。

李白一生跑了几百个地方，题诗留名无数。苏东坡是华夏族文化传承的接力者，所过之处，人们以碑、亭、桥、壁，记住他的行踪，传之久远。华夏民族有着极为悠久的人文地理，河南黄帝陵，浙江禹穴，山东孔庙，秭归屈原祠，成都武侯祠，眉山三苏祠……

《年谱》引《赏心亭记》：“二水中分白鹭洲，李翰林金陵诗也。今白鹭、赏心二亭，连延城上。元丰中，苏翰林赋长短句，仍题柱云：‘江山之胜，倾想平生。’名遂传于天下。”

看到江山之胜，就会想起李白。后之来者又一并想到苏东坡。

六月下旬，东坡一行抵达金陵。

“轼今日敢以野服见大丞相”

王安石现在称荆公，称舒王，住在金陵蒋山（钟山）的“半山庄园”。大丞相的庄园不砌围墙，谁都可以进去。山里的农民找他借这借那，问这问那，他一律笑迎。平日里解老庄，编唐诗，尊杜甫，批李白，仇恨吕惠卿，关注司马光在洛阳的动静；作《字说》，想要探究汉字的源流与奥妙；修订他的《三经新义》。

荆公每日骑毛驴闲逛，任凭山风吹乱他的花白胡子，梳理他大半生的思绪。他迷上禅宗，写诗有了禅味儿："云从钟山起，却入钟山去。借问钟山人，云今在何处？云从无心来，还向无心去。无心无处寻，莫问无心处。"

介甫问到无心，不问了。其实他不妨问下去，无到深处方见有。

荆公七绝："终日看山不厌山，买山终老待山间。山花落尽山常在，山水空流山自闲。"

山自闲，人可不闲。恨吕惠卿恨得睡不着，在墙壁上大书"福建子"百十遍。

吕惠卿搞手实法大害天下。宋神宗动大兵攻西夏，大败，损精锐之师六十万……

老丞相心事，如何不多？老子庄子圣人也，圣人却来迟了。无为之为，太深奥。那些年日理万机的铁腕丞相，参不透玄理。返璞归真，岂是嘴上与笔下功夫。

有一阵子，荆公迷上驴拉的江州车，车上一左一右两个车厢，安石坐一厢，老农坐一厢，谈笑二十里，直抵石头城。安石送老农一顶皮帽，而老农喜欢草帽，把安石送的皮帽子送进了当铺。安石去赎回来，再赠老农。他用小刀剖开皮帽的夹层，"灿然黄金"，老农傻了眼。

黄金帽子是皇帝赐予老丞相的，可抵谷千石。

王安石对天下农民有愧么？唉，青苗法，青苗法……

他早就听说苏东坡要来石头城，打心眼里高兴，频频致简催问："到哪儿了到哪儿了？"

这个苏子瞻啊，三月从黄州启程，六月未能到金陵。坐船，平均一天才走几里水路。

子瞻这一路上，朋友多啊，苏子瞻四面八方的朋友真多啊，介甫一念及此，禁不住掉眼泪。他退居金陵七八年了，半山庄园昼夜开放，可是朋友们谁来看望他呀？连他的亲弟弟也不来，连他的亲家也不来。他提拔的官员数以百计，却是几人来？

很多官员到金陵，不上钟山。介甫闻之，每每黯然，独自神伤。

树倒猢狲散。“落了片白茫茫大地真干净。”

然而，苏东坡来了。

王丞相穿戴整齐，一品官的紫色官服，系了玉带，脚蹬朝靴，驴毛驴到江边迎接苏东坡。后面跟着一辆豪华高轩，专为东坡备下，请东坡上蒋山。

东坡居士从船上出来，短衣，黑面，芒鞋，竹杖。王安石定睛再看，吃了一惊：这不是传说中的赤松子吗？野人装束，不掩仙风道骨。

王安石阅人无数也，“目如射”，高人看高人，直取紧要处。

二人不见面，屈指十五年。

苏东坡健步上岸，长揖王安石，曰：“轼今日敢以野服见大丞相。”

王安石急忙拉他的手，说：“礼岂为我辈设哉！”

长江上的大风呼呼地吹，王安石似乎摇了一摇。精瘦的苏东坡不动如山。

安石叹曰：“子瞻啊，你双手老茧，满腹锦绣，举止飘飘然若赤松子，申申如也，夭夭如也，若东晋之高士孙登。老夫不及也！”申申、夭夭：惬意、舒展貌。语出《论语》。

东坡拱手曰：“不敢，不敢。”

“劝我试求三亩宅，从公已觉十年迟”

苏东坡上钟山，住在半山庄园。家小先安顿在江宁（金陵）城里的上等馆驿，专仆专车伺候，游览名胜，遍尝佳肴。随后，又上钟山玩。

苏东坡陪王安石住了一个月。两个文化巨匠谈些什么呢？史料只有半页纸，令人费猜想。王安石是熙宁变法的核心人物，一手搅动历史风云，国库丰盈而民坐贫困。

国运将如何？这是他最最关心的。皇帝打西夏一败涂地。朝政由吕惠卿之流把持……

最最关心的，却是最忧心。何以解忧？唯有老庄。王安石埋头撰写《老子注》。然而思想从来拒绝急切的、吹糠见米式的靠近。临时抱佛脚，佛在九重霄。

苏东坡谈起国家的种种弊端，大丞相拍案而起。

东坡剧论形势，提醒王安石：“大兵大狱，汉唐灭亡之兆。祖宗以仁厚治天下，正欲革此。今西方用兵，连年不解，东南数起大狱，公独无一言以救之乎？”

介甫叹曰：“二事皆惠卿启之，某在外安敢言？”

东坡说：“固也。然在朝则言，在外则不言，事君之常礼耳，上所以待公者非常礼，公所以事上者，岂可以常礼乎？”上，指皇上。

介甫厉声道：“某须说！”

少顷，又曰：“出在介甫口，入在子瞻耳。”

《邵氏闻见录》点评：“介甫尚畏惠卿，恐子瞻泄其言耳。”

过了一会儿，介甫云：“人须是知‘行一不义，杀一不辜，得天下弗为’乃可。”

子瞻戏曰：“今之君子，争减半年磨勘，虽杀人亦为之。”

宋代官员初仕三年，曰磨勘。元丰年间，官风已败坏。

“介甫笑而不言。”大半辈子敢为天下先的铁牛黑牛猛牛，如今，三缄其口。

不谈朝政，谈文化，王安石就滔滔不绝起来，眉目炯炯。苏东坡洗耳恭听。王安石请教精神二字，东坡答：“动出于精，静守于神，动静即精神。”王安石拍手称妙。

自从东坡上钟山，王丞相的兴致高了，食量大了，还喝点小酒；夜里能睡着，有时候一觉拉抻到天亮。江湖高人苏东坡，是心忧庙堂的王安石的一服解药么？

老子庄子之退也，须退出历史舞台，闲观历史进程，以不在场的方式在场。而王介甫做不到。太难了。苏东坡迟早要下钟山。

忧东坡下山，复成介甫一心病。于是，希望东坡买田于半山，朝夕与他为邻。说出了这个心愿，大丞相的心一阵扑扑跳。苏东坡能让他益寿延年。这是他的一种直觉，未能形成念头的直觉。一日，苏东坡早起采蘑菇去了。案几上留下一首新写的诗：“骑驴渺渺入荒陂，想见先生未病时。劝我试求三亩宅，从公已觉十年迟。”

迟了。这是委婉的说法。老丞相抹去眼角的两滴泪，走开了。一夜难眠……

“不知更几百年，方有此等人物”

苏东坡下钟山，王安石送了一程又一程。东坡远去，介甫望着东坡背影喃喃自语：“不知更几百年，方有此等人物。”

欧阳修未必说得出这样的话。元丰三年以来，王安石高度关注民间的苏东坡。

乔治·桑尝言：“上帝在人间设有标志，这标志就是天才。”

王朝云痛失干儿

元丰七年七月二十八日，乳名干儿的苏遁夭折，才十个月。遁者，逃也，逃回天堂去了。起名字有名谶么？苏轼《洗儿诗》：“唯愿孩儿愚且鲁，无灾无难到公卿。”灾难却来了。

苏东坡忙于会晤金陵的朋友们，又值酷暑，干儿患病于江上官船，竟然不起。

这父亲放声大哭：“吾年四十九，羁旅失幼子。幼子真吾儿，眉角生已似。未期观所好，蹁跹逐书史……归来怀抱空，老泪如泻水。”

更惨的是王朝云：“我泪犹可拭，日远当日忘。母哭不可闻，欲与汝俱亡！”

朝云原是丫头，终于有了今天，咿呀学语的干儿多么可爱。这孩儿生得最像他爹，性情亦相似：“摇头却梨栗，似识非分耻。”

母以子贵。这是古代女性代代相传的家庭观念。

“故衣尚悬架，涨乳已流床。感此欲忘生，一卧终日僵。”

苏东坡的全部心思在王朝云身上，安慰她：“等将息好身子，再生个孩子。”

金陵的官员折柬相邀，苏东坡一概婉拒。如果不是这皇命，这破官场，这劳什子的量移汝州，一家子在黄州抱团，将会是何等的幸福！

王朝云太惨了，终日僵卧，母乳流一床。可能因为这一次伤得太深，后来，她不复怀孕。

苏东坡连日守着她，默坐晨与昏，凝望着茫茫大江。

“往来一虚舟，聊从造物游”

一〇八四年八月中旬，苏东坡离开金陵，水路赴真州。舟行数日，抵真州，一个姓袁的太守为苏轼安排住宿。苏轼让朝云住进了花园一侧的上房，不临江，只怕江声伤她的心。

此间二十天多天，苏轼往来于京口、扬州、宜兴，与滕元发、佛印、秦少游等会于润州金山寺；他想在常州宜兴买田，朋友们很是赞同，替他张罗。范镇来信，邀请东坡居许昌。王巩请他去扬州。佛印在京口替他看田。恩师张方平请他去南都（商丘）。司马光请他去洛阳……士大夫们，谁不乐意跟苏东坡做邻居呢?

苏东坡最终决定在宜兴买田。这地方离金陵、扬州、杭州、苏州、越州都不远，太湖、洞庭湖、鄱阳湖近在咫尺，涛声可闻。朋友们往来方便。苏东坡想归隐湖山，不是一般想，是非常想。生活永远是排在第一位的。苏东坡拖着一家子，一家子也拖着苏东坡。

湖上风光好，江湖良朋多，而官场越来越风波险恶。

苏东坡《菩萨蛮》：“买田阳羡吾将老，从来只为溪山好。往来一虚舟，聊随物外游。”

阳羡即宜兴。虚舟：畅游太虚之舟。

为了实现自己的美好理想，苏东坡上《乞常州居住状》，称：“自离黄州，风涛惊恐，举家病重，幼子丧亡……欲望圣慈特许于常州居住！”

圣慈毫无反应。苏东坡再上乞常州居住状，托人专程到汴京登闻鼓院，击鼓投状。

宜兴的田已买下，年产谷物八百石，举家温饱不成问题。

苏东坡描绘未来的生活图景，一流书法兼美文《楚颂帖》问世：“吾性好种植，能手自接果木，尤好栽橘。阳羡在洞庭上，栽柑橘至易得，当买一小园，种柑橘三百本。屈原作橘颂，吾园若成，当作一亭，名之曰楚颂。”

《楚颂帖》在苏轼的传世书法中排第二。汉字好书法是看不够的，越看越有味道，韵律，性情，呈于纸上，这种艺术形式，全世界独一无二。

吕公著见苏东坡，一句话不说

扬州知州吕公著，是北宋名臣之一，他父亲吕夷简却是个老谋深算的权臣。苏东坡与吕公著是老朋友了，曾经无话不谈。如今，苏到扬州，兴冲冲去见吕，差一点吃了闭门羹。

吕勉强接待苏，喝好酒，吃名菜，始终不说一句话。他比高安的苏子由还沉默。

运河边的馆驿风景独好，苏东坡喝闷酒。跟朋友对饮何止一千次，这一次印象深。

量移汝州途中，苏东坡是个活跃分子，见客，写诗，泼墨，金陵会晤王安石……

时局动荡。吃了大败仗的宋神宗卧病很久了，宫禁讳莫如深，大臣各怀心思。

酒桌上的苏东坡耷拉脑袋睡着了。江湖五六年，坐着也能睡。

吕公著送客，只挥了挥手。

其实他有误会，东坡此来只是为了叙旧，不想谈朝廷。东坡的兴奋点是在宜兴买了田，种了树，本想说一说。吕不言，苏不语。

自由浪漫如苏东坡，于官场，命中注定格格不入。

异日，苏东坡见湖州太守滕元发，玉浮山（金山）上大发感慨："风俗日恶，忠义寂寥，见公，差使人增气也。"二人剧饮剧谈通宵达旦。

苏轼夸口“轼平生罪过，开口不在徒二年以下”

离黄大半年，足迹三千里，苏东坡所过州县，分属今之湖北、江西、江苏、安徽、浙江、河南。这也是名气带来的好处，此去声名不厌高。泗州（安徽盱眙）太守刘士彦邀请苏东坡去玩玩，东坡欣然前往。泗州有一座都梁山，有一块神奇的醒酒石头。

船抵泗州码头，恰是除夕夜。苏轼不下船，一家子围着火炉子守岁，欢声笑语不断。妇人撑不住，先睡了。后半夜，却报有客来访。苏轼喜曰：“刘士彦来了。”

来者却是过境的高官黄寔，专门送上许多酒肉糕点。苏轼赋诗：“使君半夜分酥酒，惊起妻孥一笑哗。”闰之夫人一面打呵欠，一面笑得合不拢嘴。

苏东坡爬都梁山，自称“升山”，跟东晋王羲之有一比。刘太守年龄比他小，爬不过他，累得趴在半山腰。苏东坡下山一路蹦跳，大约显摆好身体。太守累完了，复皱眉头，担心苏轼疯玩。太守府照例喝美酒，看官妓们歌且舞，吹又弹，笑还嗔。苏东坡兴起也，拽了使君刘士彦，去游览著名的泗州桥。

刘使君结巴了：“这个这个这个……子瞻啊，我们还是看歌舞吧。”

苏轼笑曰：“你啥意思哦，三天不结巴，一说泗州桥你便期期艾艾。我这个夜游神，你不是不知道。”

刘太守继续结巴：“夜、夜、夜……泗州桥夜晚管制，谁敢上桥，判徒刑二年！”

苏轼乐了：“轼平生罪过，开口不在徒二年以下。”嗬，连这个也显摆。

刘太守不复结巴，正色道：“子瞻啊，你名气大，我名气小。你出了事，王丞相出面帮你，太皇太后替你求情。这泗州桥我们明天再去游，如何？如何？”

夜游神还是去游了泗州石拱桥，有词为证：“望长桥上，灯火乱，使君还。”刘使君止步于桥头。苏东坡一个人在长桥上走来走去，欣赏夜色。

这是元丰八年元月，隆冬时节，人在兴奋。

搓背澡·醒酒石

泗州寺庙有沉香木桶搓背澡，小和尚替人搓背，推拿，在江淮一带颇有些名气。一般要收费的，刘士彦款待苏东坡，先已买单。“享受派”苏东坡慨然应允，戏曰：“王介甫不爱进沉香桶，苏子瞻要洗洗搓背澡。”

苏词《满庭芳》云：“寄语揩背人，尽日劳君挥肘。轻手，轻手，居士本来无垢。”

东坡平时颇讲究，沐浴梳头，亦是日常的养生工课。他撰文说：“忍痛易，忍痒难。”泗州和尚为他搓背，他不禁痒。按摩脚板心，人要笑，身子缩成一团……和尚尽日挥肘，疏通筋脉，收费恐怕不低。

泗州有个张氏园子，园中有一块奇石，乃是中唐宰相李德裕的爱物，有醒酒的奇效。人喝醉了，醒酒石上躺一躺，趴一趴，须臾酒醒，浑身舒服。

苏东坡喝了美酒，题字于奇石：“东坡居士醉中观此，洒然而醒。”

到了夏天，翰林学士蒋之奇过泗州，复题字曰：“荆溪居士暑中观此，爽然而凉。”

宿州太守张安中听说了，专程跑到泗州题字：“紫溪翁大醉中观此二题，一笑而去。”

宋代士大夫之风雅事，由此可见一斑。

再后来，宋徽宗闻之，派蔡京把万斤重的醒酒石弄到汴京万寿山，欲题字而无处下笔。人们说，是苏东坡肥厚而潇洒的书法，使瘦金体的发明者犯了踌躇。

闰之夫人进步了

黄庭坚的老丈人孙觉，托人送来几箱子名贵纸墨，苏东坡大喜，写了几首诗，歌颂李延珪墨与澄心堂纸。题跋云：“过泗州，作此数诗，偶得佳纸精墨，写之，以遗旌德君。元丰八年正月十日，东坡居士书。”

佳纸精墨书就的传世精品，赠送给封为旌德君的闰之夫人。夫人喜出望外，没想到夫君会送她书法。这几年她暗暗努力，全家入梦她不睡，原来她要看书卷。她向苏迈、苏迨问学，跟小儿子苏过一起画画，观察飞鸟游鱼，还想弄懂围棋。

苏轼称赞说：“夫人进步大哦。”

王闰之笑道：“嫁给你这个大学士，木棒棒都要活起来，长成一棵新树。”

苏迈的妻子范氏善于织锦绣花。王朝云的书法妩媚而遒劲，有晋代卫夫人之风。

苏东坡一家，都是艺术家。

高邮的五香鸭子咸鸭蛋

秦观的家乡是扬州的高邮县，他把东坡一家接去玩了十来天，参寥和尚也去。秦观的妻徐文美出自高邮首富之家，知诗书，又善于种桑养蚕织布。

高邮土特产，五香鸭子咸鸭蛋，苏东坡吃笑了。这东西下酒舒服，秦少游早已备下几大坛子绍兴老黄酒，天天喝，喝得二晕二晕的，转悠小村庄，儿童追相攀，闹，叫。苏东坡在扬州太有名了，平山堂上有他的醉墨《朝中措》。秦少游的弟弟秦少章拜东坡先生为师。

高邮今有文游台，专门纪念苏东坡。

苏东坡傻眼了

苏东坡的车驾，几百里向南都进发，去祝贺恩师张方平的八十大寿。过驿站，过酒家，过古村庄古渡口，停下来玩玩再走。孩子们高兴坏了，陆路比水路好玩。大雪落中原，好个银装素裹，千里冰封，万里雪飘。打雪仗打得昏天黑地，堆雪人要比个胖瘦高低，踏雪寻梅复寻酒家，敲个冰窟窿，捉来大筐鱼，围坐烧烤吃安逸。冰下面的鱼有点傻。

闰之夫人感叹：“这贬官也不错啊，无官一身轻，到处寻开心。”

张方平越老越精神，日食斗米，一饮十几杯，只是眼睛不大好。十五年间，苏东坡六次到南都看望恩师。这一次他住了两个多月，治好了恩师的眼病。

在南都，苏轼见了王胜之，不禁傻眼：这海里猴儿猴到张家，早已把张恕收拾得服服帖帖。她十九岁，张恕四十出头。她打扮得妖艳，奇装异服挂满屋，各个房间跳进跳出。她跟张恕的妻子闹别扭，樱桃小口嗓门大，当着张方平的面她也敢放肆，还缠着苏东坡给她写诗。“蛾眉新作十分妍。”她得了一首诗，又想要一幅枯木怪石图，说东坡仙去后，可卖好价钱。

苏东坡傻眼了。

张家老小几十口，谁敢惹王胜之？

苏东坡为这个王胜之，纳闷了很长时间，“每语人，以蓄婢为戒。”

闰之夫人说：“就是嘛，一粒耗子屎坏了一锅好汤。”

皇帝驾崩了

元丰八年三月，三十八岁的宋神宗驾崩。他在位十八年。

苏轼致信王巩：“不肖与公，蒙恩尤深，固宜作挽词，少陈万一，然有所不敢者耳。”

宋神宗与苏东坡的关系，主要就是乌台诗案。

宋神宗是在赵宋立国百年后登基的。熙宁变法，国库充实了，农工商穷了。元丰，打大仗，兴大狱，士大夫分裂，导致皇帝本人亡于不可解之心结。他的病，叫强力意志病。

“山寺归来闻好语，野花啼鸟亦欣然”

元丰八年四月，苏东坡在扬州竹西寺题诗于寺壁：“此身已觉都无事，今岁仍逢大有年。山寺归来闻好语，野花啼鸟亦欣然。”这首诗后来闹得沸沸扬扬，差一点让苏东坡再次入狱。

皇帝驾崩，苏东坡什么心情？都无事，大有年，闻好语，亦欣然，这些句子传达什么样的心声呢？诗人心情好，这是摆在明处的。情绪是一种不由自主的东西，它往往从潜意识中飘出来，飘成了思绪。情绪思绪抑制不住，发而为诗歌，白壁黑字写在墙上。

在竹西寺，苏东坡另有一首诗：“道人劝饮鸡苏水，童子能煎罂粟汤。暂借藤床与瓦枕，莫教辜负竹风凉。”真舒服。鸡苏水是苏东坡爱喝的一种饮料。罂粟汤，大约用了罂粟壳。

竹西寺两首小诗，凸显了苏东坡的江湖逍遥。几年来他的诗书画题款，都是东坡居士。皇帝很遥远了。“不知有汉、无论魏晋”才好呢。五年谪居黄州，不能离开谪居地，如今在前往汝州的路上漫游，一年多了，生命中洋溢着两个字：自由。

能吃，能睡，能玩，能健步如飞。面目加丰，头发浓密黑油油。

这个短衣芒鞋的享受派，羡煞多少富贵人。

吃河豚，“值那一死！”

元丰八年五月，苏东坡在常州吃河豚。

河豚有毒，常州敢吃的人可不多，吃死的人年年有。

苏东坡卜居常州的宜兴，当地士绅奔走相告。有个姓曹的富人，人称曹员外的，自诩常州第一名人，能写诗，会画画，给他儿子取名曹丹青。这曹丹青堪称崇拜狂，崇拜苏东坡欲痴欲狂，到处打听东坡真迹，却冤枉买了很多假货，挂满了曹府墙壁。

苏东坡长住常州，曹员外不乐，因为他将要屈居名人第二。不过，他想了一条妙计，压倒苏东坡，给这个外地佬一点颜色瞧。什么妙计？曹员外安排了河豚大餐，派曹丹青去请苏子瞻。曹丹青叫道："河豚有剧毒啊，爹！"

曹员外捋须笑："堂堂苏东坡，还怕河豚毒？"

曹丹青顿足喊："使不得哦爹！"

曹员外继续笑："爹有妙计哦，使得，使得。"

曹丹青边出门边扭头说："苏东坡万万死不得哦，他是君子，他一幅小画值五十银子！"

曹丹青请来了苏东坡。苏迨随父去赴河豚宴，说："爹呀，河豚有毒，吃死了好多人。"

苏东坡拍拍儿子的冬瓜脑袋："河豚无毒。"

河豚大宴摆在前厅，社会贤达坐了一大圈。苏东坡被推为首席，一桌人的眼睛盯着他手中的筷子。屏风后，曹氏家眷们屏息张望。

苏东坡仔细观河豚，只不动筷子。

曹员外笑道："豪放苏子瞻，其名也虚传。"

苏东坡闻了闻盘中河豚，仍不下箸。

长头儿苏迨要先尝，曹员外止之曰："不可，哪有儿子先动筷子的规矩。"

众人笑看苏东坡，曹员外揶揄："还是不敢吃啊？"

苏东坡说："不敢死。"

曹员外挥挥手："撤下常州美河豚，换一盘黄州蠢猪肉。"

一个宾客顾左右笑曰：“东坡写字如墨猪，又爱吃蠢猪。常州猪肉贱，不妨天天吃蠢猪。”

仆人要拿走那一盘清烧河豚，苏东坡却已下箸，夹起一块河豚肉吃起来，吃了一坨又一坨，那腮帮子鼓得，那口角油流得，那河豚肉香得，那满座的贤达分子眼珠子鼓得。屏风后的曹氏家眷们口水流得……

曹员外急忙问：“东坡先生，河豚味道如何啊？”

东坡不答，只顾埋头吃。雪白的鱼头，鱼尾，更有鱼腹中白色的膏状物，名曰西施乳的，转眼之间，大盘河豚一扫而光。

众宾客问：“河豚肉美不美啊？”

苏东坡吞西施乳，咂巴咂巴，慢吞吞回答：“值那一死。”

苏轼赞美河豚的这句话，传遍了常州。他研究药物与美食多年，了解河豚的精血毒性，只要剖鱼得法，是可以放心享用的。再者，即使中了毒，可用自己的“中尿”解之。苏东坡赴河豚宴，还备下了芦根汤，专解河豚毒。

东坡先生吃舒服了，放下筷子，如此这般讲了一通。

一座叹服。从此以后，常州人放心吃河豚，并且流传一句话：“河豚美妙，莫忘中尿。”

曹员外的儿子曹丹青，画了一幅《苏东坡啖美河豚》，恭请东坡先生题了字。

皆大欢喜。

苏东坡诗云：“粉红石首仍无骨，雪白河豚不药人。”石首指鲍鱼。

又有诗云：“竹外桃花两三枝，春江水暖鸭先知。蒌蒿满地芦芽短，正是河豚欲上时。”

这首小诗，全国的小学生都要学。

长江三绝

河豚之外，另有鲄鱼，鲥鱼，合称“长江三绝”。江淮俗话说：“媳妇巧不巧，就看鲥鱼做得好不好。”王朝云挽起红袖，雪白的手烹得鲥鱼香，苏东坡在书房坐不住了，溜进厨房去窥探，想瞧瞧朝云烹鱼的法子，究竟用了哪些佐料。他发现，刮下的鱼鳞另搁了一只青花盘子。于是问：“这鱼鳞有啥用啊？”

朝云推他出去，笑着说：“好好在书房待着吧。”

稍后得了空，朝云解释：“鲫鱼的鳞片贴在脸上，美颜有奇效。”

苏轼点头：“哦，怪不得你的肤色那么好，原来是鲥鱼的功劳。”

朝云瞪他一眼：“先生，这鲥鱼鳞片是夫人用的。”

苏轼再点头：“哦哦哦。”

他忘了，朝云是从来不化妆，不美颜的。天生丽质，素面朝天。“素面翻嫌粉涴，洗妆不褪唇红。”

鲄鱼，苏东坡又称它白夫子鱼，通体雪白，鱼身修长。东坡自称老鲄鱼，一年不当农民，面色转白，体格标准，抻抻展展的，一天到晚精力充沛，两只眼睛持续放光。

闰之夫人笑着说：“那我就是老鲄婆了。”

苏东坡居常州，始有“长江三绝”之说。以前常州人吃河豚死人，经他普及相关知识，不死人了。鲥鱼的鳞片在妇人手中成了宝贝，鮰鱼漂亮，人们亲切地呼为子瞻鱼。

文化大师所到之处，谈笑间为诸物命名。

归去来兮

朝廷终于批准苏东坡居常州。东坡欣喜若狂，作《满庭芳》："归去来兮，清溪无底，上有千仞嵯峨……船头转，长风万里，归马驻平坡……"

他仍为汝州团练副使，但不用去汝州。俸禄不高，够用了。常州是他心目中的第二故乡。

"归去来兮，家在万里岷峨。"可是眉山他回不去，那就终老于常州吧。鱼米之乡，不减岷江畔的眉山。举家欣欣然。苏东坡开始留意常州城里的房子。宜兴有田，常州有房，四方有朋友，接着写《易传》《书传》《论语说》，有忙碌，有思考，有闲暇，有美酒盈樽，有佳客盈门。司马光在洛阳写《资治通鉴》，一写十五年，著述之余，小日子优哉游哉。

归去来兮，苏东坡一生都在念叨。

东坡赴官，如小儿逃学

元丰八年夏，朝廷起复苏轼为朝奉郎，知登州（山东蓬莱）。当人们表示祝贺时，他淡淡地说：“一夫进退何足道。”

真不想做官。真不想穿官袍，戴乌帽。

陶渊明四十几岁，永远告别官场，躬耕田园，写诗喝酒，五个儿子在乱世中长大。苏东坡量移汝州，殇幼子。做官做怕了。他写信对朋友说：“仆闲居六年，无一日不乐。今复促令作郡，坐生百忧。”作郡：为一郡之首。

六年江湖面目，闲云野鹤，仙风道骨，不知庙堂为何物也。不想走，却还得走。一家子再上路吧，朝着齐鲁大地。

苏词《蝶恋花》云：“苦要做官去。”提线木偶，奈何奈何。

过瓜州，过泰州，过扬州，一路逗留，与人唱和，诗酒流连不肯动身。九月抵楚州（江苏淮安），复与当地官员杨杰盘桓多日。官船走不动，到处有朋友，有仰慕他的民间人士。等到回船待发时，淮口刮大风，浪高八尺，于是抛锚停帆，以待风停。蔡允元、徐大正、杨杰赶来船上陪他。一年半，徐大正三次追随苏东坡，带来黄州的消息。

船舱里观浪吃酒，苏东坡半醉，手书一札赠蔡允元，记云：“仆闲居六年，复出从仕，自六月被命，今始渡淮上，大风三日不得渡。故人蔡允元来船中相别，允元眷眷不忍归，而仆迟回不发，意甚愿来日复风。坐客皆云：东坡赴官之意，殆似小儿迂延逃学也。”

他希望江上的大风一直刮下去。迂延：绕远路，拖时间。

宋人有当面写信的习惯。苏东坡再三强调他的闲居六年，甚至说："无一日不乐。"这个细节要细看。做太守俸禄不薄，日后更有可以期待的高官厚禄，荣华富贵，然而所有这一切，抵不上自由、自主、自在的本真性生存。人在天空之下，人在大地之上，人也不缺柴米油盐。

"久在樊笼里，复得返自然。"现在的苏东坡却要回到笼中去。

司马光不想当宰相

元丰八年夏，司马光去汴京参加宋神宗的葬礼，京师舆论都希望他当宰相。他紧张，本能的反应是逃跑。在洛阳他已经待了十五年，早已习惯了他的五亩园。他不想做本朝帝王师，写《资治通鉴》，只求做后世帝王师。司马光自号迂叟，齐物子，江湖之志昭然。

十五年的齐物子，十五年的书斋人物，能瞬间转去治国吗？司马光很可能有此直觉，所以他想逃跑。可是，能跑掉吗？太皇太后高氏垂帘听政，这位"女中尧舜"第一个要重用的人，就是司马光。

以司马光的性格，他若固辞皇命，高太后未必拗得过他。初，宋仁宗想见司马光，司马光不见；又，宋神宗想挽留自请外放的司马光，司马光拒绝。

然而，元丰八年，当朝廷的任命书送到洛阳时，六十七岁的司马光只说了两个字："干吧。"

“五日登州府，千载苏公祠”

苏东坡赴登州任，听说了司马光的二三事，默然久之。

“敢以微躯，自今起为许国之始。”这是他二十二岁发的宏愿。

过密州，密州父老迎东坡于道旁。当年他是密州太守，救了数百个弃婴，“当时襁褓皆七尺，而我安得留朱颜。”苏轼救活的许多弃婴，如今已长大。姑娘们、小伙子们团团围着他。

“重来父老喜我在，扶挈老幼追相攀。”

庄子讲过：“至人无己。”人的最高境界是无我，把自己消融到别人中去。利他，而不是利己。这有利于族群的抱团。也许个体相对弱一些，但传统就是这样，生存方式就是这样。

苏东坡在大海边。“大海啊，永远在重新开始。”（瓦雷里）

面对前来迎接他的登州百姓，他对自己说：“好好干吧。”

到任才五天，新的任命来了：调往京城，担任礼部郎中。他在登州待了十八天，为当地做了一件大事，罢除食盐专卖，恢复自由贸易。登州、莱州的百姓皆受惠。后来，登州人想念他，在海边建了苏公祠，祠堂一副对联：“五日登州府，千载苏公祠。”

苏东坡登蓬莱阁，写海市长诗，又留下一段文字：“登州蓬莱阁上，望海如镜面，与天相际。忽有如黑豆数点者，郡人曰：海舶至也。不一炊久，已至阁下。”一炊久是多久？

乡下人欢呼：“司马十二作相也！”

苏东坡一行，十月中旬于登州启程，过莱州，过青州，过济南，过郓州，过南都，皆有留连，或二三天，或七八天。照例玩着走，日行二三十里。既不登泰山写诗留墨，也不谒曲阜的孔庙。漫游什么意思？就是漫不经心，丝毫不刻意。去年三月离开黄州，他的官船、他的马蹄走走停停五百天，年底才抵达汴京。

苏东坡享受道路，不避道路之艰辛，遍尝他乡之饮食。满眼风物，南方北方收来眼底。寒风中也沉醉，漆黑夜交给沉思，荒山野岭付与好脚力，茶坊酒家听故事，听鬼神，听数来宝。孩子们天天有新奇，“造化钟神秀”啊……

在青州的乡村小路上，苏东坡听见后生们欢呼：“司马十二作相也！”

司马光在从兄弟中排行十二。

士农工商，都有人拦住苏轼马头，恳请他捎话：“传语温公，留相天子，活百姓！”

有书生把苏轼的旧作写在他必经的城门口，《咏独乐园诗》：“先生独何事，四海望陶冶。儿童诵君实，走卒知司马。”如果评选宋代的道德模范，司马光当居第一。

明朝马峦《司马温公年谱》：“时得人之心如此，盖千载一人而已。”

司马光进京时，汴京百万人雀跃，喜形于色。君实瘦，寡言辞，骑在一匹肥马上，开封人追随马蹄。他下马，进宰相官邸，市民们为了近距离瞻仰他的风采，上树爬房子的不计其数，踩烂瓦，折断树枝。宰相府的卫士们拦不住。汴京一百三十年，这场景绝无仅有。

这是司马光一生中的巅峰时刻。他本人不甚留意，马背上还在想《资治通鉴》。

司马光把握了一千六百多年的历史，而眼下入阁主政将如何，他不知道。

元丰年间，政局很复杂了。

高太后问政

司马光进京，高太后问政。太后问：“目前为政，何者为先？”

司马光奏曰：“请广开言路，不论有官无官，均许将朝政厥失及民间疾苦，封状进奏。”

十七年前，宋神宗问政于王安石，王安石回答：“当务之急，理财为先。”

司马光先担任门下侍郎，不久，官拜尚书左仆射，为朝廷百官之首。半年，罢市易、青苗、保甲、保马、方田诸法。次年初，罢免役法。

前后不到二十年，北宋朝廷两次大变。

司马光主政，起用了一大批贤臣，史称“贤人政治”，又称“元祐更化”。

年号由元丰改为元祐，表明了高太后对宋仁宗嘉祐时代的强烈向往。

章惇冲着司马光大叫：“它日安能奉陪吃剑！”

章惇时为枢密使，掌天下兵马。这个人生得牛高马大，一顿饭能吃掉一只雄鸡。他在朝堂上，在太后帘前，屡与左相司马光激烈争论，竟然咆哮：“它日安能奉陪吃剑！”

齐物子司马光“气貌温粹”，说：章惇，你骨子里是个市井之徒，却在庙堂十年撒野。

值得注意的是，章惇自幼博览群书，行走官场三十年。他是王安石熙宁变法的受益者，从八品县令做到枢密院首脑。他不会去讨好司马光，讨好也没用。司马君实目如炬。

孙觉议论边政，与章惇不合，章叫嚣：“议者可斩！”

言官王岩叟奏曰：“惇见陛下以司马光作相，躁忿忌嫉，所以如此。”

苏东坡试图调和司马光与章惇的矛盾，毫无结果。他没有意识到两个人之间的根本对立。江湖高人，不可能一夜间变成庙堂智者。苏的调和，殊为不智。

高太后把章惇贬出京城，而此后若干年，章惇在小皇帝身上做功夫，与太后拼寿命。

小皇帝是宋哲宗。

苏东坡嫉恶如仇

元祐元年，苏东坡在朝廷担任起居舍人，未久，免试而为中书舍人。中书省是最高行政机构，设于宫禁中。中书舍人例兼知制诰，替皇帝起草诏书，位高而权重。

赵宋开国以来，免试而为中书舍人者，只有欧阳修等三个人。现在又加上苏轼。

中书文件太多，东坡舍人每天加班加点。

吕惠卿遭贬之时，却是刘贡父在禁中值班，苏轼大喊："贡父平生作刽子手，今日才得斩人！"于是，刘贡父称病，让苏轼来操刀。"责词"曰："吕惠卿以斗筲之才……乐祸贪功，好兵喜杀。以聚敛为仁义，以法律为诗书，首建青苗，次行助役、均输之政……手实之祸，下及鸡豚。"吕惠卿搞手实法，强行征收五分之一的财产税。

苏轼的矛头又对准张璪："张璪天资邪佞，易以为奸，宜除去。"

又对准李定："臣等看详李定所犯，朝廷勘会得实，而使无母不孝之人，犹得以通议大夫分司南京，即是朝廷亦许此辈得据高位，伤败风教，为害不浅，所有告命，臣等未敢撰词。”

苏轼认为，高太后对李定的处理轻了，于是，不撰词头，不拟文件。太后莫奈何。朝廷本来把李定贬到繁华的扬州居住，现在，贬到了小山城滁州。

一般以为苏东坡有一副菩萨心肠，对谁都好，“眼见得天下无一不好人。”其实不然。他不是两可人，不是乡愿人，不是面团人。

爱憎分明，是非明确，乃是历代大文豪的显著特征。爱一切人是假爱。爱是什么？爱就是恨。爱是价值所系，价值与非价值，势同水火。对邪恶宽容，就是邪恶的帮凶。

浩然之气，决不是一团和气。孔子说：“众好之，必察焉。”大家都喜欢的人，这种人一定要加以考察。是非观模糊的背后，一定是利益图清晰。

司马光想要废除苏东坡

司马光要在短时间内“尽废新法”，苏东坡不赞成。有些新法是好的，例如助役法，方田法。另外，熙宁新法推行近二十年，从朝廷到州县，有了一大批与之相应的官吏队伍，不宜几个月内大换血。人的自私本能，不宜去调动。

书斋人物治国，看来有盲区。洞察历史与切入当下，分属两个领域。埋首于万卷书与日理万机，乃是不同的生存向度，而生存向度决定意识的向度。司马光单凭一腔热血和书斋式的政治眼光去治理国家，殊难应对人与事的汹涌，他血液中的那股子拗劲与王安石不相上下。正直本身形成了遮蔽。道德是趋于固化的道德。而变通与妥协，通常是大政治家之必备。

孔夫子留下“权”的空间，既有原则性，又讲灵活性。

司马光议论政事滔滔不绝，旁人皆沉默，苏东坡却要说话。这位性不忍事的中书舍人也当众滔滔不绝了，司马光色变，拂袖而去。

苏轼说：“法无新旧，以良为是。”这是公开跟司马丞相唱对台戏。

范仲淹的儿子、枢密使范纯仁是司马光的老朋友：“纯仁谓光：新法，去其太甚者可也。光不从，持之愈坚。”

司马光与苏东坡议事，每每不合，“始有废公意。”他想把苏东坡调离决策机构中书省。

苏东坡写信对朋友说：“昔之君子，唯荆公是师；今之君子，唯温公是从。所随不同，其随一矣。老弟与温公相知至深，始终无间，然多不随耳。”

宰相过于强势，百官难免趋炎附势。有几个大臣不肯趋附，右相吕公著，中书舍人苏东坡，枢密使范纯仁，将要担任门下侍郎（副相）的苏子由……

司马光强力推行的贤人政治，面临来自各方面的压力。而苏东坡的压力来自司马光，一似当年他的压力来自王安石。

有一天，二人在高太后的御座前又发生争辩。“东坡散朝，卸巾弛带，大呼：司马牛，司马牛！”这是双关语。孔子门下弟子七十二，司马牛（宰予）排在最后。

王安石是牛形人，司马光倔如牛。苏东坡先后夹在两条牛之间。

司马光不理睬宋哲宗

宋哲宗十一岁，每日坐龙椅坐得屁股痒，歪过去扭过来。小皇帝不耐烦了，要议论国家大事。他问这个，问那个，大臣们回答谨慎。这黄袍小孩儿并非真关心国事，他只是无聊。无聊的问题接二连三，使大臣们为难。

首相司马光神色冷峻。不拿正眼看宋哲宗。

宋哲宗问到司马光头上了，司马丞相不答。小孩儿再问，丞相掉头，不看龙颜。

理学家程颐嘀咕："大丞相学究天人，君臣之礼，不当如此吧？"

司马光只看高太后。

小皇帝架二郎腿耍横："司马光，朕问你呢！"

司马光一动不动，像朝堂一座山。

高太后端坐帘内，不干涉。太后的沉默是有倾向性的。

从此以后，小皇帝有所收敛了。嬉皮相却隐入了皮下。崇政殿龙椅宽大，那龙袍下的青沟子（臀）依然扭来扭去。眼珠子转来转去。

龙颜，龙准，龙睛，却并没有一个词叫龙臀。

司马光评价王安石“介甫无他，但执拗耳”

元祐元年春，王安石在金陵钟山的半山庄园去世，享年六十六岁，寿同欧阳修。

葬礼冷清。当年追捧他的那些官场得意人一个都不来。诋毁王安石的官员倒是比比皆是，拼言词狠，拼嗓门高。墙头草，一般都善于落井下石，墙倒众人推。

区区十几年，各级官吏，竞相争利打破头，见风使舵成气候。司马光早有预感，上奏曰：“介甫谢世，反复之徒，必诋毁百端。光意以为，朝廷宜优加厚礼，以振起浮薄之风。”

浮薄之风，却已刮成朝廷之长风，司马光振起于一时，难救长远。

治国就是治吏，吏治坏了，皇舆败绩。

苏东坡起草皇帝诏书，对王安石作了正面评价。

司马光累死在宰相官邸

司马君实撰写三百万字的《资治通鉴》，字字看来皆是血。单是参考资料就堆成了山，包括几百种野史、笔记、小说。民间自有真知灼见，野史向来不乏信史。

中国古代历史学两座高峰，一座司马迁，一座司马光。

司马君实在洛阳五亩园的地室中写作，一榻，一烛，一几案。吃穿极简单，“食不敢常有肉，衣不敢纯有帛。”在经济发达冠于全球的时代，司马光等士大夫何以如此？他们坚决遏制奢侈之风，切断官与商隐秘的利益链条。国运要长久，这是重中之重。

《宋史》：“范纯仁及司马光，皆家贫而好客。”

赵宋一百三十年来，有良知有远见的官员，可以列出很长的名单。

而官风一旦大面积坏了，民风将接着坏。孟子：“上下交征（争）利，其国危也。”

大师拖着病躯到京师，做宰相半年，累倒了。“躬亲庶务，不舍昼夜。”司马君实，这分明是奔着死亡去的。高太后特许他坐轿子入宫，他坚持步行。一〇八六年的秋天，司马光越发不行了，食少，事繁，一似五丈原秋风落叶中的诸葛丞相。他留下遗嘱：“光以身付医，以家事付愚子，惟国事未有所托，今以付公。”公，指吕公著。

大师的弥留时光，病榻上神志不清了，含含糊糊说了几昼夜，讲的全是国事。许国之志渗入了潜意识，点点滴滴流淌到死亡边缘。床头还有八页要上奏的札子。“岂余身之惮殃兮，恐皇舆之败绩。”呕心沥血，朝堂捐躯。当初从洛阳赴京，几同赴死。

中国古代，这是伟大的死亡事件之一。

九月一日，北宋王朝最坚硬的一根梁柱倒下。司马温公，享年六十九。正在明堂主持大礼的高太后当场大恸，哭奔西府，奔向司马温公的灵床。朝廷举哀，停止办公三日。市场停止一切交易。汴京、洛阳、陕西、杭州、济南等地，大街小巷尽哭声。

翰林大学士

司马光去世后，朝廷各派系争斗不休，吕公著致仕，回家坐禅。吕大防、范纯仁分别出任左仆射和右仆射。

苏东坡“知贡举”，担任礼部考试主考官，他率领黄庭坚、秦观等锁院四十天，诗酒书画，酣畅淋漓。他废除了以王安石《三经新义》取士的熙丰标准，恢复了以诗赋、策问取士的嘉祐标准。这是大事，阻力也大，苏东坡得罪了一些官员。得罪就得罪吧。当年欧阳修大变科举，屡遭围攻，差点挨拳头。

苏东坡从贡院回家几天，又锁进了翰林院，草拟左右二相的任命诏书。他手中的张武笔人人羡慕。有人收藏他的废笔、废字、废画……重要的诏书，用最好的白麻纸，翰林学士撰词头，称“撰麻”。太监向百官宣读诏书，叫“宣麻”。

苏东坡到汴京才半年，升为四品官，“披三品之服章。”翰林大学士，又是文坛领袖，画坛宗师，书法无双，学界无匹。欧阳修司马光之后，他的名望无人可比。

文豪生前就享受着巨大的声望，中国古代，苏东坡是其中之一。

五十几岁的苏东坡，荣华富贵能淫否？

生活在别处

翰林院俗称玉堂，翰林学士知制诰在玉堂值班，称值宿，随时为皇帝效劳。

上朝、归家享尊荣，家在皇城第一街，私家园林甚多，一般不设围墙，市民可以随意出入。苏东坡居御街赐第，每日宾客盈门，朱轮成阵，冠盖蔽空，名流接踵。苏门四学士，苏门六君子……苏子由的家离哥哥不远，两个家五六十口，仆从可不多，歌姬舞妓寥寥可数。

苏东坡自豪地说："历数三朝轩冕客，色声谁是独完人？"

古人云："东坡性不昵妇人。"生命喷发点多，不会沉迷于醇酒妇人。

王安石、司马光、范纯仁、曾巩、苏辙、刘庭式等，俱不纳妾。日子是你过你的，我过我的。司马光无后，并不纳妾生子，也不羡慕晏殊的家、欧阳修的家，姹紫嫣红妻妾成群……

宋人生活在别处，异质性的东西随处可见。蔡襄不夸书法，温公不夸道德学问，荆公不夸治郡理财，欧公不夸酒量，苏公不夸豪放。生活不会一窝蜂，生存不会千人一面。民间的生活花样无穷无尽，自发的，自由的，自主的，几百年优胜劣汰。建筑，衣饰，器皿，艺术，节庆，士大夫长期引领社会风尚，引领生活潮流。在东京，市井耍子层出不穷。大相国寺的三教九流，每日可达万人之众，车如流水马如龙。大大小小的广场，瓦子勾栏，有马球，有女子足球，有杂技，有口技，有相扑，有魔术，有马术，有占卜，有剑舞，有兽舞，各寺庙有庙会，灯会，金明池有五花八门的水上游戏。

街头或院落玩足球，手球，马球，较之专业运动场，更有野趣，更符合运动的本质。

驸马王诜玩得一脚好球，他的书童高逑，经苏东坡介绍去了端王府，端王赵佶即是后来的宋徽宗。

荣华富贵苏东坡

皇宫送到苏家的御赐之物，一件接一件，从紫袍、犀带、金鞍、宝马到一盒酥，几瓶酒，几包贡茶，“里巷传呼，亲临诏使。”官员们羡慕，老百姓翘首。

苏氏兄弟“内翰外相”，美宅子美园子，雕梁画栋不须夸，山珍海味只寻常。

宋代官员的俸禄远高于唐代，一个宰辅级高官能养活一百多个人。却有个吕蒙正，每天喝鸡舌汤，要杀掉九十九只鸡。此人起于寒门，做了官就忘本。

“富贵可求也，虽执鞭之士，吾亦为之。”孔夫子食不厌精，苏东坡脍不厌细。

黄州的为甚酥在汴京开了店子，常州的美河豚在汴京开了店子，眉州的东坡肉在汴京开了分店，扬州的鸡苏水、罂粟汤在汴京数不清的饮品中独具特色……苏东坡引来好商家，从中不拿一文钱。范仲淹做副宰相时，不允许他家乡的亲戚到京城做生意。

苏东坡是享受型的人物，却有限度，有分寸，决不铺张。首先是小时候妈妈的教导，其次是孔夫子的言论：“富而不义，于我于浮云。”丰厚的俸禄，“随手辄尽”。苏轼自言：“某平生不好蓄此物（钱）。”秦观缺钱，李廌拮据，陈师道潦倒，晁补之举家食粥，马梦得在京郊小县日子艰难，苏东坡不停地接济他们。借钱出去，不要借据，常常借了就忘了。朋友还钱时，他拿到白矾楼或状元楼吃一通，大宴宾朋，往往还要自贴银子。

有钱人意不在钱，当大官毫不显摆。能安贫贱，能处富贵，这便是苏东坡。强大者是这么强大的。庄子教导说：“物物，而不物于物。”

汴京请他题匾书壁的大商家排起了长队，他只答应朋友，所谓朋友的朋友，一概婉拒。小店子生意不好，请他题字，他题了，不收润笔，却语小店主：“只说你是苏某人亲旧。”

满城苏体字，不好，不好。

马券

李廌字方叔，屡考不中，又上有老下有小的，比秦观还要穷，却比秦观要面子。苏轼变着法子接济他，送他一匹名叫玉鼻的御赐宝马。这玉鼻马到苏家有些时日了，闰之夫人舍不得，东坡劝几句，她含泪应允了，抚摸玉鼻，送玉鼻出门去。

苏轼赠宝马，写了一张马券，证明玉鼻的身份，略云：“元祐元年，余初入玉堂，蒙恩赐玉鼻……而李方叔未有马，故以赠之。又恐方叔别获嘉马，不免卖此，故为书公据。”

写马券的另一层意思，是希望李方叔连马带券卖个好价钱。这马券，后来几经转手，被眉山人花重金买去，刻在下西街城墙拐的一块石头上，拓本流传到东京西京。黄庭坚体会了先生的一片苦心，十分感慨，题跋于马券拓本。

那李方叔卖玉鼻马，卖苏东坡手书的马券，一家子锦衣玉食起来。初，苏东坡点评这弟子的诗词：“李方叔居山林，文字有锦衣玉食气。”他像孔夫子一样了解弟子的秉性。

闰之夫人叹曰：“子瞻连太后赐的宝马都要送人，这家里，还有何物不可拿走？”

她悄悄攒下一些东西，其中有太后赐的一条犀带。犹如当年在黄州，她在紧要关头拿出好酒，派了大用场。弟弟王十六称：“若非我姐藏好酒，哪有东坡《赤壁赋》？”

秦少游穷得丁当响

秦少游官小，禄薄，却爱游冶，爱交朋友。他是个月光族，银子花不到月末，阮囊羞涩便坐禅，枯坐陋室吟诗篇。馋肉馋得厉害，去苏家打秋风，吃了子瞻家，复吃子由家。大胡子秦观的欲望跟他的胡须一样多，曾经“生活烂浪”，一顿饭吃掉十万钱。

在繁华京师，秦观真可怜见的，“日典春衣非为酒，家贫食粥已多时。”他打了秋风又打包，引起闰之夫人的注意，追问他几回，他才道出窘境。于是，米面肉之类，隔一阵子便送到秦家，马梦得亲自驾车去。少游垂泪对梦得，感激敬爱的子瞻到无话可说。

苏东坡戏曰：“秦太虚神游太虚，身子可不能虚。”

苏门四学士，秦少游与黄庭坚并列大弟子。论年龄，秦小黄四岁。秦填词，全是婉约一路，东坡未免有些酸溜溜，说：“不意别后，君学柳七填词。”

仕途上，生活中，秦少游对苏东坡皆有依赖，艺术道路却是各走各的。

你喜欢不是我喜欢，萝卜青菜，各有所爱。

陈师道称：不是苏东坡的弟子

徐州人陈师道字无己，号后山居士，这个居士比王安石还倔，他本是彭城学林数一数二的大处士，由于不满《三经新义》，断然放弃了科举考试。苏轼、李常、孙觉，三位高官联手推荐，使他走上幕僚一途。后来他与黄庭坚俱为江西诗派领军人物。

陈师道属于苦吟派,“世言陈无己每登临得句,即急归卧一榻……谓之吟榻。”

躺在床上写诗，灵感驱使他辗转反侧，又催他一跃而起。一般人都认为他是苏东坡的弟子，他再三声明，他是曾巩的弟子，并非苏东坡的弟子。

有人说：“苏轼的官比曾巩大，文名比曾巩高，你何必舍高而就低嘛。”

陈师道怒曰：“尔欲使我狗眼看人低么？”

晏几道不想见苏东坡

晏几道一本《小山词》，早已风靡于天下。宋人写女儿情态，没有人比他写得更好。“倦客红尘，长记楼中粉泪人。”他对侍儿歌女的怜爱是入了骨髓的，歌女生病，他带头掏钱。歌女失踪，他满城贴布告苦苦寻找。后人评价他：“古之伤心人也。”伤心人别有怀抱。

“落花人独立，微雨燕双飞。”

“天与多情，不与长相守。”

“谁知错管春残事，到处登临曾费泪。”

晏几道的句子：“舞低杨柳楼心月，歌尽桃花扇底风。”苏东坡玩赏不已，赞叹有加。“侧帽花前风满路，冶叶倡条情绪。”这是大才子的风流倜傥形象。冶叶倡条，乃李商隐首创。

晏小山《鹧鸪天》：“醉拍春衫惜旧香，天将离恨恼疏狂。年年陌上生秋草，日日楼中到夕阳。云渺渺，水茫茫，征人归路几许长。相思本是无凭语，莫向花笺费泪行。”

百年疼痛忆芳尘，亦是男儿大情绪。晏几道痴迷女性，尊重裙钗，顺理成章地蔑视男权，这精神轨迹与曹雪芹完全吻合。一本《小山词》，一部《红楼梦》，立言立德。

晏几道和黄庭坚、郑侠相善，都是汉子中的汉子，男人中的男人。

小山家里常有雅集，类似几百年后西方人的文化沙龙。黄庭坚点评晏小山：“玩思百家，持论甚高……文章翰墨，自立规模。”玩思百家而已，述而不作。

苏东坡太想认识晏几道了，屡请黄庭坚作介绍，递名刺。当初在杭州，他恨不得一睹柳永的风采。晏大苏七岁。此间他细皮嫩肉，“面有孺子之色”（黄庭坚语），举止一派天真。

晏几道把苏东坡手写的名刺（名片，刺字于竹）放一边去了。他宁愿整天陪着歌女。

他对黄庭坚说：“今日政事堂中，半吾家旧客，亦未暇见也。”

晏几道本人，“仕宦连蹇，而不能一傍贵人之门……人百负之而不恨，已信人，终不疑其欺己，此又一痴也。”黄庭坚真是他的知己。

宋代，晏几道是活得最纯粹的人之一。亦长寿，享年七十七岁。

苏东坡的贪

不贪钱财，不贪图高官，但一个强大者总得贪点什么。热爱生活，总得痴迷一些东西。苏东坡贪吃，贪杯，贪奇石，贪墨砚纸笔，贪热带水果。朋友越多越好，也属于一种贪。京师百万人众，人是各式各样的人啊，三教九流各具风采，差异性非常吸引人……

黄庭坚的作派有点怪，他像李贺一样背个古锦囊，里边有佳墨丸，李延珪墨，张遇墨，潘谷墨。黄与潘是老朋友。苏欲结识潘，写长诗《赠潘谷》，简直是投谒，然而潘先生总是云游在外。莫奈何，趁黄山谷不备，他伸手进古锦囊，硬要把几丸佳墨据为己有。

黄庭坚大呼："东坡又夺我好墨！"

《墨史》："苏子瞻有佳墨七十九，犹贪求不已。"

撬狗摸进了大学士的家

皇城附近撬狗多，个个飞檐走壁，堪称江洋大盗。苏东坡每语士大夫："谨防撬狗哦。"

撬门贼，眉山人称为撬狗。

东京的撬狗可不是寻常撬狗，"时迁上房瓦不响"。偷了东西不留痕迹，让有关部门头疼。

这一天半夜，苏东坡躺在床上想事儿，迷糊间，觉得有影子在室内移动，欠身瞧，似乎又没有。身边的王朝云坐起，揉眼睛问：“是不是有撬狗？”

卧室黑洞洞的，朝云欲下床点灯，东坡说：“我眼花了，睡吧。”

二人复躺下，朝云翻个身，娇柔依偎了，再入梦去。

那影子又动起来了，仿佛在空中飘。下脚无声息，举足如鬼影。这撬狗忙活了半天，显然对衣物器皿不感兴趣。金银首饰却摸不到手，摸来摸去，摸一个空。他取了一顶帽子走人。

盗有盗规：不拿走一件东西不吉利。

影子飘到门边了，苏东坡开了口：“劳驾，替我关上门。”

撬狗一惊，旋即嘿嘿一笑，出门时，果然带上了厚厚的紫檀木雕花门。少顷，撬狗越墙而去，人在墙头作鸟语，是叫主人家放心的意思。转眼间，京师大盗与苏东坡达成了某种默契。次日，另一撬狗又摸进来，两手空空摸出去……

苏轼记云：“近日颇多贼，两夜皆来入吾室。吾近护魏王葬，得数千缗，略已散去。此梁上君子当是不知耳。”

子瞻帽

撬狗入室拿走的那顶帽子并不简单，它是苏东坡自戴的子瞻帽，有王朝云亲手绣的子瞻二字。汴京满城后生都戴这种学士帽，太学的千百个学子先戴，图个吉利，渐渐成了风尚与景观。市井青年也仿效，店小二也要弄一顶，向人炫耀斯文。

状元楼平均每天要卖三百顶子瞻帽。这款短檐、高筒的巾帽，南宋时在杭州依然流行。

那撬狗戴了学士帽子上街，熟人认将出来，嘲笑了一番。一看，惊呼：这帽子乃是东坡先生自用，有佳人王朝云绣的金字，了不得也，大相国寺卖去，值一百贯！

撬狗脸都笑烂了……

在京城，连贩夫走卒儿童，都要崇拜苏东坡，可见当时风气。球星、歌星留不下名字。

宫廷的优伶表演，各戴子瞻帽，夸耀自己的学问。宋哲宗视之良久。宫女们捧书卷诵唱诗词是常态。黄衣太监，青灯黄卷。北宋文之化人，古代造极也。

陈寅恪：“华夏族文化，历数千载之演进，造极于赵宋之世。”

幽默大师不笑

宫中朝中设宴，常有优伶表演，说段子、讲趣闻、唱曲子、翻跟斗、吹口技、玩球技、耍杂技、学狗爬、扮叫化子之类，颇能逗人捧腹。表演出色者，谓之良优。

汉晋唐宋一千年，宫廷把戏炉火纯青。

幽默大师苏东坡却不喜欢这类表演，他从来不笑。“良优作伎万方，东坡不笑。”

为什么不笑呢？优伶们混口饭吃也不容易。翰林大学士看不起卑贱的演员吗？

不是一次两次，而是几十次，苏东坡在宴席上面无表情。大名士显然不乐，却不开口。毕竟天子在上。两三个时辰，苏东坡屡上厕所，溜达花园。花草树木真朴素，不搞笑。

北宋后期，泛娱乐化的倾向已成蔓延之势。上层社会的精气神持续向下，嬉皮笑脸到处登场，解构正大庄严，拆解范仲淹司马光那一代人的宏大气象。很可能，优秀的知识分子苏东坡有此直觉。十九世纪，托尔斯泰对糜烂的俄罗斯上流社会有极其严厉的批判。

嬉皮笑脸一旦成大气候，国将不国。

高太后召对苏东坡

当初，宋神宗便殿召对苏轼；现在，神宗的母亲高太后，便殿召对苏东坡。

太后问：“内翰前年担任何职？”

苏轼答：“汝州团练副使。”

太后又问：“今为何职？”

苏轼禀曰：“翰林学士。”

太后再问：“内翰知何缘由？”

苏轼曰：“太皇太后的恩典。”

帘内垂询的高太后一声长叹：“不干老身事，这是先帝对你的恩典！”

苏东坡伏地，诚惶诚恐。

太后又说：“先帝在日，用膳也要读你的诗文，可惜来不及起用你，先帝，先帝……”

高太后哭了。

少顷，高太后带了哭腔接着说：“内翰，你要尽心侍奉官家，报答先帝对你的知遇之恩。”

太后对苏轼的恩典是摆在明处的，不用说的。需要说的是她儿子宋神宗对苏轼的恩典。太后重用苏轼，显然不希望这位大臣对乌台诗案耿耿于怀，她要确保苏东坡对赵宋皇室的忠诚。便殿召对一番问答，显示了高太后的用人智慧。

另外，高太后不便说的，是她本人对苏东坡诗文的由衷喜爱。

一直到南宋，皇室都有阅读苏轼诗文的传统。宋孝宗精读了卷帙浩繁的苏东坡全集。

宣仁太后（谥号）高氏，守寡二十多年，这对她的重大决断将产生什么样的影响？

金莲烛

夜里，苏东坡从玉堂归家，高太后让宦官秉金莲烛送东坡。穿过偌大皇宫，太监们窃窃私语。翰林院值宿的学士睁大了眼睛。金莲烛的烛光看上去格外明亮。

金莲烛送大臣是个政治信号，晚唐令狐绹受唐宣宗所赐的金莲烛，不久便做了宰相。这件事迅速传开，朝廷议论蜂起。苏辙已是副宰相，如果苏东坡再跻身于宰辅大臣的行列，兄弟二人岂不是权倾朝野?

苏东坡不安。他行走朝堂，很多事看不惯，一针见血指出来。京官与地方官长期勾结，鱼肉百姓，知道内情的大臣不少，却一个个城府深，凡事模棱两可，眼珠子转得飞快。官员利益盘根错节，他们信奉多一事不如少一事的处世原则，察言观色十分在行，敏感的神经直指乌纱帽。乡愿之辈，宵小之徒，斗宵之人，正在覆盖各部门。“希合”（迎合）一词，使用频率甚高。高太后何尝不知道这些?她希望苏东坡担当朝堂。司马光去世后，朝廷迫切需一个无私的、强有力的宰执团队。“贤人政治”，必须有一批贤人持续发力。

苏东坡三思而不行。他掂量自己性不忍事的秉性，肯定会得罪更多的人。他屡上札子，已经得罪了老将军童政、枢密使安焘。此二人反攻他。

百官之间，百事复杂。苏东坡首先是官员吗？抑或他首先是个诗人艺术家？表面上是前者，骨子里是后者。二者并存一体，矛盾冲突不免。

苏轼说：“我坐华堂上，不改麋鹿姿。”这显然有夸张，他向往江湖野性倒是不假。尝到了自由滋味的人，如今在朝廷斗争。而一旦做宰相，必定是没完没了地在风口浪尖上度日。

金莲烛的烛光，在苏东坡的眼中黯淡了。这事儿，最好别去想。

苏东坡耍小脾气

苏东坡以眼病为由，请辞翰林学士知制诰，“臣以衰病眼花，所言机密，又不敢令别人写表，伏望圣慈，特赦宽赦。”

高太后不许他辞知制诰。

苏东坡又上札子：“二年之中，四遭口语。发策草麻，皆谓之诽谤……以至臣所荐士，例加诬蔑。”口语：口头攻讦。

台谏赵挺之（后来是李清照的公公）猛攻苏轼，称苏轼草麻，影射宋神宗。

苏东坡上《陈情乞郡札》，“坚乞一郡”，到外地去做郡守。开封府尹钱穆父被塑党（北方党）攻出京师，去越州（绍兴）做知州，苏东坡很羡慕，赠诗云：“我恨今犹在泥滓，劝君莫棹酒船回。”朝堂成了烂泥塘，四面八方，臭水沟源源不断，各种虫子乱舞。

高太后仍然不放苏东坡。

东坡在玉堂大发牢骚：“人之难知也，江海不足以喻其深，山谷不足以配其险，浮云不足以比其变。”朝廷几股势力，斗成了一团乱麻。人性恶被调动。

高太后还是听而不闻，也不责怪。她的底线是：不许苏轼外放。

苏东坡没办法，耍小脾气，称病，一个月不去翰林院上班。高太后急了，催他，他不动，说心病体病加在一块儿了，恐怕要卧床三个月。

太后下旨："不可。切切！"君臣拧上了。太后想亲往苏家问疾，胖子宰相吕大防劝止。

于是，御赐之物又飞向了苏家，苏轼感动，写诗云："分光御烛星辰烂，拜赐宫壶雨露香。"

北方冬季冷，宫中消息暖如春。苏东坡又去玉堂上班了，销假视事的这一天，宣仁太后复赐法酒，官烛，团茶。

苏东坡穿道衣上朝

苏东坡去万岁殿上朝，朝服里边是一件有阴阳图案的道衣，十来岁的宋哲宗视之良久，不作声。小皇帝在背后嘀咕时，苏大学士听不见。

苏东坡步态潇洒，上下台阶要刮起一股风。他嘲笑二程古板，戏弄刘贡父的断鼻梁，开胖子宰相吕大防的玩笑。百官等太后，等皇帝，苏东坡趁机左右戏谑，妙语连珠。

文豪兼高官的作派，很让一些官员受不了。互相开玩笑，本是官员常态，严肃的面孔可不多。哄笑声不断，有些人笑得前合后仰。

苏东坡看人看事入木三分，言语又丰富，往往单刀直入，直取对方要害处，俚语市井语，夹带子曰诗云。

戏谑朝堂的苏东坡怕谁？怕范祖禹。他嘲弄同侪后，每语人：“别叫祖禹知道。”

卤水点豆腐，一物降一物。范祖禹批评苏东坡，苏东坡接受批评。

高太后驾到，苏东坡变成了另外一个人，庄重，认真。多少年以后，人们怀想他的朝堂风度。小皇帝对范祖禹说：“爱卿，苏学士穿道衣上朝面圣，你要攻他几句。”

范祖禹禀奏：“陛下，李太白醉酒上朝，‘天子呼来不上船’，唐玄宗大度如此，陛下何必计较苏学士穿道衣？”

小皇帝无言以对。

宇文柔奴佳句“此心安处是吾乡”

王诜，王巩，是苏东坡在京城最要好的朋友。乌台诗案，王巩受牵连，贬到广西宾州五年，殇幼女。这个“官三代”，却在宾州写完了一部《庄子注》。三十年前在成都，王巩始从苏轼学，如今绵历世事而英姿不改。王定国的侍妾宇文柔奴，追随他远谪几千里，处岭南炎荒二千日，从不抱怨一句。

苏轼问柔奴：“岭南应不好？”

柔奴启玉齿一笑，说：“此心安处是吾乡。”

东坡感动了，写下一首《定风波》：“常羡人间琢玉郎，天应乞与点酥娘。尽道清歌传皓齿，风起，雪飞炎海变清凉。万里归来颜愈少，微笑，笑时犹带岭梅香。试问岭南应不好，却道，此心安处是吾乡。”

苏轼《与王定国书》：“君实尝言：王定国瘴烟窟里五年，面红如玉。”

点酥娘：肤如凝酥之美娘。

朝云与柔奴

王朝云和点酥娘气味相投，二佳丽像是姐妹花。朝云略大，二十五岁，苏轼形容她：“长春如稚女”，青春活泼，像一个小女孩儿。单纯总是可爱的，单纯的价值一万年不会变。经历了苦难依然单纯，她就是一朵开不败的花。

柔奴在王定国身边，朝云在苏东坡身边，两对双子星优雅飞旋。

二丽歌喉好，舞姿出众，却在其次。最动人处，乃是不弃不离。柔奴本是汴京人氏，王巩遭贬，她二话不说打点行装。这细节，让王朝云感叹复感叹。跟随心爱者到任何地方！

“先生一肚子不合时宜”

苏东坡锦衣玉食又贪吃，不知不觉有了肚子，大约二尺七八的腰围。“粗缯大布裹生涯，腹有诗书气自华。”东京锦衣紫袍，照样气自华。富贵不能淫，说的便是苏东坡。

东坡先生有个养生动作，摩肚子。一日，散朝回家，他顺着摩又反着摩，笑问众人：“我这肚子里装着什么呢？”

长头儿苏迨照例抢答：“爹爹装了一肚子《汉书》。”

苏过沉吟道：“还有经史子集几千卷。”

闰之夫人说：“子瞻的好吃嘴，从小到大哪一天不是享受？眉山二百种佳肴，京城五百种美味，他哪样没吃过？连油炸的蝗虫、笋子虫、屁蛋虫他都要吃个够。”

苏东坡笑呵呵不置可否。

苏子由开了口：“哥哥的肚子装满了国家大事。”

东坡笑道：“皆未搔到痒处。”

王朝云欲言又止，埋头绣子瞻帽上的金字。大家坐在院子里消夏，梧桐树浓荫遮蔽。

东坡瞧那玉手金字：“朝云，你说。”

王朝云抬起头：“先生一肚子不合时宜。”

苏东坡大笑认可。

苏子由想了想，捋须点头。儿孙们颇诧异，围着石桌子讨论起来。

苏东坡变成了文艺理论家

元祐年间，苏东坡在京城忙于官务，佳作减少了，“三年光景六篇诗”，诗也一般。生命冲动弱了，俗务缠身，应酬不暇。他变成了文艺理论家，先点评他自己：“某平生无快意事，惟作文章，意之所到，则笔力曲折，无不尽意。自谓世间乐事无复逾此也。”

平生快意事，写作居第一。小时候在眉山，他尝到写作的甜头，“日数千言。”命笔四十年，关在监狱里也要写，待在贬谪地他大写特写。词语的起伏是生命的起伏，“天风海雨逼人。”写作乃是双重兴奋：思绪与情绪的双重饱满。

《品中国文人》尝言：“兴奋度乃是衡量一切生活质量的首要标准。”艺术表达之兴奋，既不消耗能源，也不把自己的享受建立在别人的忍受之中。艺术创造是发散的，氤氲的，而形形色色的瘾头式兴奋是收缩，是蒸馏，是干瘪，是刺激与麻木的劣质循环。

《品中国文人》：“文字敞开世界，电脑收缩世界。”

一块小手机摆置了多少人？圈闭式生存已无处不在，户内拒户外于千里之外，屏幕上的所谓太阳正在取代天空中的太阳。互联网使人与天地万物失联。日复一日坐着活，拇指霸占四肢。这是违反生命本质的，是生命史上的大笑话。谁来写一本《退化论》？

主动性乃是一切生命享受的最大前提。失掉丛林的动物园老虎还能叫百兽之王吗？

一棵树如何重新成为一棵树呢？小孩儿不爬树，对树的深切体验为零。小孩儿不戏江河水，如何懂得水之为水、涛之为涛、澜之为澜、涟漪之为涟漪？

爱自然，怎么爱？苏轼：“昔吾少年日，种松满东冈。”人是什么？人是动作。人向四面八方动起来。苏东坡有亿万个动作，谁跟他比身心灵动？

生活的虚拟化乃是生命的虚无化。声光电瘾头甚至包围了婴儿期。

谁能活得像苏东坡呢？生命的持续展开状态令人叹为观止。何以观止？尚须追问。

海德格尔：“唯有艺术才能拯救技术。”

苏东坡说：“吾文如万斛泉源，不择地皆可出。在平地，滔滔汩汩，虽一日千里无难，及其与山石曲折，随物赋形，而不可知也。所可知者，常行于所当行，常止于不可不止。其他，虽吾亦不能知也。”这段话很精当，文字“随物赋形”，道出汉语艺术之妙。

艺术像自然一样保持着神秘。泉水到处冒出来，每一股都是享受。艺术让不存在的东西存在。艺术家的生存乃是加强型生存。

文字悬日月，文字舞干戚，文字激荡风雷，文字也小桥流水、风花雪月。

苏东坡点评文同画的竹子：“其身与竹化，无穷出清新。”审美主体消融到客体中去。

他点评李公麟：“李侯有句不肯吐，淡墨写出无声诗。”

点评吴道子：“出新意于法度之中，寄妙理于豪放之外，所谓游刃有余，运斤成风……”

点评王维：“诗中有画，画中有诗。”“当其下笔风雨快，笔势未到气已吞。”

阐释书法艺术："作字之法，识浅，见狭，学不足三者，终不能尽妙。"

"诗不能尽，溢而为书，变而为画。"

又自况："吾幼而好书，老而不倦。"为什么老而不倦呢？看来书法奥妙多，终其一生难以穷尽。书法线条有见识，有学养，有意蕴。欧阳修曾经棒喝："弃人间百事而专攻一书事，本末倒置矣。"为书法而书法，书法要装怪，伪风格流行。每日闭门写来写去，写什么呢？

黄庭坚点评东坡绘画："东坡居士作枯槎寿木，丛筱断山，笔力跌宕，于风烟无人之境。"

宋人刘体仁称："东坡竹横幅，在北海先生家，酣满俊逸，足移人情，墨分七层。"

这叫道技两进，首先是悟道。一般水墨画家墨分五色，苏东坡墨分七色。

古人的文艺点评往往只有两三句，却是千百年传下来。今之学界，大部头何其多矣。

"东坡每事，俱不十分用力"

这位古人叫况周颐，这个短语很重要。

每事不十分用力，用七八分力，却能收十分功。苏东坡的为人，大抵按直觉行事。为政亦潇洒，他在西湖的画船上办公，“欲将公事湖中了。”写诗填词画画，随意为之，意志不去染指感觉的原初性，“天真烂漫是吾师。”先有严谨，有博学，然后触类旁通，下笔汪洋恣肆。

生存的灵动与坚韧，要追溯到他的童年，天上都是脚板印，天天都有小挫折，小麻烦。遇堵塞能疏通，遇阻碍能转向，遇困难能化解。“山重水复疑无路，柳暗花明又一村。”

孔子说：“勿必，勿固。”苏东坡活得不沾不滞，凡事举重若轻。这个逍遥境界不易学，但是，人若向往这个境界，就会慢慢地靠近它。古往今来，太多太多的人走了相反的路，凡事强力而为，往往成事不足败事有余，人也累，人也病，人也亡。

苏东坡痴迷庄子，庄子是生存灵动的祖师爷。深度生存六十年，却能够瞬间转向，这个太难了。苏东坡为什么向往陶渊明？因为五柳先生离庄生更近。

王安石，司马光，都是用力太甚。

哲学家们为何长寿？只因生存灵动，并且深深懂得：人在宇宙中永远微不足道。

苏东坡的性格毛病

苏东坡一有机会就发挥他讽刺嘲笑的专长，有个姓李的后生请他点拨诗文，当众朗诵自己的诗作，紧张等待这位文坛盟主的评价。苏轼笑吟吟说：“可得十分。”

后生大喜过望，眼泪都要下来了。苏东坡补上一句：“吟有七分。”

可怜的后生顿时大惭，夺路逃走了。也许从此自卑下去，失掉自信心。这京城后生有了一个甩不掉的绰号：李三分。

一日，京城的士大夫聚会，苏东坡嘲笑刘贡父的断鼻梁，“贡父风疾，鼻梁且断，日忧死亡。”苏东坡讽刺打击老朋友，在宴席上高吟汉高祖刘邦的《大风歌》：“大风起兮云飞扬，威加海内兮归故乡。”众人等他念最后一句，他停了停，环顾四座，笑吟：“安得壮士兮守鼻梁。”哄堂大笑。刘贡父恨不得钻到桌子底下去，后来想一回难过一回。

诸葛亮骂死王朗。苏东坡差点气死刘贡父。

左仆射吕大防是个大胖子，“面如满月”，人也面团，遇大事，哼哼哈哈不表态。苏东坡不满，找机会发泄。一日，去吕大防家里汇报，胖子却在大睡午觉。苏东坡不耐烦，寻思报复。吕胖子终于出来了，苏东坡指着养在墙角的六眼龟说：“此易得耳，时伶人敬新磨在殿下进口号云：不要闹，不要闹，听取这龟儿口号：六只眼儿分明睡一觉，抵别人三觉。”苏东坡当面骂吕大防是六眼乌龟，还引用掌故，谓之雅谑。吕很不高兴。人都是血肉之躯，血生情，情难禁。苏东坡这是何必？他当着朝廷百官骂二程泥古不化，程门弟子记恨他。

朱光潜先生尝言：“刻薄，是文学天才的四大特征之一。”

西园雅集

东晋王羲之等四十余人在越州兰亭雅聚，书圣留下被称为天下第一行书的《兰亭集序》。北宋，苏东坡等十六人在汴京西园雅集，李公麟作《西园雅集图》，米元章作记。古代文人雅集之盛，最数兰亭与西园，相隔八百年。文化的传承，需要具有持久传播力的文化事件。

西园的园主王诜，字晋卿，是高太后的女婿，乌台诗案，他头一个报信，受惩罚。他收藏了大量古字画，古玩，他自己也是画家，玩家，鉴赏家，活动家。

画面上的十六个人，都是名噪一时的人物。在王晋卿的豪华私家园林，或书，或画，或弹琴，或沉思，或与美姬交谈。穿黄色道袍居中而坐的是苏东坡，正运笔写字。东坡道人身后，名流闲观，佳丽翘首。

米芾在《西园雅集图》题记云："孤松盘郁，上有凌霄缠络，红绿相间；下有大石案，陈设古器瑶琴，芭蕉围绕。坐于石盘旁，道帽紫衣，右手倚石，左手执卷而观书者，为苏子由。团巾茧衣，手秉蕉箑而熟视者，为黄鲁直。幅巾野褐，据横卷画归去来者，为李伯时。披巾青服，抚肩而立者，为晁无咎。跪而作石观画者，为张文潜……二人坐于盘根古桧下。幅巾青衣，袖手侧听者，为秦少游。"

黄庭坚字鲁直，李公麟字伯时，晁补之字无咎，张耒字文潜。

服饰，姿态，性情，古木，花竹，器物，画卷和题记皆耐读，主要是氛围，弥漫着出尘之气，庶几有神仙之境。

"唐巾深衣，昂首而题石者，为米元章。"

有趣的是，这些人物都是官员，却无一人穿官服，偶见乌帽而已。苏子由官最大，并未居中。苏东坡居中，米元章称东坡先生而不称子瞻，区别于其他人。这个区别大。

苏东坡名句：“我坐华堂上，不改麋鹿姿。”

仕与隐，出与处，行与藏，进与退，看来可以是同一件事。

古代大文人，走向官场又背向官场，生强对流张力区，生风雨雷电，也生宁静的风暴眼。《西园雅集图》乃是典型的、标志性的风暴眼。宁静之能量，直接来自喧嚣与骚动。

这幅名画的元代摹本，现藏于眉山市三苏祠博物馆。

苏东坡等人在汴京雅集，当有许多次，西园的这一次，人物比较多，李公麟画图，米元章题记。元代赵孟頫临摹，明清名士题跋，于是，影响力像是滚雪球，越滚越大。

兰亭盛会都是男士，西园雅集不乏女流。

“其乌帽黄道服捉笔而书者，为东坡先生。仙桃巾紫裘而坐观者，为王晋卿……后有女奴，云鬟翠饰侍立，自然富贵风韵，乃晋卿之家姬也。”

王晋卿家族三代富贵，他的夫人是宋神宗的妹妹蜀国公主。他有一宠姬，曰啭春莺，乃是京城的超级佳丽，兰心蕙质，歌喉舞姿，倾倒士大夫。苏东坡即席赋《满庭芳》：“画堂别是风光。主人情重，开宴出红妆。腻玉圆搓素颈，藕丝嫩、新织仙裳。”

从啭春莺腻玉搓圆的脖子写到仙女的裙子，足见作者的痴迷。主人情重，才让啭春莺亲自侍宴。佳人平时，“珍重芳姿昼掩门”。静悄悄的幸福生活天长日久，方有天然富贵风韵。

“双歌罢，虚檐转月，余韵尚悠扬。”

佳人舞低楼心月，诗人陶醉啭春莺。南方北方他阅艳无数，犹惊艳如此。

“坐中有狂客，恼乱愁肠。报道金钗坠也，十指露、春笋纤长……”

金钗故意坠，佳人弯下纤腰。

十个春笋般诱人的指头露出来，歌舞氛围中，艳力更持久，玉指呈现为加强型玉指。大学士、知制诰、紫袍高官之类，一时灰飞烟灭。啭春莺转动照人，美得令苏东坡窒息。

佳人，艺术，酒，园子，几种沉醉弥漫了夏季的西园。座中恼乱狂客，最数苏东坡。

“佳人相见一千年”

公元一〇八六年到一〇八九年，苏东坡居京城，填的曲子词不少，只有两首称佳，一首写啭春莺，另一首献给王朝云。生命冲动收窄了，唯有佳人，催生佳作。

“十年京国厌肥羜。”他在汴京先后待了十年，生命冲动远远不及黄州、惠州、儋州的十年。这两个十年有比较的空间，学者们不妨将其设为研究课题。

王朝云在汴京的生活细节，未留下相关记载。她享受了好日子，饮食精致，穿戴讲究，渐有富贵风韵。“好事心肠，著人情态”，苏东坡这么形容她。周围的人都喜欢她，她的子瞻处处呵护她。她是有卑贱记忆的，于是格外珍惜好时光。

端午节，在中原和江南也叫女儿节，出嫁的女儿挂符回娘家，插蒿草，浴陈艾，吃粽子，踏百草，让小孩儿围坐在老虎灶，为老人斟满雄黄酒。王朝云无娘家可回，苏东坡照例陪她过女儿节，并辔出京百余里，绿野客栈两三天。开封城外一马平川，穿城而过的汴河绿波荡漾，忙着过节的汴梁人到处都是，码头边，古榕下，村落旁。

苏子瞻为王子霞写下《浣溪沙·端午》：“轻汗微微透碧纨，明朝端午浴芳兰。流香涨腻满晴川。彩线轻缠红玉臂，小符斜挂绿云鬟。佳人相见一千年！”

这首小词是爱的宣言书，汉晋唐宋诗人，未见如此强烈之表达，唯李商隐类似耳。佳人相见一千年！苏东坡的爱情豪放语，并不减黄州赤壁“大江东去”的歌唱。

人类之情爱，也是至高无上。

赖有相爱到死、下黄泉还要爱的生命冲动，方有一代又一代的男女情爱之大观。

自主的爱是个发问的基地，解构礼教遮蔽，放出人性之光。

“单于若问君家世，莫道中朝第一人。”

苏辙出使北辽，发现契丹人卖大苏（苏轼）的文集，不禁感到惊讶，写信报告哥哥。苏东坡回信，写了一首诗，其中说：“单于若问君家世，莫道中朝第一人。”

苏东坡自称中朝第一人，中朝，犹言中国。他倒是不谦虚。李白杜甫谦虚吗？杜甫称：“诗是吾家事。”李白：“我本楚狂人，凤歌笑孔丘。”孔子孟子庄子谦虚吗？答案是否定的。历朝历代的强大者，自知在历史长河中的分量。诸葛亮二十五六岁就自比管仲、乐毅。

在更高中保持高度，在更强中保持强度。这并非西方巨人们的专利。中国几千年历史，杰出的个体层出不穷。

“堪笑钱塘十万户，官家付与老书生”

元祐四年三月，高太后下诏：“苏轼罢翰林学士兼侍读，除龙图阁学士、充浙西路兵马钤辖，知杭州军州事。”浙西路辖七个州，杭，湖，秀，越，睦，润，常。苏轼钤辖浙西路，军政两摄。不特此也，太后娘娘下旨，以前朝执政大臣的恩例，赐苏轼衣一对，金腰带一条，金镀银鞍辔一副，宝马一匹。

黄衣太监们敲锣打鼓前往苏家，隆重宣诏，京师市民夹道观看。

苏轼写诗云：“堪笑钱塘十万户，官家付与老书生。”官家指宋哲宗。写诗要这么写，尽管谁都知道是高太后作主。杭州太守这个位置，得来不易，苏轼三次上辞状，乞放越州（绍兴），辞状称：“朝廷若再留臣，是非永远不解！”

高太后舍不得，但还是放他走了。太后说了一句：“不为朕留”，苏东坡感激涕零。

一〇八九年的夏天，苏东坡赴杭州任

一〇八九年的夏天，苏东坡陆路、水路赴杭州，过南都，再拜乐全老人张方平。在乐全堂，苏东坡住了一个月，其间，为范镇撰写墓志铭。北宋朝廷多勇士，范蜀公排第一。熙宁初，范镇知谏院，力抵王安石，上书皇帝曰："陛下有爱民之性，大臣用残民之术！"他自请离京，理由是："臣言不行，无颜复立于朝。"致仕后，他一度回到成都，"日与乡人乐饮，散财于亲旧之贫者。"他七十多岁还去爬青城山，爬峨眉山。"凡期岁乃还京师，在道作诗凡三百五篇。"

据李方叔描述，范镇去世前，"鬓眉皆变苍黑，眉目郁然如画。"

苏东坡解释："范公平生虚心养气，数尽神往，而血气不衰，故发于外者如是。"

范镇享年八十四岁。两年后张方平去世，享年八十七岁。

苏东坡赴杭州任的途中，李常、孙觉相继去世。苏东坡一路忧伤。"访旧半为鬼，惊呼热中肠。"活着，就是怀念着。他写信对朋友说："轼于天下，未尝志墓，独铭五人，皆盛德故。"五人中有富弼，司马光，欧阳修，范镇。他的一支笔，王公贵族如何请得动？千金酬礼，根本不考虑。苏东坡的一生，义高于利。一生之所重，道德，风俗。他屡屡提到归乡，但从未在老家眉山建一座阔园子，留作他日衣锦还乡。如果动了这个念头，自会有乐于为他效劳的地方官。他是为皇帝起草诏书的高官，多少人有求于他手中的那支笔。

公共权力，决不私用。

苏东坡不卖字画，不写可收重金的墓志铭，不利用自己的显赫地位，更不与商贾勾肩搭背。做官三十余年，信念始终如一，“谁似东坡老，白首忘机。”白首无机心，这可不容易。他单纯，单纯能够发力。生命冲动受阻，愈发冲得高。谁让他从小就崇拜伟人范仲淹呢？

元祐年间，良臣多凋零。苏东坡赴杭州，一千里路走了三个月。他的官船抵达镇江码头，太守黄履远前来迎接。此人深文周纳，是个凶狠之辈，当年在乌台打苏轼不留情，现在摇身一变，视苏轼为偶像，将官厅布置成东坡居士书画长廊。

宴席上有沈括，小心翼翼地讨好苏龙图，席间只谈太湖的水利工程。那个黄太守，率领部属歌颂苏轼，引用陈师道的诗句：“一代不数人，百年能几见？”

这些人敬酒，苏轼也喝下。置身于官场，妥协是必要的。君子要学会与小人相处。各地不乏有才干的小人，与小人共事是危险的，而为国家计，君子不惧冒险。

夏末，苏轼的官船到了湖州，“伤心旧地，罪官重来。”感慨系之也。十年前他在湖州被抓走，百日内，两次想自杀。烛光下，苏轼对妻妾儿孙讲了一些从未讲过的细节，比如欲投江自沉，免得牵累亲朋。家人唏嘘，长头儿苏迨猛地掀开帘子，冲到漆黑的舱外去……

离京时，老臣文彦博告诫苏轼：“愿君至杭，少作诗，恐为不喜者诬谤。”

十五年前，苏轼到杭州担任通判，文同告诫：“北客若来休问事，西湖虽好莫吟诗。”

时近半夜了，苏东坡凭船舷，凝望波翻浪涌的大江，百感交集。

“先济饿殍，后完破产”

苏东坡重游西湖，重上望湖楼，“不见跳珠十五年。”但苏轼这个人，做官要做事，决不会忙着享受。眼下的杭州，旱涝交袭，苛政贻害，人口锐减，人间天堂究竟得了什么病?

苏轼《上吕仆射论浙西灾伤书》：“自经熙宁饥疫之灾，与新法聚敛之害，平时富民残破略尽。家家有市易之欠，人人有盐酒之债。田宅在官，房廊倾倒，商贾不行，市井萧然。”

熙宁新法在民间取利，首先瞄准苏杭越一带。搞了近二十年，百姓跑了一半。

苏轼上任一个月，杭州等地久旱之后复降大雨，造成内涝，到处是积水。秋粮大减产，米价暴涨。而三吴鱼米之乡，百姓并无囤粮备荒的习俗，跟西蜀的风俗很不同。杭州城里的房子建得漂亮，而家无隔夜粮的，十户有八户。苏轼正忙着筹款修官厅、营房、仓库，忽闻杭州米价有飙升之势，立刻下令，把筹集来的银子拿去买粮食，平抑物价，以备冬春之荒。官员闹情绪了，说官仓倒塌已经压死了四个人，再不修筑，后患无穷。军官则抱怨，营房漏雨，将卒受冻。

官员和将军声音大，有压倒太守之势。

苏轼下令：“先济饿殍，后完破产。”这事容不得商量。军政两摄的苏轼说一不二。

当百姓的利益与官府的利益发生冲突时，苏轼向来重视前者。“民为贵，社稷次之。”

苏轼把孟子落到实处。

开二河，疏六井；逆官风，顺民意

浙西七个州，经市易、青苗、榷盐诸法反复折腾后，不再是富甲江南了。眼下又逢凶年，苏轼向朝廷紧急请求度牒数百道，对浙西“意外持护”，恢复其生机。度牒是和尚、道士的身份证明，由朝廷专卖。持度牒可免田赋，地主愿意花钱买。

苏轼雷厉风行，着手疏浚杭州的两条运河：茆山河与盐桥河。上游修闸门拦水以提高水位，调动厢军配合民工，挖河道中淤积的泥沙，只数月，两条河通畅了，货船连帆而来，市民结队欢呼。“父老皆言：自三十年来，开河未有此深快者也。”

引淡水的工程也开工了。杭州城内有六口大井，十七年前，苏轼协助陈述古整治过一次，如今又淤塞。苏东坡重治六井，恭请内行主持，一面淘深井，一面将引水的竹筒改为瓦筒，“永无坏理”。

复于城北新挖两口大井，将西湖水引入，使以前饮水困难的城北市民近便取水。“西湖之水，殆遍一城，军民相庆。”

苏东坡帅杭才半年，干了几件大事。这也表明，熙丰官员治理地方很成问题，私心重了，自保官帽是头等大事。杭州号称东南第一州，常住人口竟然减少一半。

官场风气日坏，苏轼逆风而行。逆官风，才能顺民意。

苏东坡此间做官有荒诞感么？有，也要放一放。

西湖病了，苏东坡来了

苏东坡工作再忙，西湖还是要去的，酒要喝，诗要写。当地官员兴师动众，画船几艘，红妆云集，齐唱“水光潋滟晴方好，山色空蒙雨亦奇……”然而苏东坡头脑清醒，一眼就发现西湖病了，且病得不轻。“水面日减，茭葑日滋。”葑田占去水面的一半，“更二十年，再无西湖也！”他在杭州的任期可能不足两年，却忧心二十年后的西湖。

西湖三面环山，一面通江，群山的雨水流入湖，灌溉、饮水都靠她。如果西湖淤塞了，不能蓄水，则会造成水旱皆成灾的糟糕局面，杭州城将永无宁日，城市规模会越来越小。苏轼反复向中央政府阐述治理西湖的重要性，希望朝廷下决心，允许他开大工，清除湖中所有的葑田，保住杭州这个利在千秋的大蓄水池。

苏轼形容：“使杭州而无西湖，如人去其眉目，岂复为人乎！”

苏轼《申三省起请开湖六条状》：“西湖之利，上自运河，下及民田，亿万生聚，饮食所资，非止为游观之美也！”三省：中书省，尚书省，门下省。

泥沙杂草年年推进，葑田日增，西湖淤塞已过半，病西施花容惨淡、气息奄奄了。杭州人最忧，集体请求苏太守。而此后的杭州太守，林希是相当复杂的官僚，吕惠卿是小人之尤，只会让西湖病入膏肓。即使来了不错的官员，也不可能同时具备苏轼的美政冲动、政治资源和水利工程技术，西湖将死亡，或半死不活，城市水旱皆灾，形成长期的恶性循环。到南宋定京城，也不可能选杭州。

苏东坡救西湖，就是救杭州。这是公元一〇九〇年。

苏公堤

十万民工干起来了，兵工，吏工，和尚，道士，志愿者，杭人有钱出钱，有力出力。苏轼有三个得力助手：两浙兵马都监刘季孙，杭州税监苏坚，钱塘县尉许敦仁。各方协同大会战，分头去忙碌，有矛盾不扯皮。“总指挥部”寥寥数人而已，可是效率惊人。

为了赶工期，苏轼不分昼夜巡视在浩大的工地，吃民工饭，喝民工水。领导带了头，部属变了样，一个个吃糙米饭狼吞虎咽。端午节，杭州市民送来大量猪肉，苏太守命人切成方块，支若干口大锅于热火朝天的开湖工地，文火慢慢炖，“火候足时它自美”，民工们全都吃笑了。“东坡肉”在杭州传开了。这美食有了杭州人的美好记忆，复传于两浙十几个州。

挖出来的葑田多达二十五万丈，如此巨量的泥沙怎么处置？苏公夜巡白公堤，灵感像闪电般照亮了西湖。用这湖泥筑一条贯通南北的长堤，将大大缩短市民绕湖而行的距离。当时，绕湖到对岸，要走三十多里。苏轼《续与章子平书》：“葑脔初无用，近于湖心叠出一路，长八百八十丈，阔五丈，颇消散此物。”

诗人赋诗：“六桥横接天汉上，北山始与南屏通。忽惊二十五万丈，老葑席卷苍云空。”

苏公堤，从此铺在湖上，千百年一胜景，辉映白公堤。白、苏二人真是有缘分，写西湖俱称颂于世，东坡名号得自白居易的《东坡八首》。

南宋《梦粱录》记载苏公堤：“自西迤北，横绝湖面。夹道杂置花柳，置六桥，建九亭，以为游人玩赏驻足之地。”

苏轼又鼓励杭人种菱角于湖边浅水，减少了葑草对湖面的侵占。种菱有收益，利于长远。苏轼写道：“卷却西湖千顷葑，笑看鱼尾更莘莘。”

明朝杨升庵说：“东坡杭湖、颍湖之役，不数月而成不世之功。”

今天的杭州人亲切地称苏东坡是“我们的老市长”。密州，徐州，扬州，颍州，苏东坡也是老市长。这位市长没有名片，却是盛名永流传。

东坡率领杭州官吏游长堤，欣喜之情溢而为诗：“我凿西湖还旧观，一眼已尽西南碧。”有市民问他：如此厚爱杭州，是否因为杭州人一向对他情义重？乌台诗案，杭州人纷纷相约，为他做解厄道场；贬黄州时，杭人专车载物去慰问，“一年两仆夫，千里问无恙。”

苏东坡笑而不答。美政冲动无穷，何处不是杭州？只不过眼下他有高太后的支持、能干大事罢了。

何谓好官？永远觉得自己做得还不够好的官员是好官。

公元一〇九〇年，苏东坡守杭，干了三件事：救湖，救城，救人。

圣散子

西湖蓄不住水，杭州水旱都是灾。熙宁以来，杭州屡发瘟疫，有一年死了几万人。元祐五年春，杭州闹瘟疫，和尚道士卜占，皆曰：“这一年是大凶年，杭州城将要挂满灵幡。”

富人要跑。人心惶惶。这情形很像当年徐州发大水。

苏东坡正在全力救西湖，能救时疫吗？杭州人有点拿不稳。富人们收拾金银细软……

凤凰山下的太守府，不见动静。苏龙图究竟在忙什么呢？万众瞩目凤凰山。

苏东坡试药。疫病患者腹泻，高烧，试了若干方子并不见效。城里的良医来了，又叹息而去。全家人为药方子犯愁。官吏说：“去年治疫病有效的药方，今年却用不上了。”

苏东坡坐着发愣。长头儿走来走去。闰之夫人悄声道：“迨儿，写诗莫吟，写在肚子里。”

近来苏迨写诗上瘾，“无赖诗魔昏晓侵，绕篱欹石自沉音。”他哥哥苏过每日画院子里的鸡，尝试变形。“论画以形似，见与儿童邻。”苏过长成帅小伙子了。

开悟迟的长头儿忽然说：“巢谷叔。”

苏轼扭头瞧儿子。长头儿又慢吞吞走开去了，走到修竹怪石那边。

苏轼定了定神，问：“你刚才说啥子？”

苏迨答：“巢元修圣散子。”

苏东坡弹起来了，急切间道一句：“吾儿了得！”

巢谷离开黄州时，曾经拿出祖传秘方圣散子，郑重交给苏东坡，要东坡指江水发誓，决不把秘方传与他人。东坡发了誓，转眼却将圣散子药方写给黄州名医庞安常。

中医有个毛病：传内不传外，传子不传女。这导致医术与良方大量失传。苏东坡不理会千百年的陈规陋习，也不一味讲所谓言而有信、君子一言、一诺千金。

东坡指江水发誓，背过身就窃笑。巢元修大他九岁，很严肃的。

且说苏东坡奔入屋子，找圣散子的方子。翻箱倒柜，哪有宝贝？闰之夫人、采菱、拾翠帮着找，迨儿、过儿、箪孙儿东翻西寻，鸡狗猫也进屋，趁机胡乱跳。

独王朝云不在。她去了院子对面的书房。闰之夫人嘀咕：“这子霞妹妹……”

王朝云手拿一卷苏轼的《易传》文稿过来了。子瞻一拍脑袋：“嗬，瞧我这记性！”

宝贝药方圣散子，夹在书稿中。

接下来，抓药，煎药，病人试药。成功了，药到病除。全家欢呼圣散子，朝云复去书房拿来了笔砚，让先生多抄几张，免得搁忘了，弄丢了。夫人叹曰：“妹妹心真细啊。”

苏太守升堂下令：“各部门的官吏马不停蹄传消息，以安民心。”

民心稳定了，杭州城的大街小巷又支起了大锅，专煎大锅汤药。有市民戏曰：还以为苏杭州请我们吃黄州炖猪肉呢。

《年谱》：“东坡设安乐坊，命医官为疫者治病，全活者甚众。施圣散子方。”

据苏子由讲，苏东坡拿出私蓄的黄金五十两，拨官钱二千缗，建了一座安乐坊。《宋会要辑稿》：“苏轼知杭州日，城中有病坊一所，名安乐，以僧主之。”这安乐坊，南宋犹存。可能是中国古代最早的慈善医院。

苏轼写于次年的《圣散子后叙》：“去年春，杭之民病，得此药全活者，不可胜数。所用皆中下品药，略计每千钱得千服。”一文钱一服药，救杭人无数。

苏轼未提那多年积攒下来的五十两黄金。

“城内士女云集，夹道纵观太守”

《梁溪漫志》：“东坡镇余杭，游西湖，多令旌旗导从，出钱塘门……饭于普安院，徜徉灵隐、天竺间，以吏牍自随。至冷泉亭，则据案判决，落笔如风雨。分争辩讼，谈笑而办。已，乃与僚吏剧饮，薄晚，则乘马而归。士女夹道纵观太守。”

古人的记载有夸张，大抵可信。

一个杭州官员说：“内翰只消游湖中，便可以了郡事。”

苏东坡有个工作习惯：“日事日尽”。当天的公条当天了。

追随苏轼的秦少章写诗：“十里荷花菡萏初，我公所至有西湖。欲将公事湖中了，见说官闲事亦无。”苏轼作为一方大员，才干称一流。首先他肯干，敢干，其次，善于动脑筋，善于团结同僚。杭州他官最大，言出必行，且兼听则明。而在朝廷四年，他说啥不是啥。

北宋后期之良吏，做个地方长官，尚可大有作用。

噃，杭州人是多么爱戴苏东坡啊。士女云集，夹道抛鲜花，大胆的妇人冲上去，不由分说，将五色鲜花插满他的长头，盖了他的耳朵。城市日将暮也，“十里珠帘半上钩”……

苏东坡同时看几本书

秦少章记云：“某于钱塘，从公学二年，未尝见公特观一书也。”苏轼看书也随意，不特观一书，这本瞧瞧，那本翻翻。鲁迅先生提倡“随便翻翻”，先生爱用小刀裁开毛边书。

东坡守钱塘，五十六岁。看书已近五十年，先有精读的底子，后有随便翻翻。

枕上，马上，船上，厕上，有时候在无聊的宴席上。

苏东坡的眼病，一是由于上火，二是由于看书。每日把卷不少于两个时辰（四个小时）。闲暇时整天看书。再忙再累，不废观书。

读书乃是人类强大自身的最佳途径，再过一万年也复如是。

一把扇子，值二十两银子

宋代二十两银子，约等于现在的六千块钱。

杭州有卖扇子的妇人，因连月淫雨，丝质团扇积压，卖不出去。妇人慌了，去求苏太守，哭哭啼啼，说扇子都快要生霉点了，穷日子也过不下去了。

太守说："这老天爷要下雨，我也没办法。要不我买三十把扇子，发给州县的衙役。"

妇人摇头："苏大官人，不管用的呀，一把扇子二十钱，本钱就有十五钱。大官人啊，小民揭不开锅咋办啊？我明天饿死了，一张草席裹了去，荒郊野外挖个坑。可是我有儿子孙子，都是大官人的子民，他们是要活下去的呀。苏大官人耶，钱塘百姓人人夸的大官人耶。"

苏东坡犯愁了。上街帮妇人卖扇子去？那可不好，太守卖扇子，卖饼子卖包子的杭人有求于他，却又怎生是好？妇人哭兮使君愁。妇人不走，使君也不会撵她走。办法都是逼出来的。画扇！大画家在团扇上随意画几笔，草，花，竹，皆可。重要的是款识：东坡居士。

"当其下手风雨快"，几筐扇子须臾画完。妇人并不懂字画，将信将疑说：这竹子不大像竹子，这兰草又不开兰花花，我卖给谁呀？

苏大官人，这画扇卖多少钱一把?

苏东坡笑道：“二十。”

妇人叫苦：“二十钱啊，一把扇子赚五钱，除掉那些生霉点的霉扇子，我是要亏本的呀。”

妇人取来几十把霉扇子，东坡一挥而就。妇人乐了：“嘿，霉点子变成了倒挂子（桐花凤）。”

苏东坡说：“一把扇子，可卖二十两银子。”

妇人大惊失色：“这这这……”

不消半个时辰，几筐扇子被市民抢光。那王十六得了内部消息，抢得五把兰扇在手。卖画扇的妇人点银子咬银子吹银子，稀里哗啦装银子。今日发大财也，还叫儿子回家背扇子，大官人再画。反正手一挥，银子便成堆。

苏东坡笑道：“阿婆，知足常乐。本官手痛，画不动了。”

妇人曰：“那大官人明天再画？”

苏东坡走人，边走边说：“明天的明天，东坡居士手痛。”

王十六向人讲道理：“人是不能贪的呀，侬贪心，渠贪心，上上下下，人心不足蛇吞象，风俗不存，道德不厚，人情比纸薄，人人都要吃亏的呀。我的姐夫苏东坡，天下第一不贪财。”

闰之夫人嗔怪：“十六弟，你口口声声不贪，为什么抢购了五把兰花团扇？”

王十六嗫嚅：“这个这个……姐啊，你弟弟寻思赚几两碎银子，平日里手头宽松点。姐啊，你晓不晓得你弟弟回眉山，得花多少盘缠?青神县的侄儿男女一大群，都盼着礼物哪。”

闰之夫人点头：“这倒也是。你手头有不少东坡字画吧？”

王十六忙道：“不多，不多，多乎哉？不多也。”

王十六送东坡拍板

富在深山有远亲，王十六是苏东坡的小舅子，有理由常来走动。他能写诗，能画几笔，跟王诜驸马爷混成了哥们儿，与黄庭坚秦少游米元章称兄道弟。十年来，王十六三次从眉山出发，到黄州，到东京，到杭州。姐夫的字画，姐夫把玩过的酒盅茶杯石头，姐夫用过的玉带玉枕香炉之类，他收藏了百余件。尝语青神乡人：“跟着姐夫游，确实有搞头。”

王十六在大城市待久了，渐渐习惯了灯红酒绿，见识了歌儿舞女。他向杭州人夸耀：“钱塘第一佳丽是谁呀？‘玉人家在凤凰山’，东坡居士这是描写谁呀？”

市民说：“谁晓不得啦？东坡先生的侍妾王朝云，她是我们钱塘的骄傲。”

王十六平时哼哼柳永词：“为伊消得人憔悴。”唱黄庭坚词：“天生你要憔悴我。”再吟秦少游佳句：“无边丝雨细如愁，宝帘闲挂小银钩。”

王十六愁啊愁，夜夜抱枕头。娘子远隔山万重，可怜王十六，只能听歌女。姐夫告诫过他，不可任性坏了规矩，不可造次唐突美人。

有一次，他向姐夫借歌女唱歌用的拍板，姐夫说：“我哪有拍板啊？”

欧阳修蓄歌舞伎。苏东坡家无拍板。

王十六就寻思了：“逢年过节，朝云妹子不唱歌吗？可惜了妹子天生的好嗓子。”

《年谱》：“王箴赠东坡拍板。”

东坡说：“有了这东西，不妨用几回。”

王巩携宇文柔奴到杭州，秦观携边朝花到杭州，未过几日，那东京王晋卿听说了，旋命高轩，带啭春莺赴余杭佳会。四艳一堂，笙歌曼舞不休，“晚妆初了明肌雪”“红锦地衣随步皱，佳人舞点金钗溜”，四艳令瑶台天女失颜色，九丈金钗纷纷落银河。

剥，剥，剥剥；笃笃笃……明眸皓齿唱柳、晏、苏曲子词，拍板一声声，打到后半夜。

王十六醉也，向东坡提要求：“姐夫，过些日子是你内弟生日，画一幅《四艳图》送弟弟，如何？”

苏东坡不答，只听拍板的节奏。

东坡居士带歌女进佛堂

苏东坡爱开玩笑，在杭州，把一个歌女带入净慈寺善本禅师的讲经堂，偏叫美艳少女跟一群汉子和尚面对面。苏词《南歌子》：“借君拍板与门槌，我也逢场作戏、莫相疑。”

门槌本是佛门的棒喝之物，佛门本是清心寡欲地，几十个光头小和尚正念着佛经，忽然来了一位乌发照人的少女，“溪女方偷眼，山僧莫皱眉。”

溪女进了佛堂也是好奇，善本禅师大皱眉头，真是好笑耶。女人是老虎吗？漂亮女人是漂亮老虎吗？既已四大皆空，五蕴非有，何必要皱眉头？

苏东坡搞恶作剧，搞到了南屏山净慈寺。玩笑开大了，杭州三百六十个寺庙，二百个道观，万千僧众与道士，明里暗里传唱《南歌子》。著名的南屏晚钟，敲出了溪女的身影，和尚的尴尬。

苏太守斩花和尚

杭州有个诗僧叫仲殊，出家前吃肉凶，冲妓馆章台脚底抹油。老婆痛恨，菜里下毒，他吃蜂蜜解了毒。从此看破红尘遁入空门，吃素食却样样蘸蜂蜜，自称“蜜殊”。空门待久了，他转思山下的红尘，大写艳词，辑为《宝月集》，苏东坡很欣赏。

仲殊和尚诗云：“江南二月多芳草，春在濛濛细雨中。”苏东坡写成条幅送参寥方丈。他鼓励仲殊写红尘中的甜蜜时光，支持这个和尚的粉色记忆。

大作家能从四面八方掂量人性。各阶层的人都喜欢苏东坡，原因在此。

杭州云山顶上另有个和尚，名曰了然。这了然和尚迷恋城里的官妓李秀奴，一有机会便溜出山门，奔那肉蒲团。时间长了，“床头金尽”，衣钵当尽，花和尚还要去纠缠李秀奴，刺青于手臂：“但愿生同极乐园，免教今生苦相思。”

李秀奴婉拒，花和尚提起一双醉拳头。哪管她花容，只一顿暴打，打垮了雕花床，撕烂了鸳鸯帐。昔日卿卿我我，今朝以性命相拼。这李秀奴倒像南宋的李清照，不惧跟渣男对打。她被活活打死。花和尚难逃法网。

苏轼作《踏莎行》：“这个秃奴，修行忒煞，云山顶上空持戒。一从迷恋玉楼人，鹑衣百结浑无奈。毒手伤人，花容粉碎，空空色色今何在？臂间刺道苦相思，这回还了相思债。”

了然和尚终于一了百了，到阴间追玉楼人去了。

有学者怀疑这首《踏莎行》，“非东坡乐府格调”，看来这位学者未详东坡乐府，更不懂得苏东坡这样的生命体。

内翰倒地无人扶

苏东坡是以龙图阁大学士的身份到杭州担任知州，人称内翰，与外相并提。他去镇江考察水利，受到当地官员的隆重款待，轩冕客济济一堂，歌舞伎映照阳春。歌妓高曲儿唱黄庭坚的咏茶词：“惟有一杯春草，解留连佳客。”

东坡曰：“却留我吃草。”

他面无表情，官厅一阵哄笑。“诸妓立东坡后，凭胡床（圈椅）者大笑绝倒，胡床遂折，东坡坠地，宾客一笑而散。”

这故事见于宋人笔记。这么大的官当众倒地，似乎无人去扶他，自己爬起来就是了。这个细节饶有意味，“宾客一笑而散。”苏东坡倒地成笑料，官员和社会贤达们乐了一回，宴会即告结束，大家散了。诸妓出门还在笑，回头笑看苏龙图的狼狈相。

“家有画像，饮食必祝”

苏东坡知杭州十八个月，美政彪炳史册，轶事众口争传。杭州人家家户户供着他的画像：丰颊，广额，短须，双目炯炯而含笑。东坡上街，逛庙子，下馆子，常苦于被人认出来。小孩儿都认识他，酒鬼流浪汉都笑嘻嘻招呼他。

当年他通判杭州，监狱里关满了犯盐事的百姓。如今，“庭事萧然，三圄皆空。”酷法废止了，酷吏没有了，士农工商乐其业，安其居。背井离乡的杭州人又回来啦。

人们欢呼太守，太守说：“盖同僚之力，非拙朽所致。”

丰碑在何处？在杭州十万户的心中。人们在西湖苏堤上为东坡建了一座生祠，一代代为东坡先生祝福，九年后，吕惠卿知杭州，强拆了这座生祠。

家家户户心里的画像却是拆不掉的。杭人吃饭饮水，必祝福苏东坡。

欣赏一篇官方文件

《年谱》：“范祖禹上札子，乞早召还苏轼。”

这篇札子云：“臣伏见知杭州苏轼，文章为时所宗，名重海内，陛下所自拔擢，不待臣言而可知。臣窃观苏轼忠义许国，遇事敢言，一心不回，无所顾望。然其立朝多得谤毁，盖以刚正疾恶，力排奸邪……如轼者，岂宜使之久去朝廷，况轼在经筵，进读最为有补。臣愚伏望圣慈早赐召还，今尚书缺官，陛下如欲用轼，有何不可！”

范祖禹的札子，奏疏，最为司马光和南宋朱熹称道。

值得注意的是，元祐年间尚有老臣向皇帝上这种文字，是非明确，言苏轼之一心许国，遇事敢言。而仅仅在几年后，朝堂上的这类声音就再也听不到了。乡愿人，骑墙派，圆滑之辈，邪恶之徒，纷纷冒出来。

苏轼始终刚正，疾恶如仇，大是大非决不妥协。理解苏东坡，这是第一紧要处。

官员变得再坏，再不齿，官场再比烂，再龌龊，苏轼的许国之心不动分毫。

“一心不回，无所顾望。”苏轼本人的书信和奏疏，十几次提到他不变的初心。

屈原披头散发，苦吟于洞庭湖畔：“世人皆醉而我独醒。”

苏东坡还朝，与当初司马光从洛阳进京，抱着相似的心思，明知不可为而为之。

为了国家，上路吧。

苏东坡还朝三个月

元祐六年春，苏轼将启程还京，择日踏波去了孤山寺，命名了“六一泉”，永远纪念恩师欧阳修。泉后有室，寺僧取名“东坡庵”。当天，东坡复去智果院告别参寥方丈，汲泉煮春茶，手书“参寥泉”三个大字于泉边石头上。参寥大和尚命人刻石。

百姓惜别苏太守，纷纷到凤凰山来相揖别，有诗云：“欲知遗爱感人深，洒泪多于江上雨。”

安乐坊救活了数千人，有善苏体字者，浓墨题诗于坊门前：“从今宁忍看西湖，抬眼尽成肠断处。”

好官走了，来个坏官怎么办?

人们并不能确切地知道，坏官将会越来越多。然而，忧虑是有的，不安是有的。

苏东坡不复留杭州，杭人黯然，“抬眼尽成肠断处。”

三月初九，苏轼离杭，特意绕道湖州、苏州、常州等几个重灾区，考察太湖、吴淞江，思考治水，综合范仲淹、郏亶、沈括的经验，作《三吴水利状》，准备抵京呈送高太后。明朝人修三吴水利，也从苏轼的这篇文献中受益。

途中，宋哲宗派人悄悄送苏轼一盒茶叶，不知道小皇帝有何心思。

朝廷正在争权夺利，刘安世为右相，架空了左相吕大防。刘安世手下的贾易，杨畏，朱光庭，活跃得很。小人庸人只争眼皮子底下那点利益，而苏轼看得远，对太后说："甚可惧也！"官员争利益，必定乱象丛生。

杨畏有个绰号叫杨三变，一条变色龙，在朝廷如鱼得水。

苏轼作为翰林学士承旨，上任即上札子，尖锐地指出："朝廷以安静为福，人臣以和睦为忠，若喜怒爱憎，互相攻击，则其初为朋党之恶，而其末为治乱之机！"他点了贾易的名，旁敲杨畏，朱光庭。杨三变跳起来了，联络官员攻击苏轼。苏轼再上札子，详述浙西七州的灾伤，高太后下旨："赐米百万石，钱二十万缗。"

杨畏大造舆论：朝廷的钱米都被姓苏的拿去邀功了，我等如何享国？

享国一词，曾受到司马光等人的强力遏制，眼下又悄悄流行起来。

贾易、杨畏联章弹劾："苏轼所报浙西灾伤不实，乞行考验。"

朝廷的救济暂缓，巨额钱米发不下去。浙西几个州水深火热，苏轼焦急，请御史中丞赵君锡出来讲话，"欲其一言，以救两浙亿万生齿。"赵某协助范祖禹，击退了贾易、杨畏。救济钱粮终于发下去了，苏轼、范祖禹额手称庆，不禁流下了汉子泪。然而几天后，赵君锡审刘安世势大，反口咬苏轼，称苏轼不应该跟言官"交通言语"。贾、杨再联章弹劾，拿元丰八年苏轼在扬州竹西寺的题诗说事，称苏轼大逆不道。如果罪名成立，苏轼将再进监狱。

这是元祐六年的八月初。刘挚（安世）夜访吕大防，协调立场。次日，执政大臣们到延和殿太后帘前再上奏疏，吕大防的态度突然变了，奏曰：“详究疏状，前后矛盾。”

太后趁势降谕：“贾易排击苏轼太甚，须与责降。”

吕胖子复奏：“贾易与苏轼，两罢为便。”

苏辙已是执政大臣，苏轼再留京师，究竟对吕不利。吕胖子一副猪相心头明亮。

刘安世趁机借力：“两罢甚公平！”

贾易被逐出京师，大哭上路。苏轼自请知颍州（安徽阜阳）军州事，太后恩准。

刘安世出卖了他的手下贾易，未久，复为杨畏、贾易所卖，抖出他私下不忠的秘语秘事，贬到遥远而荒凉的山东郓州去了。朝廷这一次人事波动，杨三变的地位不变。

高太后针对所谓竹西寺诗案，明确表示：“作诗也是小事。”太后赐苏轼对衣、金腰带、银鞍辔马。苏轼致信王巩曰：“得颍藏拙，余年之幸也。自是刳心钳口。”

攻苏轼的言官赵君锡也被贬出京城，太后降谕：“赵君锡久远为朝廷大患，故贬之。”

苏轼还朝三个月，上了两道札子，惹发人事纷争，结怨于左右二相。而两浙生民得到巨量救济，一纸札子，活人无计，苏轼感到由衷的欣慰。

这欣慰，却是短暂的。

热血智者近看朝廷，远思国运，荒诞感在加剧。

阻八丈沟

苏轼知颍州，直接干预朝廷斥巨资开八丈沟的大动作。开封常有水患，于是开沟挖渠，注入惠民河，把水患转移给陈州。陈州闹水灾了，有水利官员就建议开八丈沟，将陈州的水引入颍水，复由颍水排入淮河。尚书省审议后，认为可行。总计征用民工十八万，首拨钱粮四十万贯石，耗时一年以上。苏轼直觉不妙，派出几个水利行家实地勘察，行千余里，“仔细打量，每二十五步立一竿，每竿用水平量高下尺寸，凡五千八百一十一竿。”

结论出来了：颍水一带的地面高于陈州，如果开挖八丈沟，遇大水必倒灌，洪水滔滔回泻，淹没陈州不说，还会直接威胁开封。

苏轼上《奏论八丈沟不可开状》，证据充分。尚书省紧急派人复勘测，证明苏轼正确，迅速收回成命。一项貌似惠民、实为祸端的浩大工程，废止在苏东坡手上。

朝廷一帮人恶斗，把苏轼斗出了京城。知颍州才两个月，苏轼就废止了八丈沟。

颍州西湖绕城郭，苏东坡写下名篇《泛颍》：“我性喜临水，得颍意甚奇。到官十日来，九日河之湄。吏民相笑语，使君老而痴。使君实不痴，流水有令姿……忽然生鳞甲，乱我须与眉。散为百东坡，顷刻复在兹。”

元祐七年二月，苏轼调任扬州知州。欧阳修、吕公著等宰辅大臣，都曾经做过扬州知州。唐朝“扬一益二”，天下州郡之富庶，扬州第一，益州（成都）第二。

罢万花会

蔡京字元长，以书法知名于后世。这个人与宋徽宗一样，是坏人写好字的典型。南宋秦桧、明朝董其昌也是这类典型。董其昌直接是禽兽。大文豪都是正人君子，大书法家却不乏小人，什么原因呢？文气通正气，歪风邪气写不出传世文章，而书法未必。蔡京知扬州，年年搞万花会，劳民伤财，搭建官员之间的交易平台。京城的高官乐于朝扬州跑，吃喝娱乐，大摇大摆于花海，人模狗样于平山堂，还站队，依次摸一摸欧公柳，摸出所谓仪式感。

苏轼知扬州，正是繁花时节，他下令罢除了万花会，下属茫然，市民欢呼。苏轼说：“万花会以一笑乐，为穷民之害。”又致信王巩：“花会用花千万朵，吏缘为奸，已罢之也。”

《东坡志林》：“余始至，问民疾苦，以此为首，遂罢之。”

苏东坡拆除了官与官的交易平台。有人提醒他：这是逆势而为，那个蔡京正在步步高升，而各州郡类似的“吏缘为奸”正如火如荼，交易形式日新。

苏轼想：十年前，司马温公在西京洛阳，生活朴素到极点，冬不生炭火，夏天钻进地下室写作，“食不敢常有肉，衣不敢纯有帛”……

逆势而为？那就逆吧。温公当时，何尝不是逆势而为？官僚阶层要搞大自身利益，这股力量太大了。目力长远者与鼠目寸光者的斗争，力量早已不对称。

禁丰收舞

这一年，扬州一片丰收景象，夏粮秋粮大丰收，州官县官精心准备了丰收舞，歌舞伎挑了五十个，美酒备下三十坛，牛羊鸡鸭无计，要在平山堂大肆庆祝，邀请朝廷各部门的官员。

内翰苏轼不同意。他十几年做地方官，太清楚官员之间的猫腻。丰收舞暂停，苏轼去了乡村。“屏去吏卒，亲入村落，访问父老。”乡村父老向这位著名的好官吐真言：凶年节衣缩食，犹可糊口；丰年要交积欠，胥吏在门，枷棒加身，老百姓反而活不下去。扬州，杭州，常州，家家户户有积欠。

苏轼倒抽一口冷气：原来丰年是凶年！

回到扬州太守府，苏轼宣布：“禁止平山堂的丰收舞。发出去的请柬一律作废。”

大官小官都不高兴。高太后下旨嘉奖苏轼。大臣们却在背后摇头。

元祐七年九月，苏轼以兵部尚书召还，兼端明殿侍读学士，官三品。端明殿学士在龙图阁学士之上。殿，高于阁。前来祝贺的人踏破门槛。然而苏东坡躲开了，没有人知道他在哪儿。在扬州城南的一座废园，盛开着几丛菊花，“抛书人对一枝秋。”他手中的书卷是《陶潜集》。

这一年，苏东坡荣华富贵到顶了，却开始写和陶诗，心境格外靠近陶渊明。这个现象，古今学人似乎不甚留意。杰出的诗人乃是先知，富贵气中嗅到了王朝的腐朽气。苏东坡从来没有做过这么大的官，也从来没有如此不安。救两浙百万生齿，罢万花会，阻止八丈沟，三件大事并不能抵消他的不安。“心事浩茫连广宇。”

夜里，这个孤独的男人坐于庭树下。月光如水，照着他雕塑般的身影。

“礼义廉耻，国之四维。四维不张，国乃灭亡！”

苏轼调离扬州前，以兵部尚书的身份，着手调查军粮漕运，发现朝廷每年发放的六百万石军粮，短缺竟高达百分之八，远远超过漕运法所允许的百分之一。转运途中，各地的权势者都要从中捞一把。苏轼上札子大呼：“运法之坏，一至于此！”

这位端明殿侍读学士，又上《乞罢税务岁终赏格状》。淮南路各州的税官以“超收”为名目，年终大发奖金。苏轼强烈呼吁朝廷禁止地方官以各种名目刮地皮，抽民脂民膏。

“利孔百出”，这是二十年前苏轼对朝廷各部门的诊断。

眼下，苏轼写道：“礼义廉耻，国之四维。四维不张，国乃灭亡！”

话说绝了。话绝，路尽。慷慨激昂之辞，听上去是绝望，是无助，是悲凉。

硬着头皮上吧。

教出一个好皇帝，胜做百年好官

是年秋，苏轼还京，请辞兵部尚书。太后诏许，却让他担任礼部尚书兼侍读。

作为迩英殿的侍读学士，苏轼全力以赴，做帝王师。教出一个好皇帝，胜做百年好官。

高太后的身子大不如前了，而十七岁的宋哲宗将要亲政。时间紧迫，国运系于旦夕之间。

然而，问题在于：苏轼离开汴京的三年，小皇帝不可逆转地复杂了。朝廷的几股势力，围绕着三尺龙椅展开了争夺战。心理卑微的少年皇帝，由于他祖母的病重而高傲起来：天底下的一切将由他说了算！

苏轼对小皇帝长期的心理扭曲有洞察么？忠，义，是否直接形成了他的盲区？

苏轼进言：“国家安危之道，只在听言得失之间。陛下即位以来，问道八年，寒暑不废。讲道之官，谈王而不谈霸，言义而不言利，虽所论不同，然其要不出六事：一曰慈，二曰俭，三曰勤，四曰慎，五曰诚，六曰明。”

这六个字，都是汉语中最具正能量的，却也是永远正确的大道理。六个字用于宋哲宗，全不着边际。儿童之乖张，苏轼知否？少年之阴暗，苏轼知否？小皇帝龙椅野心之急剧膨胀，苏轼知否，知否？

半年后，苏轼会同其位六位讲道官，联名上札子，以晚唐德宗朝的陆贽为例，极谏宋哲宗："德宗以苛刻为能，而贽谏之以忠厚；德宗以猜疑为术，而贽劝之以推诚；德宗好用兵，而贽以消兵为先；德宗好敛财，而贽以散财为急！"

为什么拿唐德宗的教训来告诫小皇帝呢？陆贽的命运很惨，悲愤死于贬所。

苏轼把陆贽的谏疏编成册子，呈送宋哲宗，曰："使德宗尽用其言，则贞观可得而复……愿陛下置之座隅，如见贽面；反复熟读，如与贽言，必能发圣性之高明，成治功于岁月。"

圣性。天子就有圣性吗？

仁义道德的宏大叙事，遮蔽了对人性恶的追问。这是传统文化的一大短板。

苏东坡绵历世事，以他知人之深，本可以烛照幽微，却于天子，蒙了智慧，不能因势利导而强为说辞，结果只能适得其反。眉山有句老话：你说得血泡子来，他当成咸菜水水。

迩英殿侍读，大臣们殚精竭虑，小皇帝装好学生。他听得认真，有些圣贤书还读得烂熟。

宋哲宗的“精神分裂症”

高太后“母改子政”，扭转了宋神宗的执政方向，却导致宋哲宗“孙改祖母政”。

这小皇帝很有心计，对几个派系的大臣不偏不倚。龙椅上他憋了九年，暗中培植他的势力，包括太监的势力。当初司马光在御座前不与他说话，他是要怀恨在心的；苏东坡穿道衣上朝，他不喜欢，却奇怪地保持沉默。范纯仁、范祖禹慷慨激昂，他当成听故事。

九年，龙袍天子不能发声，还受司马光等人的白眼。元祐年间，应当还有许多朝堂白眼，未能载入史料。为至尊，史官历来讳莫如深。无限历史细节被扔进了黑洞。

小皇帝在宫中动弹不得，他的时间被祖母安排，他的天性遭帝王师们捆绑，他生活在一连串的“必须”当中，必须看这个，必须听那个。皇帝身在最高位，最是不自由，浑身上下不自在。一年年累积下来，形成他的生存基点。

本文尝试一下，对他展开一点生存阐释。

这少年并不是具有某种政治眼光，他只是厌恶祖母，厌恶祖母重用的所有人。不过，他很早就善于伪装，讨祖母欢心。祖母要来了，他手拿一卷《贞观政要》……

讨好与厌恶长期并存，互生毒素。

临朝是一件麻烦事，黄袍下的青沟子在龙椅上悄悄磨，磨来磨去三千日。不能东张西望，“非礼勿视。”要一直保持天子的仪态，九重的尊严。唯有念头转来转去。所有的自由都显现为圈闭式自由。上半身恒不自由，下半身谋求突破。

宫中少女多，粉色如土，小皇帝大约十二三岁，就学会了扑倒宫女，帷幕后滚作一团。他有十多个皇兄御弟，大多数擅长这勾当，各有各的摧花经验，并且乐于互相交流。这也是汉唐以来的皇家传统，秘而不宣的传统，君王管不了，太后镇不住。

章惇密献民间女子，不知起于何时。也许在宋哲宗十五岁前后，少年老色鬼，喜欢得不行。南方的，北方的；市井的，乡村的；温柔的，性烈的。那些个动作整齐划一的宫娥哪里比得。民间女子一个个原生态，富有刺激性。章惇下了大功夫，在皇帝身上布局。章子厚本人，这方面是行家。高太后听政期间，章失意，恶狠狠瞅时机，一定要东山再起。

宋哲宗泄欲早，伏下身子的危机，这是章惇谋算不到的地方。他也管不了那么多。

宋神宗十几个儿子，大半是玩女色玩死的。历朝历代，玩夭折的豪门子弟是天文数字。

孔夫子说："少年，血气方刚，戒之在色。"他的三千弟子多富家子，恐怕玩死了不少。

苏东坡："蛾眉皓齿，命曰伐性之斧。"这是总结上层社会的惨痛教训。

宋哲宗临朝无聊，退朝来劲。一年年憋凶了，出口是个源源不断的大出口。

"经筵"上子曰诗云，一旦出了迩英殿，少年急匆匆直奔后花园。侍读学士们有意让他透透气，殊不知，假山洞中有令他窒息的妖艳女郎。

宋哲宗究竟是如何活成了多重分裂症的？资料有限，猜想无穷。

高太后老了，念头的情绪含量高了

高太后作为权力顶端的女人，拼尽全力要让国家走上正轨。然而，十年来她悲催不断：宋神宗崩；司马光累死；她的女儿也早逝，她每日以泪洗面。

国事一肩扛，家事尽凄凉。此前，高太后已守寡二十多年。

政治家需要铁石心肠，女政治家尤其需要。满朝乌纱帽，全是须眉男。官员之间又充满了火药味，派系林立，党争激烈。人被放进了利益链条，南宋陆游感慨："利欲驱人万火牛。"一万头火牛在利益的驱使下发足狂奔。而仁宗朝四十余年，人，大抵在道德与风俗之中。

高太后有尧舜之心，并无尧舜之力。宋神宗以来的朝政，折腾又折腾。

朝廷所有的风暴最终都会扑打高太后，扑打这位六十多岁的老妇人。垂帘听政之初，她坚决，果断，俨然铁娘子。只几年，她就迅速衰老，老且病，病且哀。

国家是这个样子，官家（哲宗）是这个样子，臣子是这个样子……

高太后对哲宗是有疑虑的，担心这个孙子迟早要乱来，乱朝纲，乱天下。然而，哲宗是神宗的儿子，太后恒哀神宗之早逝，看孙子的目光，不知不觉怜悯有加，审视孙子严重不足。她老了，念头的情绪含量高了，判断力下降。要命的是，她意识不到这种下降。

赵宋王朝已历一百三十多年，这个历史的紧要关头，高太后受制于她的身体状况，她的心理状况，她的情绪状况。本可以废帝而另立，王室成员中并不缺明主的苗子，而高太后不能决断。到元祐末，她纵是有心也无力了。哲宗的羽翼已经丰满。

太后病了，孙子晨昏问疾，亲伺汤药，模样很孝顺。太后歪在病榻上想：也许孙儿将来会成为一个好皇帝，孙儿读了那么多圣贤书……宋哲宗脸上有一种奇怪的笑容，高太后察觉了，看不大明白。孙儿会假笑吗？这些年，孙儿向祖母敞开过心扉吗？太后在心里追问时，有个东西隐隐约约阻拦她，这种雾状的东西就是情绪。

有一天，高太后对范纯仁、吕大防等军政大臣哭诉："公等试言：九年间曾施私恩于高氏否？"她没有重用过一个高氏亲戚。宋代的开国智慧，严防将军、外戚、太监干政。

一〇九三年八月，病转沉重的高太后对五个宰辅大臣哭着说："官家要另起一番人也！"

少顷，她又哭道："官家要另起一番人也！"可怜的太皇太后，垂死却惶恐。

宋哲宗脸色铁青，厉声喝道："大防等出！"

吕大防等人出宫殿，仰天悲叹："我等无死所也！"

宋哲宗在高太后的病榻前继续伺汤药。祖孙皆沉默，只有孙子哑剧般的"孝顺"动作，以及垂死者游移的、衰弱的目光。

王闰之撒手，高太后去世，朝廷风云突变

八月一日，王闰之卒，享年四十六岁。也许是因为操劳过度。她本是青神小城寻常人家的女儿，享受不来荣华富贵，凡事自己要动手，家中的儿子孙子媳妇，她个个要操心。“三子如一，爱出于天。”苏迈是王弗生的，闰之夫人视同己出。

九月三日，高太后去世。这就不仅是一个家庭的悲剧。

宋哲宗亲政的第二天，宣布重用十个太监。所有的官员惊慌失措。翰林学士知制诰范祖禹挺身而出，朝堂上博引史实，极言太监之乱政。中书舍人吕希纯封还词头，拒绝起草诏书。

范祖禹退朝，再上奏疏，苏轼附名同奏。疏曰：“太皇太后之政事，乃仁宗之政事也。九年之间，始终如一，然群小怨恨，亦为不少……此辈既误先帝，又欲误陛下。天下之事，岂堪小人再破坏耶！”

岂堪小人再破坏！如果龙椅上的那个年轻人就是小人之首呢？

吕惠卿、蔡确已卷土重来，杨三变、赵挺之上蹿下跳。朝廷盛传，章惇要当宰相。

范祖禹是秦观的儿女亲家，大义凛然上书，不给自己留后路。秦观苦劝，劝不住。范祖禹这是自寻死路，丝毫不惧冒犯天颜。宋哲宗把范祖禹赶出京师。后来，这条铁肩担道义的朝堂汉子，苍凉，绝望，含恨死于贬所。范仲淹的儿子、右仆射范纯仁递辞呈。吕希纯备受冷落。苏辙门下侍郎的职位难保。苏轼将去河北定州……

小人再破坏，不幸被言中。高太后九年力推的贤人政治，留下了一批贤臣良吏，几乎一夜间被清洗。历史倒车昼夜呼啸，反攻倒

算如火如荼。

宋哲宗释放超级病毒的能量。十八岁的变态小子君临天下。

元祐九年春，国号改为绍圣，宋哲宗要回到宋神宗，全盘推倒高太后。

一己之私，个人之扭曲，发而为左右国家走向之恶毒。

那些风雨如晦的可怕的日子，苏东坡在京师闭门不出。

先知闻到了什么样的朝堂腐朽气？

学生不见老师，皇帝轻视边帅

苏轼出知定州（河北定县），可能是高太后的临终安排。生前她哀号：“官家要另起一番人也！”苏轼留京，小人必定来纠缠。他家后院有一棵梧桐树，秋风秋雨中，尽是伤心形状。“庭下梧桐树，三年三见汝……今年中山去，白首归无期。”

定州是宋与辽的边陲重镇，苏轼作为封疆大吏，将行，皇帝按惯例应当召见。可是任性的小皇帝不召见苏轼，百官顿时哗然。宋哲宗是要发出某种政治信号吗？

苏轼愤怒，上奏《赴定州论事状》，严厉批评这个学生皇帝：“陛下临御之初，将帅不得一面天颜而去，有识之士，皆谓陛下厌闻人言，意轻边事，其兆见于此矣！”

再一次把话说绝了，然后，坐等消息。皇帝的反应是毫无反应。

苏东坡出京，从此再未回来。这是一〇九四年的秋天，斯人心比秋风凉。

定州治军

苏轼知定州，兼马步军都总管，整顿政务与军事。边防军数量庞大，军纪涣散军容不振。马步军副总管王光祖要派头，他的手下盘根错节，狗仗人势，城里设赌场，又放高利贷。赌场附近的酒馆妓院生意红火，军官们全城耍酒疯，打人追妇女……

苏轼致信钱世雄："边政颓坏，不堪开眼，颇费锄治。"

苏轼下重手锄治，先剪除王光祖的羽翼，抓捕了王光祖的心腹、云翼指挥使孙贵。又命士卒连夜抓赌徒，一抓，发现大半是军官和府吏。接下来治王光祖，这武人骄横一方，倒没有多少朝廷背景。苏轼做过兵部尚书，又兼端明殿学士领封疆大吏，连枢密院的头号人物也礼让他三分。王光祖失势。苏轼大刀阔斧整顿数万禁军，不足半年，军纪为之一振，阅兵式威武雄壮。定州吏民赞曰："自韩琦去任后，数十年未睹军威，今日方见此礼也！"

文官治军，宋代有百年传统。"兵学"是苏东坡的家学之一，在密州、杭州，他有治军的经验。此间的苏东坡挟余势，最后一次治理地方，卓有成效。他亲手建立一支有三万人的民兵武装，名曰"弓箭社"，民兵放下锄头能扛起刀枪，有战事能拉出去。

官事之余，苏东坡玩仇池石，雪浪石，作画图无计。定州的书房叫“雪浪斋”。

朝廷正在清除一批“元祐骨干”，包括面团宰相吕大防。起用了蔡京，章惇，张商英。臭名昭著的杨三变、吕惠卿受重用。章惇粉墨登场，开了一个黑名单，一次性打击的高官多达三十余人，首列四朝元老、早已致仕的军机大臣文彦博。

苏东坡居定州，心难定。

章子厚做了宰相

朝廷、地方大换血，人头攒动狂争利。狗咬狗，每天都在咬。吕惠卿快马加鞭进京，要分一大杯羹。而杨三变密奏：“惠卿天资凶险，事王安石而背之。今抵京师，必言先帝而泣下，愿陛下深察。”

吕惠卿见了宋哲宗，果然说起先帝神宗，伏地大哭不止，哲宗厌恶。吕惠卿自抽耳光，抽得一脸污血。几个太监当场大笑，放肆得很。大太监吕直中是小皇帝的心腹。

没过几天，章惇的车队浩荡抵京师，章说，吕惠卿不错。宋哲宗点头。当天，杨三变奉章惇之命，去敲吕惠卿的门。此后数年，杨吕二人朋比为奸。

绍圣元年四月，章子厚正式做了宰相。此后七年，章独相，权倾天下。

宋代的宰辅大臣一般设五六个。王安石做宰相，也有几个副手。宋哲宗轻松破了祖宗规矩，内阁的决策权悉付章惇。凡事不用商量，章可以独断专行。章与刘皇后过从甚密，哲宗白天听章的，夜里听刘的。山东和江南的漂亮女子源源不断进宫墙，章子厚亲自挑选……

苏东坡在定州，日趋紧张。他和章子厚的交情一直在的，三十余年近乎知己。乌台诗案，章大骂王珪、李定等人。苏轼贬黄州五年，章写信问候，派人送去生活物资。元祐初，章与司马光大闹，苏轼从中调和。近年来，二人书信不断。

章子厚对苏子瞻将会如何呢？

苏轼直觉不大好。章子厚骨子里的东西，他早就清楚。但章子厚究竟不至于上台就翻脸吧？苏轼存了一丝侥幸。半夜忽惊起：梦中的章子厚面目狰狞。

自幼饱读孔子孟子庄子，“腹有诗书气自华”。浩然之气沛然于胸襟，流布于血脉。然而孔子经典本身有盲区，有遮蔽，有回避，有短板。苏东坡对人性恶掂量不够。

章子厚对老朋友下毒手

章惇拜相的当月，朝廷告下：苏轼责知英州（广东英德）。岭南英州，通常是贬谪地。

四月到处盛开着鲜花，苏东坡举家黯然。定州半年，这日子过得好好的。三个儿子，三房媳妇，儿孙满堂笑语不断。苏迈迈上了仕途，苏迨、苏过考进士……

告书中的一个“责”字，令全家人触目惊心。

苏轼上《英州谢表》：“臣草芥贱儒，岷峨冷族，袭先人之素业，借一第以窃名。虽幼岁勤劳，实学圣人之大道；终岁穷薄，常为天下之罪人……恩深报蔑，每忧天地之难欺；福眇祸多，是亦古今之罕有。”

如此悲凉的文字，追溯到岷峨冷族了，不知道那个学生皇帝看了会怎么想。

苏东坡对皇帝说：“累岁宠荣，固已太过。此时窜责，诚所宜然。瘴海炎陬，去若清凉之地；苍颜素发，谁怜衰暮之年？”

皇帝的老师如此发哀声，是为一大家子考虑。家，眼看要散了。多么温暖的家……

苏轼对皇帝、宰相抱着一丝幻想。而远在贵州的黄庭坚写诗云：“东坡谪岭南，时宰欲杀之。”章惇下令，由吕惠卿来操刀。

章子厚的屠刀架到苏子瞻的脖子上。宋代不杀大臣，那就流放吧。

如果司马光当政时，彻底清除章子厚吕惠卿之流就好了。君子到底手软了些。

章惇要害苏轼性命，理由简单：他必须把元祐大臣往死里整。

神宗十八年颠倒仁宗。高太后九年颠倒神宗，回归仁宗。哲宗亲政，又颠倒高太后。

颠来倒去二十八年，政坛人物已面目全非，恶棍恶魔有足够的表演空间。

章子厚打苏子瞻决不会手软。长期栖身于仁厚善良的苏东坡，过于天真了。

蔡京戏曰：“章丞相，苏子瞻不是你的老朋友吗？”

章子厚一笑，反问：“元长，你有老朋友么？”

二人相视大笑，彼此心照不宣。只有利益，哪有朋友？

道贬

四月中旬，到定州刚刚半年，苏轼全家俱窜。罪臣不可以久留。范仲淹遭贬时，当天就要出京，连告别自己的姐姐都不行。

苏轼一家向英州，“陆走炎荒四千里。”他担心死在路上，请求朝廷允许他走几段水路。

过太行山，苏轼写日记：“西望太行，草木可数。冈峦北走，崖谷秀杰。”

北方的山光秃秃，草木不旺。夏日阳光下，却是稻谷千重浪。谷秀杰，人不屈。

苏轼又开始反弹了，强大者的逻辑在此。

过赵州城，停车半日逛食市，吃了可口的汤包，看了半场猴戏，听了一回茶馆说书。

留宿相州（河南安阳），喝大麦粥，吃新豌豆，就着牛肉馅儿大包子，罪臣一口咬去半个包子，儿孙们都笑了。过滑州（河南滑县），一望无涯的道路尘土飞扬，苏东坡单骑迎马梦得，风驰电掣三十余里。

梦得喜曰：“吾兄子瞻依旧豪壮！”

马梦得这几年，在雍丘县令米元章的帐下做事。他带来好酒好肉，陪东坡百余里，一直到陈留。眉山老乡杨济甫时在中原，派他的儿子前来送行。三个男人饮旷野，大风卷衰草，圆圆的落日在地平线上颤动。入夜举目野茫茫，马梦得对月高歌，长歌当哭……远处的小山包上，王朝云一身长裙，玉立吹箫。这一年她三十二岁。先生落难时，朝云有担当。

从定州一路向南，子霞骑一匹枣红马，不离子瞻左右。红颜黄尘数百里，飒爽英姿俏无敌。

车马进入雍丘县境，投宿乡野小店，距县城仅十余里。苏轼不想惊动县令米芾，更不愿意迁累朋友。米芾派专使来问候，赠送许多干肉。苏轼答书云：“辱简，承馈慰甚厚……平生不知家事，老境乃有此苦。奈何，奈何！入夜目昏，不谨。”

苏东坡做高官十年，手中的钱还是不多。

雍丘离汴京不远，苏轼登高处，遥望帝京而黯然。几双翻云覆雨手，正在搅动一百五十万人的繁华汴京，搅动一亿人口的中国……

苏轼一行绕道临汝，与先期抵达临汝贬所的苏辙会合。这次子由遭贬倒不是受了哥哥的连累。子由贬汝州只是开了个头。章子厚玩苏氏兄弟于掌股之中。兄弟俱窜，好玩。黄庭坚、秦少游亦在茫茫贬途上。

弟弟分俸七千缗，交给哥哥。七千缗不是小数。兄弟分手，后会艰难。“忆弟泪如云不散，望乡心与雁南飞。”

父子分离，相见无期。苏迈带着他的一家人去阳羡（宜兴），阳羡有苏轼置的田产。

祖孙相拥时，老泪如泻水……

五月抵南都，第二道谪命追到了驿站：苏轼落双学士，降为从七品官。苏轼写信给定州通判孙敏行说：“某旦夕离南都，英州之命，未保无改矣。凡百委顺而已，幸勿深虑。”

果然，六月走到安徽的当涂县，第三道谪命来了：苏轼，责授建昌军司马，惠州安置，不得签书公事。

三改谪命，都是章子厚授意的，吕惠卿撰词头，草麻，太监吕直中宣麻。而宋哲宗流放老师有一种莫名的快感。嗬，老师一本正经，叫他吃些苦头。

苏东坡再一次面临着骨肉分离。他书写六篇赋送给长头儿苏迨，记云：“予中子迨，本相从英州，舟行已至姑熟，而予道贬建昌军司马，惠州安置，不可以家行。独与少子过往，而使迨以家归阳羡，从长子迈居。迨好学，知为楚辞，有世外奇志，故书此六赋以赠其行。绍圣元年六月二十五日。”道贬意味着：一次比一次严厉。贬惠州，苏迨不可同行。

长头儿不哭。走得远了，长头儿回望舟中的老父亲，放声大哭。

苏东坡的三个儿子皆孝敬，并且有出息。古代、近现代的父子关系总体是好的，不孝的少，孝敬的孩子占绝大多数。良好的大局之下，孝与敬弥漫于日常，无声无息，不需要强调。所谓儿女逆反，并无生长的空间。当下是个大难题，处处剪不断，时时理还乱。期待长远吧。

苏轼只能带苏过去岭南惠州。家里的仆人和丫头各得一些钱，分头去了。主仆一场，亦是不舍。姑苏城外寒山寺的钟声，一声声敲着别离。

王朝云的去留，苏东坡先让她自己定。朝云淡淡地说：“有啥好定的。”

从定州出发的那一天，当她骑上定州军人送的契丹枣红马，她的心已经定了。枕边几旁窗畔，她并不问子瞻，却知道前路凶多吉少。那个章子厚凶神恶煞，那个吕惠卿翻云覆雨，那个小皇帝戾气冲天。

子瞻每一声轻叹，子霞心里都有波澜。红颜知己，不辞万里相随。东坡尝言：“唯有朝云能识我。”他希望她走，又怕她离开。连理枝、并蒂莲如何分开？然而，必须分开。王朝云必须走。岭南炎热多瘴疠，中原人不服水土，只恐有去无回，她一个生长于钱塘的水灵灵的女儿家，如何去得蛮荒惠州？

朝云无家可归，最好去宜兴，他年尚有团聚的可能。

苏东坡一劝再劝，王朝云只是微笑。哭就好了，她不哭，事情就麻烦。

妩媚多情的女人，今日只是铁石心肠。不弃不离，轻描淡写。去惠州怕什么？大不了一死。死在知她疼她的亲爱者怀里，此生足矣，何况未必就死呢！她一向身体好……

苏东坡啰啰嗦嗦，王朝云薄面含嗔，说：“子瞻，你忘了宇文柔奴吗？”

“试问岭南应不好，却道：此心安处是吾乡。”

平日里，朝云只称先生，不叫子瞻。亲昵时混叫一气，又当别论。现在她正正经经说话，丽眼扑闪格外明亮，这一回，子瞻要听她的。不听可不行，必须听。两个“必须”撞一块儿了。亲爱者面对面针锋相对。东坡终于让步。这一让，后来他悔恨不已……

那么，一起走吧。漫长的贬途尚有千里之遥。

“许国心犹在，康时术已虚”

苏东坡一遇逆境就反弹，豪气自然生发。贬黄州，豪气来得慢，当时他完全蒙了。贬惠州的途中，人已抖擞精神。人如提线木偶，被朝廷的几双弄权手一提几千里，倒是激发了他的潜在能量。眉山苏家的男人们谁是软蛋呢？苏杲苏序苏洵，三代，俱是雄性十足。皮球往水里按，按得越深，弹得越高。苏东坡又有万卷书做底气，有贤良方正作座右铭。他赞赏秦少游：“其行方，其神昌。”许多士大夫是反对圆滑的，可见时代风气。人是氛围中人，苏子不例外。亲眼目睹并亲身经受了盛世转末世，其反抗，越发显得苍凉悲怆。

艾略特《荒原》：“四月是残忍的季节，原野上盛开着丁香花。”苏轼出定州，恰是鲜花怒放之五月，却满目荒凉。

孔子暮年叹曰：“吾道衰也！”孔子这是大拒绝，拒绝认同春秋三百年。

苏东坡不能认同乱臣贼子。贬途苍茫，骨肉飘零，他不会考虑给章惇写一封求情的书信。这不可能。活成这样了，勇士不可能变成鼠辈。与乱臣贼子为伍是不可想象的。

子孙们在身边，苏东坡要做个榜样。

不诉苦，不求情，付出的代价极为沉重。那就栖身于沉重吧。逼近苏东坡的苍凉心境，方能掂量沉重之为沉重。思维半径大，忧思深且远。不仅为一己，一家族。

八月，苏轼到豫章（江西南昌），赣江三百里等着他的孤舟。他写下《望湖亭》：“八月渡重湖，萧条万象疏。秋风片帆急，暮霭一山孤。许国心犹在，康时术已虚。岷峨家万里，投老得归无？”精神受刺激，风物处处沉痛，逼入眼底。康时：犹匡时，宋讳匡。许国之心，四十年来坚如钻石，救世却已无能为力。战士被解除了武装，智者日日夜夜在流放。

《八月七日，初入晴，过惶恐滩》：“七千里外二毛人，十八滩头一叶身。”

《慈湖夹阻风》五首，其五传为名篇：“卧看落月横千丈，起唤清风得半帆。且并水村欹侧过，人间何处不巉岩？”

生命冲动受阻而冲力越强，愈挫愈勇，“沧海横流，方显英雄本色。”（郭沫若）

苏东坡类似与风车战斗的唐吉诃德。“人能够被毁灭，但不能被打败。”（海明威）。

韩愈说：“楚，大国也，其亡也，以屈原鸣。”

宋，大国也，其衰也，以苏东坡鸣。

过大庾岭

九月，苏东坡过大庾岭。岭在今之江西大庾县南，广东南雄县北，号称大庾五岭，分隔内陆文明与南国炎荒。元祐逐臣多，苏东坡为最。浙西做知州的张耒派来两个士兵护送，苏轼写信谢曰：“来兵王告者，极忠厚。顾成亦极小心，勿念。”

一行五个人，深秋时节过岭，要走五六天。持械的士兵小心护送，防野兽和剪径的山贼。章惇没料到这个，他远在京师，害人的细节也不能谋划周全。此前，苏轼试刀看剑，苏过枪棒不离身，为过大庾岭作一些准备。荒山野岭，路是没有的。茅屋孤光，却见逐臣挥笔。《过大庾岭》：“浩然天地间，惟我独也正。今日岭上行，身世永相忘……”

人在岭上望青天，慷慨激昂，可见刺激之深，南行半年未得平息。诗人调动词语以应对他的处境，字字潜酸辛。天地云云，是要把他本人放在宇宙中去打量，向庄子看齐。道家智慧，有解厄之功效，“寄蜉蝣于天地，渺沧海之一粟。”好句子通常是命运倒逼的产物。

命运的低谷反指艺术之高峰。顶级的汉语艺术无一例外乃是强大者的艺术。小诗人如何扛得住风狂雨疾？只消几滴雨，人就跑没影了。

大庾岭上有一座古刹，苏轼晨起沐浴，题诗于龙泉钟。诗人漫步于山道，发现树林中有个蓝小袖女子挎竹篮，正在伸手采蘑菇，身姿闲雅。谁说岭南不好呢？

岭南皇帝远，吏民不避罪臣

一〇九四年十月初，苏轼抵达惠州，暂住合江楼，楼下是汇流的东江、西江。东江穿过惠州城，城内有丰湖，也称惠州西湖。秦观有诗句：“先生所到有西湖。”

南宋杨万里说：“三处西湖一色秋，钱塘颍水更罗浮。东坡原是西湖长，不到罗浮便得休？”罗浮山海拔一千两百米，为岭南第一山，传说山从海上浮波而来。

苏轼《十月二日初到惠州》：“仿佛曾游岂梦中，欣然鸡犬识新丰。吏民惊怪坐何事，父老相携迎此翁……岭南万户皆春色，会有幽人客寓公。”

当年黄州定惠院的那个幽人，如今跑到惠州来了。诗人欣然落笔，笔调轻松，不似大庾岭上作怒目状。岭南皇帝远，吏民不避他，只是有些奇怪：中原的大人物犯了何事，贬到南荒小城惠州来了？父老相携迎罪臣，朝廷放逐的人，在百姓看来多半是好人。官与民对立，古代是常态。苏东坡一生之所为，就是要打破这个常态。

惠州太守詹范，系徐大受生前老友，他对苏东坡礼数有加。府吏如李安正、侯镜叔等，常到合江楼看望苏子瞻，喝酒吃肉剧谈，痛痛快快。这合江楼是惠州唯一的贵宾馆，接待上司用的。苏东坡携爱妾、幼子住进去，好酒肉天天有。所谓化外之地，往往人情厚。所谓蛮荒小城，原来风景佳。苏东坡连日欣欣然，《寓居合江楼》：“海上葱昽气佳哉，二江合处朱楼开。蓬莱方丈应不远，肯为苏子浮江来。江风初凉睡正美，楼上啼鹅呼我起……”

惠州称鹅城，百姓爱养鹅。十月里江风初凉，先生秋睡美，啼鹅唤起他。惠州的处境，大不同于黄州。黄州定惠院没人理他，惠州合江楼像是专门为他服务的宾馆。

他独自转悠小城，走街串巷过小桥，走到了丰湖，惊叹丰湖之优美，湖面之阔大，几乎不让杭州西湖。当地人说话，他听不懂，于是努力听。初闻三吴语，三晋语，三秦语，也不懂的。要长居一个新地方，语言，水土，风俗，饮食，都要适应。这方面，苏东坡是行家。后人永远搞不清楚的，是苏东坡究竟懂多少地方语，乡村语。

路边小摊吃汤饼，大抵能咽下。再吃一张饼，味道就很好了。苏子由习惯了美味佳肴，吃路边摊颇勉强，半天吞不下肚。而苏子瞻什么都能吃。嗬，小时候在眉山西城墙，他吃过的虫子都数不清……

苏东坡回转合江楼，惠人在狭窄的街道两边笑迎他。

嘉祐寺

十月十八日，苏东坡从合江楼迁归善县的嘉祐寺。太守詹范说，有外地来惠的官员，向朝廷写信，不满苏轼住贵宾馆。先去嘉祐寺待一段时间，日后再作计较。

寺庙在山间，山顶有个松风亭，周遭古松二千棵。苏轼《记游松风亭》："余尝寓居惠州嘉祐寺，纵步松风亭下，足力疲乏，思欲就亭休息。望亭宇尚在木末，意谓是如何得到。良久，忽曰：'此间有什么歇不得处？'由是如挂钩之鱼，忽得解脱。"

念头改变事实，心境改善处境。

笔者五六岁，跟一个叔叔远走眉山的松江镇，几十里路累下来，走怕了。回眉山城还得走几十里，于是蹲在厕所里使劲想：不管怎么说，下午我肯定在城里了，肯定在下西街了！

这念头闪出来，回去的路程似乎就缩短了。心理改写了物理。

心劲传递到腿劲。

嘉祐寺一向冷清，太守詹范带下属来，携物甚丰。博罗县令林天和，程乡县令侯晋叔，外地道士吴复古，广州道士邓守安，虔州处士王原……这个前脚走，那个后脚来。王原在嘉祐寺住了七十多天。苍梧太守李亨伯专程到嘉祐寺，留十日而去。循州太守周彦质不时寄来米面，惠州的官吏们频频约苏轼出游……寂寞古寺热闹起来，车马不断，香火也旺了。

上层官员坏了，中下级官吏尚好。朝廷妖风尚未刮到州县，尤其是偏远地区。

苏轼写信对参寥说："惠州风物不恶，吏民相待甚厚。"

他到惠阳城不方便，朋友们就到归善县城来。

《再用前韵·罗浮山下梅花村》："罗浮山下梅花村，玉雪为骨冰为魂。纷纷初拟月桂树，耿耿独与参横昏。先生索居江海上，悄如病鹤栖荒园。天香国艳肯相随，知我酒熟诗情温。蓬莱宫中花鸟使，绿衣倒挂扶桑暾。"

东坡自注："岭南珍禽，有倒挂子，绿毛，红喙，如鹦鹉而小，自东海来，非尘埃中物也。"

《红楼梦》中林黛玉咏梅花，化用东坡的句子，"半卷湘帘半掩门，碾冰为土玉为盆。偷来梨蕊三分白，借得梅花一缕魂。"清代诗人，曹雪芹第一。

人情厚，诗情温。此间东坡酿真一桂酒，苏过尝了一回，不想尝第二回。造酒又失败了，咋整？东坡不死心，还要搞试验。《致钱济民》："岭南家家造酒，近得一桂香酒法，酿成不减王晋卿家碧香，亦谪居一喜事也。"得了造酒的法子，美酒未成，先要吹嘘，这便是强作酒徒的苏东坡。

嘉祐寺辟一书房，曰思无邪斋。孔子说：“诗三百，一言以蔽之，思无邪。”思，主要指男女之思。苏东坡的男女之思却如何？

温超超

惠州温都监的女儿温超超，十八岁未嫁，性泼辣，丽姿容，通书史。她要嫁给苏东坡，先随父亲去合江楼，一见偶像，激动如江水。接下来又往嘉祐寺跑，在归善县城租了房子。苏轼登松风亭，她就登松风亭。苏轼去汤泉泡长汤，她一身丝衣下汤泉，雪肤映绿浪，玉手撩红叶，活脱脱一条花叶间之美人鱼，只在三丈外戏水，表明她识得中原礼数。苏轼在野外与客饮酒，她殷勤把盏，说是奉父亲之命为东坡先生侑酒，她本人一饮三十杯，酒后舞蹈如梦如幻，让苏东坡有些傻眼。东坡先生的诗词她背得滚瓜烂熟，她哼词，唱词，演绎意境出人意表。这个温超超，使尽了浑身解数要做苏东坡的新娘。

一日，王朝云微醺，轻启歌喉，随意舞了几手，温超超惊艳走庭院，绕庭树而踌躇，却又返身向朝云，盈盈道个万福。惊魂甫定，这位大姑娘宣称：“据《宋刑统》，侍妾不可以升格为夫人，否则，丈夫判徒刑一年半。”

为了成为东坡夫人，温超超很做了一些功课。

苏轼如何是好？唯一的办法是避开温超超。然而恋爱中的女郎火眼金睛，直觉好得出奇，东坡先生想去的地方，她竟然能先到；

东坡先生想吃淡水螃蟹，念头一动，温超超来访，带来大螃蟹一筐。“持蟹下酒喜先尝”，岭南女儿真豪爽。

苏东坡避之再三，温姑娘不能如愿。两年后苏轼贬海南儋州，温超超蹈海殉情，年未二十。这件事见于清朝《宋人轶事汇编》，收入《苏轼年谱》。

朝云诗

苏东坡贬岭南，最是感激王朝云。为一个女人写诗，先后写了十多首，大半是传世佳作，古今罕见，在唐宋六百年的诗人中绝无仅有。这个摆在明处的现象，学者教授们闪烁其辞，课堂上横竖不讲，书本中片言带过。千年礼教之惯性依然在焉，真是对不住这位美好女性。

年轻的王朝云赴惠州，不惧赴死。苏东坡是她的全部亲人，她的丈夫，她的父亲，她推心置腹的朋友、小鸟依恋的情郎、撒娇撒欢的男人。有些事她不说，只做。随郎万里，这是一颗勇敢的、滚烫的芳心。谁知晓这温度？苏东坡。苏轼《朝云诗》后四句：“经卷药炉新活计，舞衫歌扇旧因缘。丹成逐我三山去，不作巫阳云雨仙。”

苏轼炼丹起于凤翔，黄州、惠州炼得起劲。古人云：“东坡先生好道术，闻辄行之，但不能久，又弃去。”可见，东坡先生也有猴性。炼丹服丹，多有讲究，缺少耐心仙丹难成。

朝云学佛念经，又学做养丹女。舞衫歌扇偶尔一用，琵琶洞箫并不蒙尘。巫山云雨，氤氲调畅，丹药令人飘飘欲仙。朝云这年龄，正是玉润珠圆的好时光，面如散花天女，舞蹈身材挺拔而柔软。今之惠州市为她塑像却是过了，胸部线条像个唐朝女子。

苏东坡尝试节欲，“清静独居”，不与她雨腻云香，这个却比较困难。此一层，不细说。

黄州时期的王朝云青春勃发，转动照人，田野上罗袜起芳尘，苏东坡未留下只言片语。家中丽人道不得，词笔挥向徐大受的后房王胜之。爱情未能显现，礼教尚有无形的束缚。也许他不叫闰之夫人吃醋吧。如今到惠州，苏东坡目注王朝云，看到一颗坚定的心，这是比容貌体态舞姿更令人感动的，大庾岭上闲采蘑菇，一双山林玉手，已是完美雕塑。

一〇九四年的端午节，苏东坡向爱侣献上一首《殢人娇》：“白发苍颜，正是维摩境界，空方丈、散花何碍。朱唇箸点，更髻鬟生彩。这些个，千生万生只在。好事心肠，著人情态，闲窗下、敛云凝黛。明朝端午，待学纫兰为佩，寻一首好诗，要书裙带。”

朝云的日常举止趋于安静，单纯，无杂念，朝朝暮暮微笑着，这也是她学佛向善的一种心生之相。好事心肠，对别人的事总上心，独于她自己，不大理会的。中国古代近现代，这类女性真不少，静悄悄在民间绽放，在城市与乡村，在中土，在海边，在高原。温馨是无限的温馨，仁慈是无边的仁慈，体贴是无微不至的体贴，而眼下提这个，殊无语也，感慨系之矣。天大地大不如利益大，虫子多杂草多不如算计多。那许许多多动人的面容、娴静温暖的表情到哪儿去了？那些叫人魂牵梦萦的表情，千百年不复再有……

朝云居士与东坡居士，向善一焉，无我一焉。价值观层面完全一致。著人情态，她跟谁都是容易接近，轻轻一笑能沟通，相处总是愉快。妙人，丽人，可人，芳心如铁的女人。寻一首好诗，偏叫先生书裙带，她又活脱脱是个女孩儿家。曹雪芹由衷赞美她，看来曹公眼中有个比较完整的王朝云。作家深入女性之日常情态，无人比得过曹雪芹。

漂泊的灵魂有个安放处，王朝云苏东坡互相安放。

歌德说："美好之女性引领我们上升。"

两年后的阳春，朝云过三十四岁生日，东坡作《王氏生日致语口号》，这种文体通常献给最尊贵的人，例如苏轼曾献给高太后。且看写于惠州的致语口号："罗浮山下已三春，松笋穿阶昼掩门。太白犹逃水帘洞，紫箫来问玉华君。天容水色聊同夜，发泽肤光自鉴人。万户春风为子寿，坐看沧海起扬尘。"紫箫是男神，玉华君是女神。当年秦少游比拟苏东坡为楚襄王，王朝云为巫山神女。她的天然肤色照人，她的乌黑云发任凭春风来翻卷，"纤手却盘老鸦色。"万户春色只为朝云祝寿，先生坐看沧海起扬尘，"半夜日头现，乃敢与君绝。"

真好，爱的绝对性于此显现也。漫长的古代，爱多表达少，如今倒过来了，爱到穷途末路，往往造势汹汹，嚎叫，尖叫，怪叫，浪叫，所谓情歌，咿咿呀呀作态呻吟。

"佳人相见一千年。"

"坐看沧海起扬尘。"

古代诗人赞美自己的爱侣，苏东坡造极也。

白水山丽人小景

《舆地纪胜·惠州》："白水山，去郡三十余里，有瀑布泉百二十丈，下有汤泉，石坛，佛迹甚异。"又："佛迹岩，罗浮之东麓也。有悬水百仞崖，有巨人迹数十，所谓佛迹也。"

白水山瀑布，倒挂一千尺，下有汤泉和石坛，更有神的光辉普照，诸神永远在场，神性无处不笼罩。而神性与诗意是一对孪生姐妹。二者合铸古代诗人之恒久兴奋。

瀑布称悬水，颇形象。苏东坡和王朝云沐浴汤泉，浑身上下舒畅，"浩歌而返"。有一个八十五岁的老仙翁，指着挂满枝头的青荔枝，约东坡他日携酒来游，吃荔枝吃个饱。东坡记下这件事，特意提到老翁的年纪，颇向往。贬岭南以来，他敏感寿数，希望活着回中原。

王朝云白日沐浴汤泉，惠人倒不少见多怪。化外之地，终是人朴拙。朝云裹一身丝衣出浴，倚石坛晒长发，玉臂长腿衬了白水青山，娇颜无邪不胜浴后慵懒。

"暗想玉容何所似"，"梨花一枝春带雨"。

老东坡夜游神游到了惠州。"踏遍青山人未老，风景这边独好。"

这夜游神自言："予尝夜起登合江楼，或与客游丰湖，入栖禅寺，叩罗浮道院，登逍遥堂，逮晓乃归。"玩了一整夜，五个地方，活动半径三十里以上，醉人扶醉人，半夜骑醉马。

“日啖荔枝三百颗，不辞长作岭南人”

荔枝浦吃荔枝，苏东坡好吃的毛病又犯了，屡犯而不改，苏子由写信劝他少吃上火的公鸡，他不听，偏要吃公鸡，烤鸡，烧鸡，白斩鸡，棒棒鸡，口水鸡，“人间有味是清欢”，无非是这个老饕自己劝自己。一颗荔枝三把火，三百荔枝九百把火，诗句尽管夸张，但遥想诗人的那副剥相与吃相，吃荔枝五六十颗是有的。朝云酒量胜他多也，痛吃鲜荔无碍，越发红颜欲滴。苏东坡赞美她鲜红的嘴唇。

杨妃酒量大，贵妃醉酒，颠倒玄宗。“一骑红尘妃子笑，无人知是荔枝来。”岭南荔枝送长安，几千里跑马，跑死了多少人。苏东坡在惠州批判杨玉环，更应该怒斥唐玄宗误国。

惠州地面到处是荔枝，苏东坡携酒访问那位八十五岁的仙翁，乞长寿之道。火加火，痔疮发。《年谱》：“十月……痔大作，呻吟几百日。”又：“十月，程之才寄柑子来。”又：“五六月间，痔作。”苏轼写信对黄庭坚诉苦：“数日来苦痔疾，百药不效。”

这类记载多。汉武帝多欲而少慈，苏东坡多欲，多慈，多才，多思，后三者平衡了前者。

美酒公鸡加荔枝，每日里吃不休，痔大发，百日百药不效，却有豪迈诗句：“日啖荔枝三百颗，不辞长作岭南人。”此二句，惠州人从此视为骄傲。

惠人皆曰：“自从东坡贬岭南，天下不敢小惠州。”岭南小城名播四海。

丹药性热，苏东坡尝试许多年了。又饮酒，嗜公鸡，爱吃柑橘，钟情于热带水果，可见其性格。豪放男人，吃东西也豪放。如果他谨慎，收敛口腹之欲，也许他的佳作也会减少。陶渊明，李太白，乃是苏东坡一生的榜样。在惠州，他要追和所有的陶诗。

种药，造桥

惠州巫医多，中医甚少，种药材的人几乎没有。苏轼谪居惠州经营药圃，请中原名医寄来药材，又到山里去挖药。当年他与沈括搜集了民间流传的古方，陆续验证，治病救人。从现存资料看，未见他施医用药的错误，可称良医。他先在家人中验药方，然后推广到朋友和官吏，在杭州，他救人最多。黄州惠州儋州，他致力于普及中草药。南宋陆游追随东坡，做官之余也做走乡串户的郎中，出诊，风雨无阻，写诗云："活人岂吾能，要有此意存。"

苏东坡说："无病而多蓄药，不饮而多酿酒。"一些人并不理解他，"劳己而为人"，这是何苦呢？瞧病又不收钱，请人喝家酿还得弄几个菜，这不是找事瞎忙活吗？东坡回答，他干这些事专为他自己："病者得药，吾为之体轻；饮者困于酒，吾为之酣适，盖专为己也。"

赵朴初先生赞美雷锋："为善不辞心力，为学只争朝夕。"

中华民族大家庭是非常需要抱团的，苏东坡的价值，首先是他一以贯之的利他主义，其次才是他的生命张力。理解这个永在当下的古人，这一点须细思量。

惠州多水系，少桥梁，东江、西江汇流于惠阳城，丰湖蓄不住，冲垮多处简易浮桥，年年淹死者数以百计。詹范是好官，却也莫奈何。苏东坡从归善县嘉祐寺搬回了合江楼，夜夜听江声，心里恒不安。

江水淹死人的事他时有所闻，心情一直沉重，常失眠，朝云在侧每每垂泪。

没办法，造桥是大工程。苏东坡拄杖立于江边，觉得自己没用处。江水浩荡冲击着堤岸，美政冲动撞击着自惭乃至内疚的苏轼。这个罪臣开始想办法。先捐出高太后赐予他的一条犀带，然后，写信要弟弟帮忙。子由谋诸妇，史夫人很慷慨，拿出若干珍藏多年的御赐之物，变卖为金银，派人从子由谪居的雷州送到惠州。

惠州的东新桥、西新桥，于绍圣二年秋同时动工。詹范全力支持，道士邓守安主其事。次年六月，二桥俱成。造桥的方法，是以四十条船联为二十舫，覆以坚如铁石的石盐木板，铁锁石碇，随潮涨落，过江的人如行平地。苏轼《两桥诗·东新桥》："岂知涛澜上，安若堂与闺。往来无晨夜，醉病休扶携。"醉汉、病人过桥，不需要旁人搀扶。

夏秋江水浩大时，桥上市民如织，"舫桥"坚固，可以支撑百年。

江岸上万人观新桥，苏东坡在合江楼睡觉。《中庸》："仁者爱人。"

仁者的心终于放妥帖了，可以睡它几天几夜了。一梦醒来听江声，觉得江声好听极了。

“三日饮不散，杀尽西村鸡”

惠州二桥，当地人亲切地呼为“苏公堤”。《奥舆地纪胜·惠州》：“苏公堤，在丰湖之左岸。绍圣间，东坡出上所赐金钱筑焉。”六月桥成，修桥的人不见了。惠州人全城打听，原来修桥人在合江楼睡觉。那就不打搅他吧，让他美美的睡个够。一个无权无钱的外地人，竟然在惠州建了两座大桥。这是菩萨来到了人世间啊。

一日午后，坡仙下楼，发现楼外密密麻麻全是百姓，莫非出了什么事？

吏民纷纷说：“昨日看新桥，今日专看苏东坡！”

东坡先生笑道：“东坡有啥好看的？十年前可能值得一看。”

妇女们姑娘家齐声喊：“天下美男，莫如苏子瞻！”

这一喊就没个完，东江西江与丰湖，昼夜起波澜。谁的嗓门最高？青春活泼的温超超。

苏东坡有点怵人多，想溜走，却哪里跑得掉？父老乡亲围住他，捉住他，抬起他，抛起他，接住他的七尺身，再抛。他悬在空中想什么呢？这个屡遭朝廷戏弄的提线木偶，这一尊即使遭贬也要造福一方的活菩萨。估计他啥都不想，只享受起落，东坡居士入了化境也。

惠州人都知道东坡先生爱吃鸡，于是捉光了西村鸡，狂欢三天三夜。

苏轼《两桥诗西新桥》：“父老喜云集，箪壶无空携。三日饮不散，杀尽西村鸡。”

瞅着满地的鸡毛，东坡居士又心生怜悯，为杀了这么多的鸡感到难过。他找到了一句安慰自己的话：“世无不杀之鸡。”

惠州秧马与广州自来水工程

农人插秧辛苦，苏轼在无锡见过一种叫秧马的农具，当时留了心，画了草图，问了技巧。他在惠州推广秧马，亲手制作了几匹“马”，试验给农人看，又写《秧马歌》广为宣传。农民坐秧马插秧不累，提高了效率。

惠州士人叹曰：“东坡先生啥都懂啊，诸葛亮有木牛流马，苏东坡有秧马！”

东坡又为广州人设计自来水工程，他写信给广州太守王古，说：“广州一城人，好饮咸苦水，春夏疾疫时，所损多矣。惟官员及有力者得饮刘王山井水，贫下何由得？惟蒲涧山有滴水岩，水所从来高，可引入城，盖二十里以下耳。”接下来，他详细讲了“五管分引”的方法，所有引水的细节、包括天长日久竹筒损坏都考虑到了，改用瓦筒引水，“永无坏理”。两年前他到广州，就留意这件饮水事，询问过道士兼水利专家邓守安。

王古是王巩的堂弟，苏轼写信敦促王古倾力为之。自来水工程顺利实施，二十里外滴岩的山泉流入五羊城（广州），十万贫下户，从此饮清泉，大大减少了因长期喝劣质水而患疫病的人数。五羊城的市民喜气洋洋，争相打听苏东坡。

王古说：“苏东坡在惠州，操心操到广州。”

广州先后两任太守，章质夫和王古，都是不错的官员，却并未解决大多数人的饮水困难。少数官员、富人喝刘王山的井水。穷人喝苦水，似乎就是穷人的命，广州官员睁只眼闭只眼，却由三百里外的罪臣苏轼来细看，来操心，来管闲事。

北宋后期，多一事不如少一事的官员多起来，事不关己，高高挂起。赵宋王朝之败相，由此可见端倪。

程之才

苏东坡六十多岁贬在岭南，不仅未见衰病，反而越活越精神，惠州广州搞得风生水起，干成了几件人人称颂的大事，杭州人扬州人定州人纷纷传扬，思念他们的“老市长”。

宰相章子厚不悦，想派吕惠卿的弟弟吕温卿，去广南东路做提点刑狱，找机会做手脚，弄死苏轼。蔡京卖乖，另荐一人，说此人去广南路，可取苏轼性命。

章惇问：“谁呀？”

蔡京答：“眉山人程之才，现在是从四品京官。他与苏子瞻有世仇。”

章惇笑了：“叫他去办了苏轼，去掉他那个从字。”

广南东路提点刑狱程之才上路了。四十多年前，他娶苏轼的姐姐苏八娘。仅一年，八娘受恶婆婆虐待而死。苏洵大怒，召集族人于祠堂，宣布与程家永远绝交。当时程之才二十出头，还是个愣头青，跳出来为程家辩护，说苏八娘的不是。苏轼的三个堂哥把程之才暴打一顿。苏程两家从此结怨，四十二年不相往来。

提刑官程之才回首往事，闪过了一点愧疚。但是前程要紧，他在仕途上正春风得意，不可辜负章丞相。离京时，蔡京亲自设宴为他饯行，他受宠若惊。席间，蔡京表达的意思很明确，不能让苏轼在惠州逍遥。蔡京暗示，必要时，对苏轼弄些手段。

程之才赴岭南，一路上犹豫不决。对苏轼弄手段？弄什么样的手段呢？作为提刑官，他的手下不乏心狠手辣之辈，弄一罪臣，并不费力。置苏轼于死地吗？程之才摇了摇头。可是蔡京那边他不能不有个交代。弄手段，弄个五六分足也，打掉岭南苏轼的神气。

程提刑南下广州，却听到很多人盛赞苏轼。有人提起苏轼在惠州种药、修桥、收葬无名暴骨，不禁泪流满面。程之才睡不着觉了。抵广州，更听说苏轼为市民引水费周折。广州太守王古，前任太守章质夫，循州太守周彦质，俱称东坡是“岭南伟人”。

程提刑仰天长叹，对他的儿子程十郎说：“吾意决矣！”

此间，程之才收到苏东坡从惠州托人捎来的一封信，信中说：“弟窜逐海上，诸况可知。闻老兄来，颇有佳思。昔人以三十年为一世，今吾老兄弟不相从四十二年矣，念此令人凄断。不知兄果能为弟一来否？”

程之才的大官船开到惠州来了。“渡尽劫波兄弟在，相逢一笑泯恩仇。”从此后，苏东坡与程之才亲如兄弟，苏程两家恢复了往来。苏轼造桥、引水的后续诸事，得到程之才的支持。

程之才三月初来惠州，逗留半个月。《年谱》：“追饯之才于博罗，夜半，之才行。”兄弟俱醉，半夜犹不舍。《年谱》：“苏轼与程之才简，叙飓风异常，望来广、惠视察灾情……重九后，程之才视察风灾，至惠。与程之子游白水山、浴汤池，复同游香积寺。”

又：“第二十六简（苏致程）：‘某别时饮，过数日，病酒昏昏，如梦中也。’”苏程二人的往来书信甚多，各有六十多封信。相见甚欢，相处甚洽。临别怅然，苏轼喝得大醉。

绍圣二年，程之才两次南下惠州，兄弟情多见于史料，他协助惠州建二桥，应苏轼之请，视察沿海诸州的台风灾害，向朝廷如实报告，为小民争取救济款。

苏东坡浑身正能量，所到之处，总能够影响一些良知未泯的官员。

末世之苏东坡，形象尤其鲜明。无力扭转乾坤，只尽人事，想方设法利民惠民。

“浩然天地间，唯我独也正。”正直，于是孤独。这样的诗句，令人无言以对。

羊脊骨的微肉

苏东坡居汴京吃惯了羊肉，到惠州吃鸡，吃海鲜，却是想羊肉想得流口水。他写信给子由：“惠州市井寥落，然犹日杀一羊，不敢与仕者争买，时嘱屠者，买其脊骨，骨间亦有微肉……意甚喜之，如食螃蟹。”

合江楼上，夕阳西下，苏东坡认真烤羊脊骨，用针尖挑微肉，吃得津津有味。苏过牙齿好，专咬羊骨头。街上的一群狗却不高兴了，苏轼对弟弟说：“则众狗不悦矣。”

这封信传出去，四面八方的朋友们感到辛酸，有些人即刻动身，翻山越岭到惠州，比如道士吴复古，又比如吴复古的儿子吴芘仲，带许多东西渡江而来，赫然有三只羊。陈季常先寄来羊腿，然后准备迈开他的两条铁腿，从黄州歧亭出发，三千里路走到惠州。更有七十一岁的巢谷，要从眉山出发，一头银发飘万里……

苏东坡居惠州，吏民相待甚厚。方圆数百里内的岭海州县，访问他的人源源不断。

人在江湖，友情包围着。朝廷风刀霜剑，江湖温暖如春。

“彼此须髯如戟，莫作儿女态也”

古道热肠的汉子最数陈季常，东坡贬黄州，他七次去看望。东坡量移汝州，他相送五十天，一直送到庐山脚下。东坡做了紫袍大官，居汴京四年，他消失了。东坡贬惠州，他又出现了，写信说，要到惠州去。此间他五十几岁，带领全家隐岐亭二十余年。

苏东坡回信，责备这个老朋友：“欲季常安心家居，勿轻出入。老劣不烦过虑，决须幅巾草履，相从于林下也！亦莫遣人来。彼此须髯如戟，莫作儿女态也。”

男子汉不仅骨头硬，就连胡须也要硬，坚硬如铁。须髯如戟，大约是苏轼造的词，建议列入中小学成语词典。

大和尚的一封信

大和尚何以称大？大彻大悟者也。太湖金山寺的方丈佛印禅师，写给苏东坡的一封信，是应该选入教材的。“子瞻中大科，登金门，上玉堂，远放寂寞之滨，权臣忌子瞻为宰相耳。人生一世间，如白驹之过隙，三二十年功名富贵，转盼成空，何不一笔勾断，寻取自家本来面目！……昔有问师，佛在何处？师云：在行住坐卧处，着衣吃饭处，屙屎撒尿处，没理没会处，死活不得处。子瞻胸有万卷书，笔下无一点尘，到这地位，不知性命所在，一生聪明，要做甚么？三世诸佛，则是一个有血性汉子。子瞻若能脚下承当，把一、二十年富贵功名贱如尘土，努力向前，珍重！珍重！”

庄子尝言：道在瓦砾，道在屎尿。佛与道，有天然融合之势。

不要富贵，只要向前，前面是什么呢？是自家本来面目。这本来面目又是什么？是自由。追求富贵乃是人之常情，但是，“活动变人形”，追来追去，一个个追得面目全非。大多数追变形的人是回不去了，找不到本真面目。那些个失势的官员病的病，死的死，一朝失权杖，人就病怏怏，两眼无光，举止失措，无端发慌。而苏东坡一旦重返江湖，精气神就来了。

佛印写信，盖因苏子瞻不同于寻常之辈。这和尚，当不知苏东坡在惠州是如何了得。

“三世诸佛，则是一个有血性汉子。”大和尚讲得太好了。

小和尚的一件事

苏州定惠院守钦长老的门下，有个小和尚叫卓契顺，平时端茶送水，洒扫庭院，料理菜园子。守钦长老与客人谈佛陀，说慈悲，小和尚听得久了，并不说话。有一天，苏迈来访，向长老说起一桩烦心事：欲送一封重要的家书到惠州，却苦于脱不开身。

守钦长老也没办法。正在泡茶的卓契顺开口了：“我去送信吧。”

长老说：“你知道从苏州到惠州有多远吗？”

小和尚微微一笑：“惠州又不是在天上，走，总能走到的。”

长老点头：“好吧，你去送。金山寺佛印方丈也有一封信，你一并捎给苏子瞻。”

苏迈后来对人说：“小和尚的笑容是他见过的最动人的笑容。”

卓契顺出发了，大抵步行，走远路支一根七尺拐杖，怀揣两封信，用油布层层裹了，瓢泼大雨淋不湿。小和尚手托钵盂一路化缘，填饱肚子不难。有庙歇庙，无庙敲门借宿。前不巴村后不挨店的地方，不妨席地而睡，不妨跟猴子争野果。

半夜里醒来，茫茫野地风送爽，繁星万点很亲切。

小和尚一袭破僧衣，无处剃头，胡子头发乱长，看上去像个小叫花子，盗贼懒得理会他。小和尚并不知道怀揣的那封大和尚的信，写的就是像他这样的人。佛在任何地方，“三世诸佛，则是一个有血性汉子”……小和尚走啊走啊，念头单纯，他要赶时间，让东坡居士早一点看到家书，可别耽误了大事。刮风下雨了，小和尚抱紧怀里的油布包；不慎滚下山坡，小和尚条件反射抱紧油布包，未及伸手护脸，脸磨破了，嘴划伤了，血流出来了……小和尚笑了笑，擦了擦，接着往前走。“努力向前，珍重！珍重！”佛印这是对卓契顺讲的吗?

小和尚记不清过了多少条河，翻了多少座山。只知道从春天走到了秋天，只知道胖乎乎的圆脸走成了猴子脸。这没啥，走吧。走了一半路了，走了一大半路了，惠州是越来越近，当真不是在天上。小和尚心里乐着呢，抬眼望周遭，地平线一派祥和，太阳光就是佛光啊。

人单纯，发力容易。人复杂，念头就跟念头打架。千万人复杂，私心一定膨胀，利字恶性占位，搅成一团团斩不断的乱麻。

脏兮兮的小和尚笑眯眯走到了惠州城，走进了百尺高的合江楼，见到东坡先生，从怀里取出那个裹了几层的油布包。全身破破烂烂，上下伤痕累累，唯有书信整整齐齐。在场所有的人都哭了，王朝云哭成了泪人，唯有东坡先生微笑点头。江湖广阔，素心人多啊。

多少富豪权贵灰飞烟灭，小和尚卓契顺永载史册。如果司马光还活着，会把小和尚写进他的大书。汉晋唐宋，民间有伟力，有绝对的善良、美好与单纯。邪恶广大，善不退场。

东坡先生问：“和尚，你大老远的来惠州，有所求么？”

小和尚说：“有所求，我去汴京了。”

这看似简单的一问一答，宋人纷纷写入笔记。

小和尚卓契顺在惠州住了十几天，动身返回苏州定惠院。归去不赶时间，云游好山水，云舒云卷云无心，太阳更明亮，星星更像星星。佛光普照大地啊。临行时，小和尚求一幅字，说日后见字，如见先生。苏东坡写下陶渊明的《归去来辞》。

不知道现存的苏轼真迹《归去来辞》，是不是写给卓契顺的这一幅。

王朝云

苏东坡在惠州建桥、种药、收葬无主的枯骨，王朝云不离先生左右。她心细，凡事考虑周全，不嫌繁杂，不怕累，不惧野草丛中那些交叉的白骨。佛教信徒的善心有钻石之坚，王朝云的这股子心劲不减苏东坡。散花天女到处去散花。

东坡居士，朝云居士，两棵树天长日久长成了一棵树。

平日里她伺候先生般般周到，“二十三年，忠敬若一。”苏东坡凡事喜欢自己动手，栽新树，下厨房露一手，劈柴升火，扛着重物上楼去……

洗衣做饭都是王朝云。叠被铺床，梳头沐浴，收拾卧室与书房，整理先生的文稿、画卷，抄佛典诵佛经，扇炉子炼仙丹。她还忙着做女红，灯下缝缝补补。以前家里有仆人和丫头，到惠州以后，这位能干的女主人几乎包揽了家务。

苏过负责柴房、药圃、菜园子，入夜为父亲梳头，端洗脚盆子。

苏家的家规不须挂在墙上，一代代传下来。苏轼写信给朋友们，屡屡提到苏过的孝敬，字里行间洋溢着欣慰。

强大者向来是照拂别人的，但是，代际孝道不可衰减，良好的门风不可式微。

在宋代，孝道是大道。

衡量孝与不孝，千百年来，中国民间只有两个标准：一，想得到还是想不到；二，想得粗还是想得细。这是人性之核心区域永远不变的试金石。不孝者，一般都会遭遇不孝。这叫现世报。民间对不孝者、忤逆者的诅咒是很难听的。

王朝云年年岁岁忠敬若一。苏过孝敬父亲，二十多年若一。仅此一点，东坡先生就十分欣慰了。想要尽孝的，还有远在常州宜兴的苏迈夫妇、苏追夫妇和可爱的孙子们……

绍圣三年春，为了营建白鹤峰的新居，苏过进山买木材，一去两个月。

年轻的王朝云越发忙了，忙得两头见黑，忙而不乱，边干活边哼歌，兴之所致跳跳舞。逢了节庆日，舞衫歌扇，依旧是因缘。舞蹈身材与桃花面容，依然属于王朝云。美人的动作远不止是晨起梳头，她横竖是像风一般地刮着，赏花扑蝶打秋千，却哪有那些闲工夫。二更天她终于可以歇一歇了，手边一杯茶，手中一卷书。没有一天不看书。厕所里翻一翻也是好的。有时候她累了，枕头上歪着乌发睡着了，打开的书卷掉到地板上……

“天容水色聊同夜，发泽肤光自鉴人。”

苏东坡一向身体好，到惠州，断断续续节欲，“清静独居”，可见不清静是他的常态。日常生活他是任性的，痔疮一犯，天天说戒酒，稍稍见好，又见不得荷叶杯。辛弃疾戒酒戒了无数次。李清照痛饮绿蚁酒。强大者贪杯，却不会留下酒鬼的印象。陶渊明李太白酒气熏天。

“荷花深处，看伊颜色。”白鹤峰新居设计了池塘，曰“半潭秋水”，专为王朝云。

她的诗人伴侣形容她：“长春如稚女，飘飖倚轻飔。卯酒晕玉颊，红绡卷生衣。低颜香自敛，含睇意颇微……”朝云的小表情丰富，心灵的一层层涟漪，荡漾于双颊，流布在玉齿，言语行动模样，像个天真的小女孩儿。身心长期舒畅，才会有小女孩儿的情态。

朝云笃信佛，爱先生，爱人世间的一切美好之物。

单纯驻颜，何况她天生丽质。

一〇九六年的夏天，惠州流行大瘟疫。秋初，年仅三十四岁的王朝云玉殒香消。左邻右舍都有呻吟的病人，她不忍心，上门去送药，于是染上了。只几天，人就不行了。那一年惠州的瘴毒异常凶猛，六月十五日，苏轼《与林天和柬》：“瘴疫横流，僵仆者不可胜计。”

王朝云临死前口诵《金刚经》六如偈：“如梦如幻，如露如电，如泡如影。”

她十二岁进苏家，“玉人家在凤凰山。”她没爹没娘，生下一个儿子却夭折。她学佛向善，却未能寿终，她恒爱先生，却不能再与先生朝夕相伴。一切如露如电，如梦幻泡影。

从口诵六如偈看，王朝云临死前是极不甘心的。死亡，突然间收尽她所有的人生努力。

可怜的东坡泣血哀号：“此会我虽健，狂风卷朝霞。”

他经营的药圃种了那么多药，未能挽救眼前的生死伴侣：“驻景恨无千岁药，赠行惟有小乘禅。”几卷小乘佛经送她上黄泉路。杭州的孤女，惠州的孤魂……

苏轼《王朝云墓志铭》：“东坡先生侍妾曰朝云，字子霞，姓王氏，钱塘人。敏而好义，事先生二十有三年，忠敬若一。绍圣三年七月壬辰，卒于惠州，年三十四。八月庚申，葬之丰湖之上，栖禅山寺之东南……”

这么好的一个女人，青春活泼玉颜天真，忽然就没了，就没了，满头青丝躺进了棺材。“幽室一已闭，千年不复朝。”生前她常喝卯酒，只因先生爱喝卯酒。她从先生手中拿走荷叶杯，跟他捉迷藏，不要他贪杯。纤指试新茶，殷勤抱琵琶，飞针走线绣女红，转眼间又拿起了扫帚，里里外外干干净净。当初东坡过岭，她是可以选择离开的。

一个人走了，所有人都走了。

岂止是红颜知己，岂止是灵魂伴侣，王朝云点点滴滴融入苏东坡的生活。

苏轼身边先后有三个女人，王朝云无疑数第一。内美外美，俱是一流。王弗去世太早，王闰之是嫁给大文豪的寻常妇人。

苏东坡作《西江月》，献给他黄泉下的爱人：“玉骨哪愁雾瘴，冰姿自有仙风。海仙时遣探芳丛，倒挂绿毛幺凤。素面翻嫌粉涴，洗妆不褪唇红。高情已逐晓云空，不与梨花同梦。”

皇家赠送的粉盒，朝云从来不用。丽人嘴唇永远鲜红。朝云驾云彩回仙宫……

苏轼《雨中花幔》：“嫩脸羞娥，因甚化作行云，却返巫阳?但有寒灯孤馆，皓月空床。长记当初，乍谐云雨，便学鸾凰。又岂料、正好三春桃李、一夜风霜……”

王朝云下葬后的第三天，丰湖风雨大作，她的坟墓旁出现五个巨大的脚印，轰动了惠州城。东坡作《荐朝云疏》：“既葬三日，风雨之余，灵迹五踪，道路皆见。是知佛慈之广大，不择众生之细微……伏愿山中一草一木，皆披佛光……湖山安吉，坟墓永坚。”

王朝云感动了佛爷爷么？散花天女回到天上去了。

后八百年，惠州人为王朝云筑庐守墓，希望这位美丽的天女永远保佑惠州。

“试上山头奠桂浆，朝云艳骨有余香。宋朝陵墓皆零落，嫁得文人胜帝王。”

“何年云雨散巫阳，瘴雾沉埋玉骨凉。合种梅花三百树，六如亭畔护遗香。”

有记载说，明、清二朝，六如亭朝云墓的周围，“梅松千棵，守墓百家”。一个村子的人都认为自己是守墓人。梅之艳，松之高洁，正是王朝云形象。

今日惠州丰湖，游人伫立朝云墓。

盗敬东坡与朝云

南宋绍兴二年，虔州（江西赣州）草寇谢达攻陷了惠州，“民居官舍，焚荡无存，独留东坡白鹤峰新居，并率其徒，葺治六如亭，烹羊致奠而去。”

洪迈《阅微草堂笔记》记下这件事，称“盗敬东坡”。应该加上：“盗敬朝云。”

白鹤峰新居

苏东坡谪居惠州两年多，与这片土地血肉相连。他既有深沉的家乡观念，又能以四海为家。古代官员在全国范围内调动，四海为家的能耐，也是宦游八方游出来的。

孔夫子表示他愿意居九夷，“君子居之，何陋之有？”

苏东坡是一颗好种子，撒到哪里都会生根开花结硕果。这种历史长河中的庞然大物，在分工越来越细的现代，不可能再有了。文学与艺术巨匠，生活大师，热血智者，庙堂斗士，官员楷模，优雅的士大夫，精益求精的工程师，水利专家，种植好手，建筑师，制墨匠，医者，酒徒，茶醉客，夜游神，触类旁通的知识分子，劳心劳力之典范，诸神的仰望者，鬼故事的传播者，江湖价值的守护者，寸寸抚摸山河的远行者，血肉丰满的有情人，凡此种种，融合而为千年古木般的生命体，一圈圈年轮如此扎实，如此具有美感。

好木材生长缓慢，这是自然的法则。

农耕文明对个体生命之塑造，应该成为大课题。曹雪芹写《红楼梦》才三十几岁。

苏东坡在惠州造房子，买了几亩地。他倾尽所有建新居，勉强接受了詹范、方子容的一些馈赠。他向来是掏钱助人，现在不得已，收银子难为情。建筑图纸是他本人精心设计的，择日动土开工了，天天跑工地，看着自己心爱的房子一点点起来。

惠州人前来做义工的不少，有全家都来的，石匠、木匠、瓦匠、泥水匠，一应俱全。

《年谱》：“四月八日，卜新居。”这个日子是苏轼母亲程夫人的忌日。

次年二月，白鹤峰新居落成。清代嘉靖《广东通志·惠州府》：“东坡故居：在白鹤峰上，宋苏轼谪惠，卜居于此。有堂曰德有邻，轩曰思无邪。小斋二，曰睡美处，曰来问所。有亭曰娱江，亭之左有硃池，右有墨沼。有小圃，中有亭曰悠然。有池曰半潭秋水。”

《年谱》：“白鹤峰新居门外种橘，墙头荔子，舍南种柑。”

三种水果都是上火的。五年前他在宜兴买田，“种柑橘三百本。”

德有邻，思无邪，皆取自《论语》。思无邪，还是勉励自己要节欲，设计新居时，朝云尚在。孔子说：“诗三百，一言以蔽之，思无邪。”

西汉淮南王刘安《淮南子》：“《国风》，好色而不淫。”

《年谱》：“白鹤山新居凿井四十尺，遇磐石，石尽乃得泉。”

四丈深的青砖大井，清泉饮不尽。夏秋时节的井水涌到井口，伸手可捧甘泉。邻居们都来享用大井，菜园子的各种蔬菜随便摘。泉好菜好人情好。

方子容《过新居》：“遥瞻广厦惊凡目，自是中台运巧心。”

新居规模大，处处匠心巧运，又建在白鹤翔集的山上，一览辽阔的丰湖，奔腾的东江。

苏轼《和陶诗》：“环州多白水，际海皆苍山。以彼无限景，寓我有限年。东家著孔丘，西家著颜渊。市为不二价，农为不争田。周公与管蔡，恨不茅三间……”

白鹤峰新居的邻居多读书人，类似陶渊明卜居的南村。

陶渊明：“闲暇辄相思。相思则披衣……”念头一动，腿就动了，素心人相处如此。

更何况远方的亲人们，翻过大庾岭来到惠州：新居落成前半个月，苏迈赴韶州（广东韶关）仁化县当县令，带领三房家眷过江，与阔别的父亲团聚。

三年不见，苏东坡迎接孙儿孙女一路小跑，抱了这个又抱那个，却是一半不认识，于是，欢喜泪伤心泪一并流。三个儿媳妇俱问朝云在何处，朝云却在丰湖新冢……

二月中旬，阳春花开，乔迁之喜，惠州父老携米酒提鸡鸭前来祝贺，阳光下一百多张笑脸。东坡先生醉也，醉也。《和陶诗》：“旦朝丁丁，谁款我庐？子孙远至，笑语纷如。”

诗前小引曰：“长子迈，与余别三年矣，挈携诸孙，万里远至。”

苏东坡驮着乖孙满地爬，爬到墙边的荔枝树下。六十年前在眉山，爷爷苏序驮着他。趴在地上的幸福无以复加也。

纵笔

岭南幸福的苏东坡写下《纵笔》：“白发萧散满霜风，小阁藤床寄病容。报道先生春睡美，道人轻打五更钟。”先生高卧白鹤峰睡美斋，春睡不醒，五更天犹自呼呼地，附近的道观童子皆知，于是轻打五更钟。邻居说：东坡道人来了，道童敲钟不费力。

这首轻松的小诗，迅速传到京城。

章子厚笑道：“苏子瞻还这么乐吗？叫他入海去儋州。”

蔡京问：“何以贬儋州？”

章子厚答：“瞻与儋，字形相似耳。苏辙字子由，贬雷州可矣。”

京城大佬开玩笑，岭南东坡贬海南。

二月迁居，三月写诗，四月诀别。一家三十口千辛万苦的团聚，瞬间被摧毁。

人的坏起来无边无际，毒蛇猛兽远远不能比。应当有几本专门研究恶的著述。充分掂量恶之为恶，方能懂得善之为善。孔子不语乱、力、怪，此三者，却在历史上循环。

一〇九五年四月十七日，苏东坡在白鹤峰微醉，凭窗书写《赤壁赋》，行草字一气呵成。子孙们围在他身边，似乎能感觉到那指间呼呼而出的气流。东坡岭海书法炉火纯青。

州守方子容来了，东坡先生开门笑迎。平时乐呵呵的太守皱着眉头。

《年谱》：“十七日，惠守方子容携告命来。”

苏轼看告命面无表情，手在抖，嘴角抽动……

“十九日，与过离惠，与家人痛苦诀别。”

罪臣接到贬谪的告命，即刻就得打点行装，这也是一种惩罚方式。

白鹤峰愁云惨雾，哭泣声昼夜可闻。迁入精心营造的新居，刚过两个月。苏过已是几个孩子的父亲，诀别妻、子，随白发父亲苍凉渡海。妻子范氏吞声哭。儿童惊慌失措。

苏迨冲到后山小树林，伏地大恸。

白鹤峰新居的新花，一朵朵开得正艳。草木欣欣向荣，人在生离死别。

渡 海

《年谱》：“过广州……过新会……五月十一日，与弟辙相遇于藤州，自是同行至雷。”在藤州吃路边摊上的粗粮饼，苏子由吞不下去。

“六月五日，与弟辙同至雷州。雷守张逢至门首相见。十日，止递角场……致简杨济甫，以坟墓为托。十一日，渡海。”苏家坟墓在眉山城东郊十余里。

在海边，兄弟相随一个月，此后再未聚首。

苏轼只能微讽：“莫嫌琼雷隔云海，圣恩犹许遥相望。”

雷州与琼州（海口）相隔四百里。多亏有圣恩，苏氏兄弟才隔这点距离。此间，二十来岁的宋哲宗正在加油干，每日寻觅新斧头……

苏轼《和陶止酒引》：“六月十一日，相别，渡海。余时病痔呻吟，子由亦终夕不寐，因诵渊明诗，劝余止酒。乃和原韵，因以赠别，庶几真止矣。”

生离死别之际，坡公幽默如初。旧病复发，当与数月来饮酒过多有关，盖房子，搬新居，子孙远来白鹤峰，桩桩件件，都是喝酒乃至痛饮美酒的好理由。

张逢挑选航海经验丰富的船工，送东坡先生过海。后来，张太守因此获罪。

“学道未至，静极生愁”

北宋设广南西路，置琼、崖、儋、万安四州，“分据岛之四隅。”黎母山、五指山耸立于岛中央。黎人又分熟黎、生黎，生黎多居于高山之山洞，刀耕火种，茹毛饮血。

苏东坡谪海南第一首诗《行琼儋间，肩舆坐睡，梦中得句云：千山动鳞甲，万谷酣笙钟。觉而遇清风急雨，戏作此数句》：“四州环一岛，百洞蟠其中，我行西北隅，如度月半弓。登高望中原，但见积水空。此生当安归？四顾真途穷。”

老问题又来了：怎么办？穷途末路怎么走？

“茫茫太仓中，一米谁雌雄？幽怀忽惊散，永啸来天风。千山动鳞甲，万谷酣笙钟……”

初到海南，陆行二百里，坐轿子，山行一天半，苏东坡打起精神，梦中得了好句。抵达昌化军贬所，泄气了。他写信说：“至儋州十余日矣，淡然无一事，学道未至，静极生愁。”

庄子齐生死，齐荣辱，齐万物，乃得身心大自由，六十年居陋巷，与百工相善，与劳动者为伍，维系了低沸点之欣悦。苏东坡还做不到。无人可见，无事可做，无家可归……

他写信给张逢："海南风气与治下略相似，至于饮食人烟，萧条之甚，去海康远矣。到后杜门默坐，喧寂一致。蒙差人津送，极得力，感感！"

《儋县志》："山中多雨多雾，林木阴翳，燥湿之气不能远，蒸而为云，停而为水，莫不有毒。"苏东坡的湿热体质尤其不适应。章惇、蔡京辈，很清楚这一点。

宋代不杀大臣，那就让儋州瘴毒杀死苏东坡。惠州瘴毒已经杀死了王朝云。

张中来了

苏东坡贬黄州惠州儋州，地方官员都对他好，看来正人君子究竟是受人尊敬的。天高皇帝远，贬所多亲近。京城及其周边官风日坏，偏远之地风俗淳，人情厚。

昌化军使张中，开封人，熙宁三年进士。儋州官舍伦江驿，他派人修葺，添了几件日用品，恭请苏轼住进去。在儋州，这算是比较像样的房子。张中话不多，得了空就过来，找苏过下围棋。三个人在椰子树下喝劣酒，摇蒲扇，闲话中原的日子。

张中顶着压力照顾苏东坡。朝廷有人打招呼，张中不在乎。他也不对别人讲。

苏轼粗知围棋，但坐不住，他看棋，写诗说："胜固欣然，败也可喜。”

一盘棋常常下半天，苏东坡走来走去。戴草帽的黎人三三两两在椰林中出没。

张中忙官务时，十天半月不过来，伦江驿显得空空荡荡。苏过把棋盘擦了又擦，把凳子搬出去。只有一阵阵秋风卷着黄叶来。远处，黎人在唱歌，儋州古调声，男女且歌且舞……

苏过替父亲梳头，读陶渊明的诗，念叨张中的好，独不提他的朝思暮想，他的辗转反侧。

苏过凝望大海那边，发一回呆，抹几滴泪。他不让父亲察觉。汉子性格，乃是苏家秉性。

做父亲的写道：“过子不眷妇子，从余来此，其妇也笃孝，怅然感之。”

“出无友，书无墨，病无药，冬无炭，夏无寒泉”

苏东坡发牢骚，写信向友人诉苦：“出无友，书无墨，病无药，冬无炭，夏无寒泉。”什么都没有，儋州比惠州差远了。食无肉，炊无米，居无竹，饮无茶，思无伊，游无伴，夜无烛，晨无钟。“土人顿顿食薯芋，荐以薰鼠烧蝙蝠。”

海南的男人不大种地，闲着，女人们下地干农活，赶牛车，负重物，扛锄头，肩挑背磨毒日头下。千百年都是这样，夫权比中原还厉害，童养媳普遍。人病了，巫医来跳神，杀牛治病。于是耕牛少，大米和麦子靠海运，当地人顿顿吃红苕芋头，就着薰鼠肉，有时候吃烧蝙蝠，一口一只，连毛带骨吞下去。苏东坡瞠目结舌，土人们津津有味。

"旧闻蜜唧尝呕吐，稍近蛤蟆缘习俗……"

活着的小老鼠就着蜂蜜吃，听它唧唧叫，一桌食客咬得颇惬意。东坡居士心惊肉跳。

天府之国肉食丰富，连鳝鱼泥鳅都不吃。直到二十世纪七十年代初，大批东北人、上海人来四川建工厂，蜀人才谨慎地吃起鳝鱼泥鳅来。

苏东坡不听小老鼠在人的唇齿间叫。烧蝙蝠、烧蝎子蜈蚣之类，他看都不看。

海角天涯的日子，慢慢过吧。

"儋耳颇有老人，年百余岁者，往往而是"

儋耳是儋州的古名，苏轼抵儋耳，先关注当地的长寿老人，《书广南风土》："岭南天气卑湿，地气蒸溽，而海南为甚。夏秋之交，物无不腐坏者。人非金石，其何能久？然儋耳颇有老人，年百余岁者，往往而是，八九十者不论也。乃知寿夭无定，习而安之，则冰蚕火鼠，皆可以生。"外地人习而安之，说来容易，却是几人能够做到？

苏轼下笔辛酸：“秋霖不止，顾视帏帐中有蝼蚁，帐已腐烂，感慨不已。”

墙上的蚂蚁更多。花斑蚊子一寸长，飞蛾如蝴蝶，怪虫子在屋顶爬来爬去……

享受过荣华富贵的人，到这境地，如何过日子？在东京，他的红木大床用的是宣州进贡的蛟绡帐，盈盈一握。雕梁画栋不须夸，华服高轩只寻常，玉盘珍馐像萝卜白菜。

从惠州再贬儋州，跌到谷底了，层层压得窒息。思念白鹤峰，可爱的孙儿孙女……

心境，处境，都靠近了通常意义上的绝境。想亲人想断肠。

如何承受？先要活下去。

陶渊明

苏东坡在晨光中，在黄昏里，打开的书卷付与袅袅秋风。宋代印的书，字比较大。翻来翻去一本《陶潜集》，不知道翻了多少次了，没有三千次，也有两千九百次。有些书是一辈子看不够的，越看越有嚼头，“此中有真意，欲辨已忘言。”

浮白载酒，五柳先生的朴拙田园在惠州，在儋耳。东坡读陶诗，不可无酒。这是一种深入骨髓的敬意。痔疮犯了，子由读陶诗，一句句给哥哥治病，补气降火……

“平畴交远风，良苗亦怀新。”苏东坡在汴京，无数次写这两句送人。

苏子说：“吾于诗人无所甚好，独好渊明之诗。”

艺术家表达植物的朦胧欣悦，唯有陶渊明。陶诗一百二十六首，每一首，苏东坡都要唱和，这股子心劲无限大，前无古人后无来者，尽管他明知与陶诗有缩不短的距离。

人在困境，陶渊明来帮他。

“少无适俗韵，性本爱丘山。误落尘网中，一去三十年。羁鸟恋旧林，池鱼思故渊。开荒南野际，守拙归园田……久在樊笼里，复得返自然。”

写自然，写田园，陶渊明是诗人中的诗人。文字含金量独步天下，却是浅显的“田家语”。

“暧暧远人村，依依墟里烟。狗吠深巷中，鸡鸣桑树颠。”

“结庐在人境，而无车马喧。问君何能尔？心远地自偏。”

黄昏里的苏东坡环视椰林，仰望海岛天空。苏过斟满了荷叶杯。大犬乌嘴趴在地上，靠近它的主人。秋风劲，一片片婀娜长条叶子，舞向缓缓而来的暮色天光。

苏子说：“我不如陶生，世事缠绵之。”

陶渊明四次投耒，出门去做官，为了他的五个吃长饭的儿子。四十多岁他彻底归园田，朝夕与素心人相处，将低沸点的欣悦发挥到极致。“种豆南山下，草盛豆苗稀。”家里一度揭不开锅，陶潜到远村去乞讨，“饥来驱我去，不知竟何之。行行至斯里，叩门拙言辞。”把这种羞辱事、难堪事写入诗篇，虽杜甫而不为。乞讨的食物他带回家，分给几双小手。年景稍好，他杀鸡烹鹅待客，“欢言酌春酒，摘我园中蔬。”

五棵柳树长条喜人，五个儿子不病不灾。他们的名字也传下来了。

“有酒斟酌之”，“登高赋新诗”。五柳先生很有几分摩登的。

“桑麻日已长，我土日已广。”五柳先生很有几分自豪的。

即使是在最黑暗的时代，仍然有一些人过得赏心悦目。陶渊明最称典型。

苏东坡叹曰：“古今贤之，贵其真也！”

真诚，朴素，劳心劳力，美感洋溢，陶渊明足以引领任何时代。

苏东坡这般境界的人，言必称“渊明吾师”。他写道：“欲与晚节，师范其万一。”

“冻饿虽切，违己交病。”这句话是眼下大多数焦虑症患者的一服心药。活得朴素一点，活得本真一些。“勿必，勿固。”苦海无边，回头是岸。

暮色四合，苏东坡在儋州椰林饮酒。他想：渊明的父亲做过太守的……

“微雨从东来，好风与之俱。”

“众鸟欣有托，吾亦爱吾庐。”

黄州惠州儋州，陶渊明进入苏东坡全身的血脉。

“长吟掩柴门，聊为陇亩民。”

据袁行霈教授考证，陶渊明活了七十六岁。

载酒堂

张中拉着苏东坡转悠村子，访问黎子云兄弟。黎子云家竟然有一部柳宗元集，东坡的眼睛顿时大亮。在海南，这可是一桩稀奇事。黎家有园子，苏东坡名之曰载酒堂，又栽了许多树，召来风声雨声，召来天风的形状，召来光影之斑驳。读书声渐渐响起来了，黎家和汉族子弟纷纷来到载酒堂，符确，符林，姜唐佐……后来姜唐佐成为海南第一个举人，符确是海南第一个进士。苏东坡随手播下中原文明的种子。他说："我本儋耳人，寄生西蜀州。"

载酒堂不可无酒，东坡酿天门冬酒。居然成功了，大家都爱喝。今日之眉山有苏东坡酒，儋州有天门冬酒，载酒堂是响当当的儋州东坡书院。眉山东坡文化讲师团在书院开讲，游客听得不想走……

海南松煤好，京城的制墨师听说苏东坡在儋州制出了佳墨，七千里路跑过来。制佳墨，比造好酒还难。东坡墨丸在东京、西京、杭州，一丸难求。

干起来了，办学，造酒，种药，制墨丸。

人是什么？人叫操心。这是海德格尔对人的界定。有本事有情怀的人，一辈子操不完的心。生命是什么？生命是它的展开状态，这才叫生生不息。生命冲动朝着最后的一朵浪花。

而形形色色的瘾头人，密密麻麻的空心人，收缩、蒸馏、干瘪、贫乏、麻木、乖戾，乃是他们的宿命，他们的同义词和撕不掉的标签。

生命中只剩下几场牌。

椰林下的舞蹈

儋州古调声，变调七百多种，在这片土地上不知流传了多少代。一大群男女手拉手围成圈，昼夜唱不停，舞不休。主调优美而简单，复调回旋不已。一九七〇年代初，芭蕾舞经典《红色娘子军》采用了儋州古调。

苏东坡记云：“夷声彻夜不绝。”叹曰：“蛮唱与黎歌，余音犹杳杳。”

这个熟悉宫廷音乐的男人尝言：“吾不解乐。”舞蹈，他比较喜欢，杭州跳舞，密州超然台“起舞弄清影”，徐州的乡村跳赛神舞，颍州西湖畔，“插花起舞为公寿。”

早年在眉山西郊肥沃的七里坝，他跟着亲爱的豪爽爷爷，大跳晒坝丰收舞。

激情男人载歌载舞，苏东坡情不自禁，先是跟着黎人唱，然后跟着黎人跳，男女牵手牵得紧，舞于椰林下，哪有什么授受不亲，哪有笑不露齿，哪有闺门紧闭，哪有非礼勿视。海南的男男女女是要直视异性的，火辣辣直愣愣……

夜游神苏东坡在儋州跳古调，中途要喝三回天门冬酒，吃几坨花猪肉，月亮舞得高了，满天星星全部舞出来了，困了，倒地便睡，未醒又去手牵手。这叫半梦狂舞。

这个酒徒发现，跳舞剧饮，痔疮不犯。儋州三年一千天，呻吟大减。

海德格尔：“艺术家的生存是加强型生存。”苏东坡在海南加强。

汉族多节日，独缺狂欢节。

少数民族几千年自由奔放。激情不能被礼教掌控，乃是少数族之常态。

激动不已的苏东坡对苏过说：“难怪海南百岁老人多啊！”

话音未落，苏过已舞出门去也，跳进了椰林风。儋州人亲切地叫他小坡。

“家在牛栏西复西”

苏子瞻是要串门的，从两三岁串到六十几岁，从眉山下西街串到儋州中和镇。人是绵历世事的人，兢兢业业的人，但是不衿衿，“心如婴。”江湖上的苏东坡是一直想要倒着活的，“门前流水尚能西。”庄子永远是个好榜样，生存之灵动，百亿分之一。

海德格尔：“人类不可失掉与朴素事物打交道的能力。”有了有种能力，活五百年活不够。

苏东坡是谁？苏东坡叫活不够。

串门，串了东家串西家，串迷路了咋整？《独行披酒，遍至子云、威、徽、先觉四黎》：“半醒半醉问诸黎，竹刺藤梢步步迷。但寻牛矢觅归路，家在牛栏西复西。”

家家户户的牛栏都相似，迷宫处处迷，一路寻牛屎，找回家的路，而牛屎未必可靠。东坡误入陌生人家，却是笑脸迎上来。

“小儿误喜朱颜在，一笑那知是酒红。”

海南有画工，作《东坡笠屐图》，传为名画。东坡赞画曰：“人所笑也，犬所吠也，笑亦怪也。”一派幽默与祥和。他头戴椰壳帽，脚登厚厚的儋耳屐，吧哒吧哒，一天要串几家门。

“溪边古路三叉口，独立斜阳数过人。”

归家，修订他的三部书，《致苏坚柬》：“某凡百如昨，但抚视易、书、论语三书，即觉此生不虚过。”三本书写了二十年。《东坡志林》《仇池笔记》动笔了。写诗作画寻常事。学黎人语，黎人又学他的眉山话。今日儋州有两个村子，村民都是地道的眉山口音。

“华夷两樽合，醉笑一欢同。”

东坡先生在海南，促进了民族团结。

“压扁佳人缠臂金”

儋州有环饼做得不错，色香酥，恁可口，张中拉东坡去吃，吃一回想二回。于是，这好吃嘴进人家的饼屋学艺，写诗云：“纤手搓来玉色匀，碧油煎出嫩黄深。夜来春睡知轻重，压扁佳人缠臂金。”东坡环饼问世了，今之海南，非遗名点。

从诗句看，海南苏东坡不废情色语。纤玉，玉色，春睡，佳人缠臂金……

春梦婆

儋州有妇人，笑语苏东坡：“内翰昔日富贵，一场春梦！”后来遇上了，东坡戏称她春梦婆。在海南，已婚的女人都叫婆，犹如陕西女人叫婆姨。春梦婆称东坡内翰，看来是有些知识的。这春梦婆爱吃东坡饼，喝天门冬酒，学东坡煎茶，串东坡门子，一大早，敲东坡的窗子。春梦婆很喜欢自己的雅号：春梦婆。

符林、王介石等人，老远就喊：“春梦婆，春梦婆！”

春梦婆笑成了一朵春花。

节日里黎汉狂欢，千百人跳儋州古调，春梦婆单寻醉东坡，只要与他手牵手……

巫医称：杀牛可以治病

儋州有恶俗：杀耕牛治人病。巫医把谎言变成了风俗。耕牛原本有限，海船从广东运来岛上，“百尾一舟，遇风不顺，渴饥相倚以死者无数。牛登舟，皆哀鸣出涕。既至海南，耕者与屠者常相半。”苏东坡接着写：“病不饮药，但杀牛以祷。富者至杀十数牛。幸而不死，则归德于巫。以巫为医，以牛为药。间有饮药者，巫辄云：神怒，病不可复治。”

东坡种药采药煎药，载酒堂的书香与药味儿相杂。治病从他的学生和朋友治起，渐渐地有些扩散，病者抱着试试看的态度来；病好了，欣然去宣传：“原来不杀牛也可以治病。”

巫医们有点慌了，上门吼东坡。那春梦婆闻讯而来，与巫医对吼。

东坡对张中说：“如果我有五年时间，必除此恶俗。”

张中说：“医一个是一个吧，医好一个病人，又救了一头耕牛。”

东坡翻过篱笆摘蔬菜

邻居黎仲表有个菜园子，东坡翻过篱笆摘新鲜菜，手脚颇利索。黎仲表夸耀于人，说内翰大人天天吃他的园中菜，有时喝他的坛中酒。

张中送来五花猪肉，苏东坡用小火煮到十分火候，叫苏过分一半给黎仲表。

苏、黎二人，隔着半人高的篱墙闲话。蜀中有偷青的风俗，苏子瞻原是偷青好手，月光下跳来跳去，菜园子的主人笑呵呵袖手旁观。这便是蜀中有名的元宵节偷青。

东坡先生也夸耀：“当年我在眉山爬高高树，翻高高墙，屙高高尿……”

黎仲表笑翻了。内翰大人又传授长寿的秘诀：“心如婴，小便清。”

弄得黎仲表逢人便问："兄弟，你的小便清不清？"

东坡在自家门前辟一菜地，自己种起蔬菜来，深翻土，勤除草，整得比黎仲表的菜园子巴适，青菜白菜芹菜南瓜西瓜……轮到黎仲表翻篱笆墙了。拿锄头的内翰张口吐佳句："人间无正味，美好出艰难。"

载酒堂的弟子们感慨："仰之弥高，钻之弥坚。瞻之在前，忽焉在后。"

一天，苏东坡出远门串门子，有个不相识的樵夫送他木棉布。又一天，春梦婆送他一顶边缘有丝带的草帽。心是日益纯，小便日益清。

董必

元符二年，章惇独相已数年，朝廷一手遮天。蔡京跻身于宰辅大臣，蔡氏一门俱显，连仆人都在东京耀武扬威，杀人如草芥。民谣发出怒吼："拔了菜（蔡），砸了铜（童），还一个清凉好世界。"太监童贯掌天下兵马。

公元十一世纪末，北宋王朝的衰败已成定局。

东京民谣："大惇小惇，入地无门。"小惇指安惇。

一日，章惇问蔡京："听说苏子瞻在儋州尚快活耶？"

蔡京答："昌化军使张中帮苏轼，罪臣住官舍，又弄了个载酒堂，办学收弟子。"

章惇笑道："元长，你倒把苏轼看得仔细。"

蔡京说：“丞相留意的，元长不可掉以轻心。”

安惇插话：“丞相可知董必？”

章惇点头：“御使台的那个冷面刽子手。”

安惇趋前，曰：“丞相一句话，苏轼小命休矣。”

章子厚并不开口。安惇等命令，蔡京开了口：“丞相的意思你还不明白吗？”

第二天，董必奉命赶赴海南，七千里路一个月到，杀气腾腾准备渡海，要取苏轼性命。他的随行人员中却有个湖南人彭子民，深敬苏东坡。董必南下的意图一露，彭子民紧张了。

彭子民劝董必：“岭南千家万户，俱称东坡伟人。”

董必冷笑：“那又怎样？”

彭子民喊道：“人人家都有子孙！你若害苏轼，不怕报应吗？”

董必有所忌惮了。彭子民是他挑选的干吏，为了苏轼却宁愿得罪他。

刽子手终于放下了屠刀，只派人过海去儋州，拿掉张中的乌纱帽，把苏轼赶出了伦江驿。

桄榔庵

张中掉了昌化军使的官帽，愁眉苦脸。他年轻，仕途还长。东坡父子无言以对。让朋友受连累一直是苏东坡的心病。知雷州的张逢派舵工送他，也失去了官位。

遮风挡雨的房子住不成了。董必下令："不允许儋州的任何人接纳苏轼。"

东坡父子卷铺盖，风雨中踉跄迁居桄榔庵。董必的手下狗仗人势，面目凶悍。

破茅屋不仅漏雨，还漏树叶。东坡落笔："如今破茅屋，一夕或三迁。风雨睡不知，黄叶满枕前。"岭海间的东坡，肉身修炼入了化境。风吹雨打睡得香。

苏东坡适应恶劣环境的能力是第一流的。居士定力常在，遇事则发。难怪后世读书人要仰望他，向他借力。

文化大师与封建权力有结构性矛盾，孔子庄子孟子屈子……

天长日久漏树叶究竟不行，苏东坡又开始造房子。写信说："迫近买地起屋五间，一龟头，在南污水池之侧，茂林之下。亦萧然可以杜门少休矣。"

又云："赖十数学生助工作，躬水泥之役，愧之，不可言也。"

复叹曰："起屋一行，介石躬其劳辱……然无丝发之求也！"

黄州惠州儋州，许多民间好人的名字传下来。而在京师，多有咬苏轼的小人载入史册。

巢谷死道路

巢谷七十岁在眉山练武功，犹能大鹏展翅，也能小巧擒拿。大半辈子走南闯北，在甘肃某将军的帐下做过教头，舞刀弄棍不在话下。眉山的后生请他点拨功夫，他收一些散碎银子，攒起来，作远行盘缠。他住在正西街，常走下西街找杨济甫喝酒，挺直的腰板与一双铁腿在石板路上。后生练家子，要跟他过几招……眉山人习武的风气一直延续到一九七〇年代，男孩子在学校，往往自夸拳脚功夫，花拳绣腿也要冒充南拳北腿，大谈少林棍、岳家枪、燕青拳，崇拜行者武松，豹子头林冲。城里的练家子过招，叫做抢手，学生打架点到为止，打不进医院的，却是雄性渠道畅通，娘娘腔人所不齿，俨然一坨臭狗屎。

男孩儿雄得起，女孩子就柔到骨。这是一种显而易见的因果关系。

正西街的巢元修日食斗米，一饮三十杯。他闲逛眉山城九街十八巷，专讲苏子瞻故事，讲了几十年还要讲几十年，全城的耳朵竖得高，听得分明。捧读书卷不分男女老幼，孙氏书楼藏书几万卷，家家户户有藏书，岷江之畔青草地，春风秋风总是乱翻书……

巢元修七十二岁登路程，暂时告别四世同堂的幸福生活。去哪里？干什么？

巢元修轻轻做个手势：“去海南儋州，看苏东坡在忙啥子。”

天庆观的老师们倒抽一口冷气：“从眉山到儋州足足一万里啊！”

元修开玩笑：“一万里何足道哉，翻几个跟斗就到了。”

上路了，千难万险直是天淡风轻，水陆兼程无非昼行夜宿，胡须皆白正是武林高人。

“天高云淡，望断南飞雁。”不到海南非好汉，屈指行程一万。

出三峡，过荆襄，走中原，向传说中的蛮荒岭南步步挺进。渡过了赣江十八道惶恐滩，翻过了虎啸狼嗥的大庾五岭，抵达雷州半岛见过了苏子由，巢谷再出发。

心劲是什么？心劲直接是腿劲。巢谷老人的念头像原野的风一样单纯。

苏州小和尚卓契顺走惠州，将身上的油布包护得紧。眉州巢元修腰佩三尺剑，背个酒葫芦，乡野小酒店吃它几斤牛肉。店小二瞧准他的包袱，他浑不在意，江湖走动五十年，阴沟岂能翻大船？三条彪形大汉未必能将他掀翻。然而，巢元修托大了，犯了强者恃强的毛病：比金子还宝贵的包袱被小贼偷了去。里边有写得密密麻麻的古药方，专治岭南瘴毒。

巢元修打听了盗贼去向，发足追去，从早晨追到正午，从正午追到黄昏，三尺佩剑越来越沉重，怀揣的几块银子又舍不得扔。终于跑不动了，拖了一段尘土路，累死在新州道旁。

《年谱》："巢谷徒步远访，亡于新州途中。"新州与广州接壤。

东坡写信给广州官员孙叔静，恳请他帮助巢谷的儿子巢蒙来新州料理后事："元修有子蒙在里中，某已使人呼蒙来迎丧，颇助其路费……旅殡无人照管，或毁坏暴露，愿公悯其不幸……死罪，死罪！轼再拜。"

一〇九九年的夏天，巢蒙万里迎丧，从眉山东门码头出发了。

这个张中啊

张中接到调令，要离开儋州了。临走的那一天，他三次来告别东坡父子，坐到三更天不肯走。谈兵学滔滔不绝，说围棋头头是道，讲儋耳句句是情。平时他沉默寡言，这个夜晚却不停地说说说。他一直不说的，才是心中事：今晚一别，山高水长，再见无期。

后半夜，东坡先生困了，靠墙打个盹儿，睁开眼睛，看见张中还坐在那儿，而自己身上不知何时盖了一件军用棉袄。天已经麻麻亮了，张中守着东坡。夜凉衣衫薄，他双臂交叉，坐在摇曳的烛光里。

晨光渐渐进屋了，张中与东坡对饮卯酒。隔壁的苏过鼾声悠长。

这个张中啊。

《年谱》：“十一月十九日，张中三来告别，灯坐达晓。”

苏东坡诗云：“海国此奇士，官居我东邻。卯酒无虚日，夜棋有达晨。小瓮多自酿，一瓢时见分……”

宋哲宗一命呜呼

元符三年，二十四岁的宋哲宗一命呜呼。女色淘虚了身子，后宫佳丽三千，送他歪歪扭扭上了奈何桥。这个变态的、性格扭曲的皇帝很有研究价值，可惜相关资料少。

更坏的宋徽宗登基，嬉皮笑脸的轻佻浪荡子君临天下。一切都是玩，玩球，玩字画，玩异花奇石，玩宫中装叫花子，玩地道幽会李师师，受潜意识的助推复玩战火，葬送了北宋王朝。史料称：“宋徽宗矜小智。”

宋哲宗乖张，宋徽宗轻佻。两个黄袍渣男，导致中国南北分裂。

哲宗不早死，苏东坡的寿命会长一些。

章惇现世报

宋徽宗赵佶做端王的时候，章惇反对他立为太子，上札子称：“端王轻佻，不可君天下。”这使赵佶怀恨。坐上龙椅后，他把章子厚贬到岭南雷州去。东京的老百姓大呼痛快，鞭炮声昼夜不停，送老贼踏上贬谪路。弹劾老贼的谏官，是一个叫任伯雨的眉山人。

害人终害己，章惇现世报。后来蔡京死于贬途，炎炎七月，五天无人收尸，路过的行人扔石头泼粪便，只要他下地狱。蔡京的下场，与乱汉的董卓同。

章子厚宋徽宗都是轻佻的人，同类识同类。章的家风门风就是轻佻、龌龊、无耻。这种人学富五车有了大本事，更得以祸害朝野。宋徽宗娱乐至死，契丹人马踏中原……

章子厚贬到岭南，雷州人切齿痛恨他，不肯把房子租给他住，使其像一条到处流浪的丧家狗。初，这条恶狗咬张逢太守，咬苏东坡，咬苏子由，咬秦少游，雷州人恨不得在街头乱棍打死他。

末世恶人多，恶人在官场。

苏东坡奉诏北归，命运却是最后的荒诞与凄凉。

“九死南荒吾不恨，兹游奇绝冠平生”

一一〇〇年六月，苏东坡奉诏复起，后提举成都玉局观，任便居住。这当然是好消息，岭海七年终于不死，活着北归。一想到将与家人团聚，东坡睡不着了。

却又舍不得儋州，舍不得他的学生们和众多黎人兄弟，舍不得载酒堂、桄榔庵、东坡井、三亩菜园子。人是血肉之躯，苏东坡尤其重情义。

符林，符确，姜唐佐，王介石，黎子云兄弟，还有黎仲表，春梦婆……他们天天来东坡的家，绝口不提离别事。喝酒吧，吃海鲜吧，尝尝东坡环饼，听听儋州古调。

苏东坡鼓励从琼州来的学生姜唐佐：“沧海何曾断地脉，白袍端合破天荒。”后来姜唐佐考上了举人，先生已在黄泉。苏辙续上后两句：“锦衣他日千人看，始信东坡眼目长。”

《琼海记事录》：“宋苏文忠公之谪儋耳，讲学明道，教化日兴。琼州人文之盛，实自公启之。”王朝可以覆灭，文脉不会断绝。

要走了，苏东坡夜游儋州到了大海边，一轮明月浮波而来，银色月亮拖千里。

儋州的夜游多有记录。《书上元夜游》：“己卯上元，予在儋州，有老书生数人来过，曰：良月嘉夜，先生能一出乎？予欣然从之，步城西，入僧舍，历小巷，民夷杂揉，屠沽纷然……”

夜游神直欲游到天亮。

东坡作春词：“春牛春杖，无限春风来海上……不似天涯，卷起杨花似雪花。”

海南不下雪，杨花似雪花。道士吴复古，飘然过海来看望东坡。临淮人杜舆卖了家当，带领全家人上路，要到儋州来，与东坡先生同甘共苦……

儋州扎下根了，顷刻间又生生剥离。

六月二十日，东坡渡海，海上豪迈赋诗，末云：“九死南荒吾不恨，兹游奇绝冠平生。”

此二句，海南人视为永久的骄傲。

先生半夜渡海，扣舷而歌

《年谱》：“先生渡海北还，以三更发琼州，晚到递角场。”海上航行十几个钟头。

《萍州可谈》卷二：“东坡……元符末放还，与子过乘月琼州渡海而北，风静波平，东坡扣船舷而歌。过困不得寝，甚苦之。”放还：释放北还。

东坡唱什么歌呢？半夜三更不睡觉，唱了又唱，也许唱到东方欲晓，唱得苏过苦不堪言。

“却看妻子愁何在，漫卷诗书喜欲狂。”杜子美名句，苏子瞻心境。

儿孙们眼看要扑到跟前了，苏东坡如何不唱歌？

茫茫大海上多少思绪？睡眠好的东坡全无睡意，啸咏波澜，跟道士吴复古谈天说地。

三十岁的苏过翻来覆去没法睡，忍不住叫起苦来，“东坡矍然就寝。”

苏过，取颜回闻过则喜的意思。老爹却是榜样，知错便改，纳头便睡。

苏东坡痛哭秦少游

六月下旬，苏东坡抵达雷州，秦少游赶来拜迎。相聚五天，啸咏而别。秦观作《江城子》：“南来飞燕北归鸿，偶相逢，惨愁容……别后悠悠君莫问，无限事，不言中。”

苏东坡与秦少游七年未见面了，老师想知道弟子别后的情形，弟子轻描淡写。

大胡子秦观已是须髯如戟，贬处州（浙江丽水）、郴州、横州、雷州，一路昂扬而来。照顾他的官员不多。孤独男儿的苍凉贬途，留下不朽的诗词。

《八六子》：“念柳外青骢别后，水边红袂分时，怆然暗惊。无端天与娉婷，夜月一帘幽梦，春风十里柔情。”

《千秋岁》：“春去也，飞红万点愁如海。”

《踏莎行》：“可堪孤馆闭春寒，杜鹃声里斜阳暮。”

《题郴阳道中》：“北客念家浑不睡，荒山一夜两吹风。”

秦少游赶走了他的侍妾边朝花，《墨庄漫录》：“朝华既去二十余日，使其父来云：‘不愿嫁，乞归。’少游怜而复娶之。”一年后，他在处州再一次赶走边朝花，让她回汴京嫁个好人家。

《再遣朝华》：“玉人前去却重来，此度分携更不回。”

他把儿子秦湛也遣走了，一个人面向水深火热，不连累任何人。

秦观原是扬州才子，妻子徐文美的娘家乃是高邮首富，四十余年无忧无虑。

《浣溪沙》：“自在飞花轻似梦，无边丝雨细如愁，宝帘闲挂小银钩。”

《行香子》：“小园几许，收尽春光，有桃花红，李花白，菜花黄。远远围墙，隐隐茅堂，飏青旗，流水桥旁。偶然乘兴，步过东冈。正莺儿啼，燕儿舞，蝶儿忙。”

《鹊桥仙》：“金风玉露一相逢，便胜却人间无数。”

宋代的婉约词，柳永、晏几道之后有秦少游。当年在徐州，苏轼作《秦少游真赞》：“以君为将仕耶？其服野，其行方。以君为将隐耶？其言文，其神昌。”

苏东坡历尽劫波，丝毫不圆滑，其服野，其行方，其神昌。大师风范，今人当细思也。

他的门下士和朋友们，一个个耿介而特立。元丰八年，东坡上钟山，向王安石推荐秦少游，安石复信曰：“公奇秦君，口之而不置。我得其诗，手之而不释。”宋代人的用语，真是值得玩味。口之，手之，翻译成白话文就长了，没味道了。汉语之妙，妙在简约。

宋徽宗十九岁登基，碍于垂帘听政的向太后，起复了一批元祐官员，其中有苏轼、苏辙、秦观。少游从雷州赴英州，途中在藤州的光华亭喝大酒。人兴奋，情绪掌控了大脑。时在仲夏酷暑。《宋史·秦观传》：“出光华亭，为客道梦中长短句。索水欲饮，水至，笑视之而卒。”秦少游可能死于脑溢血，享年才五十二岁。

正在桂林的苏东坡闻噩耗大哭，哭曰：“少游已矣，虽万人何赎！”

他写信给友人：“哀哉痛乎，何复可言。当今文人第一流，岂可复得！此人在，必大用于世。不用，必有所论著，以晓后人。前此所著，已足不朽，然未尽也，哀哉，哀哉！……九月六日。”

苏东坡抵广州，与太守王古谈起秦观，当众掩面而泣。

疼痛无边，自责不已。秦少游的命运与苏东坡息息相关。东坡之恸也，摧肝裂肺。

大雨滂沱，苏东坡紧紧抱着三部书稿

北归的路上，忽遇大风雨，苏东坡紧紧抱住自己的三部书稿，抱着二十年的心血，像抱着三个孩子。书稿之外，别无抄本。岭海东坡的行楷小字极佳，“自云不愧二王。”二王：王羲之，王献之。

苏轼写信对李端叔说：“所喜者，海南了得《易》《书》《论语传》数十卷。”

又一尺牍云：“后有君子，当知我矣。”

苏辙评价：“推明上古之绝学，多先儒所未达。”

立德，立功，立言。宋学的一大特点是疑古，苏东坡阐释经典文献，当多有质疑。

归途中，苏子逗留广州五十天

九月下旬，苏东坡走水路沿东江而下，将到广州，船翻了，父子落水俱狼狈。舟行数十年，翻船是头一回。陆游《老学庵笔记》卷五：“东坡自儋耳归，至广州，舟败，亡墨四箧。仅于诸子得李墨一丸，潘谷墨两丸。”

四个箱子装的佳墨掉到水里去了，其中有三箱在海南制的“东坡法墨”。这对于画家和书法家苏轼来说，比沉了金子还可惜。

苏迈带着三房家眷从惠州来，与老父相会。广州官府派专使迎接东坡。

苏家三十口喜团聚。当苏迈告知惠州百姓自发地为朝云守墓时，东坡泪如泄水。贬岭海七年，一大家子劫后重逢，只少了王朝云……

苏子在广州逗留，游览当地名胜。有人得知他就是苏东坡，顿时传开了，数百人围上来。几年前，他为广州十万户解决了饮水问题。

朋友们三日一小宴，五日一大宴。吴复古又出现了，陪东坡游白云山。杨济甫的儿子杨明已从眉山出发，专程到岭南拜访父执。

生活是美好的，花城无处不飞花，偏僻的小巷也有美食。

苏轼写信对李之仪说：“端叔亦老矣，迨言：须发已皓然，然颜极渥且丹。仆亦正如此。”此间的苏东坡头发白了，面色相当红润。食量好，每饭必酒。登山击水不在话下。

广州的官妓们红巾佐酒，歌舞夜动五羊城，东坡先生带笑看。“娇后眼，舞时腰，刘郎几度欲魂消……”大师阅青春之美妙。

北归千里，苏子沿途赴宴

《年谱》：“十一月……（苏轼）离广州。孙叔静与其子拏舟相送，饯别金刹崇福寺。”不久，吴复古、李公麟、林子中等八人，“自番禺追饯至清远峡。同游广庆寺，题名。”

追饯朋友，乃是宋人生活之常态。朋友并不知道，听呼唤急回首，惊喜莫名。

此后，苏子过境英州、韶州，各留十几天。当年画《流民图》扳倒王安石的郑侠，来英州见苏轼，剧饮剧谈，感慨系之也。一代侠士郑侠长寿。

宋徽宗建中靖国元年，苏子过境南雄州，翻越大庾岭，颇自豪，写诗赠岭上老人：“问翁大庾岭上住，曾见南迁几个回？”

张耒《闻子瞻岭外归赠邠老》：“此翁身如白玉树，已过千百大火聚。望天留之付真主，世间毒烈计已误。”这个所谓真主，即将与蔡京等人狼狈为奸，大搞元祐党人碑，疯狂打击八百多个官员，连九泉下的司马光都不放过；诏毁天下东坡文集、印版、碑铭……

正月下旬，苏子抵达虔州，因赣水的水位低，舟不能行，留十数日。虔州的霍英太守邀请东坡登郁孤台。《年谱》：“在虔州日，常漫游书肆、寺观，施药与人，并为人书字。”

东坡先生俨然游方的郎中，寺庙宫观替人瞧病，不收医药费；又写书法送与当地人，“纵笔挥染，随纸付人。”霍太守亲自为东坡磨墨镇纸。天都黑了，求字的人还排着长队。

三月过吉州，过新淦，各盘桓几日。新淦正在修建一座新桥，苏子应父老之请，书“惠政桥”三个大字。

宋人笔记《独醒杂志》卷六云：“时人方礶石为桥，闻东坡之至，父老儿童二三千人，聚立舟侧，请名其桥。”

江边数千人，欢呼苏东坡。官员用专车将东坡及家人接到馆驿，美酒佳肴伺候。

三月下旬，苏子抵达南昌，南昌是洪州的州治，州守叶祖洽连日陪着。太守都是好酒量。

四月入庐山，逐臣刘安世、庐山道士崔闲等，追随坡仙于山道，“命酒献酬”。东坡以淋漓醉墨，画《海榕》，画《枯木怪石图》。二〇一八年，苏轼的《枯木怪石图》以四亿多元人民币的价格卖出，创古画拍卖之最。他画木石甚多，拍卖的未必是庐山醉墨画的这一幅。

四月下旬，舟次池州、芜湖、当涂，三个地方的朋友，杀鸡宰羊款待东坡。当涂的老友郭功甫携酒肉来访，东坡又载酒回访，尺牍有云：“一肉足矣，幸不置酒。”

郭功甫来访的日期是四月二十五日，苏洵的忌日，东坡不能饮酒。

次日他回访郭，又喝上了。夜里，二人披酒去了江边，凭吊李太白跳江捉月亮的地方。有趣的是，苏东坡在当涂府学百余学子的注目下，撰写《戒酒诗碑》，命工匠刻在石碑上。

白发丹颜的酒徒，大约发誓要戒酒。

渡海北归近一年，东坡几乎天天喝酒。宴席剧饮习以为常，卯酒夜酒殊难分辨。奇怪的是他的书信中并无痔疮复发的记载。也许复发了倒好，体内的热毒有个出口。

五月，苏子过境金陵，知县杜传殷勤款待。苏子书写《江上帖》赠杜传，"笔势欹倾而神气横溢。"此间，他购买越州纸达二千幅，诗兴，画兴，书兴，并酒兴俱大发。

五月中旬，苏子抵真州（江苏仪真），太守付质登船恭迎。苏子作草书《和陶饮酒》数幅送人。二十三日，他感觉身体有不适，但不当一回事，写信对孔平仲说："病发掩关，负暄独坐，醺然自得。"病发，终于可以闭门独坐享受清闲，很有些自鸣得意。

他的这种身体自信起于儋州，强化于数千里归途，却是过于自信了。

这期间发生了一件事，对苏东坡来说干系甚大。

朝廷形势剧变

钱世雄在常州为东坡买房子，东坡忽又犹豫，《与钱世雄第十二简》：“居常之计，本已定矣，为子由书来，苦劝归许，以此胸中殊未定。”

《与李之仪第十简》：“得子由书及见教语，尤切至，已决计归许下矣。”

《与程之元第三简》：“近得子由书，苦劝来颖昌相聚，不忍违之。”

许下，河南的许昌。子由写信苦劝哥哥，哥哥不忍心让弟弟失望。常州买房的事情搁下了。常州的宜兴县有东坡买的田，年产五谷八百石。

有一天，钱世雄、程之元与苏轼会饮于太湖金山之妙高台，说起汴京形势，东坡神色有异，坐立不安。向太后去世，宋徽宗嚣张。蔡京、赵挺之得势，玩球的高俅、唱曲的李邦彦平步青云，得志猖狂。大臣们入宫侍宴，李邦彦当众脱衣裳，爬上柱子展露他的文身。宋徽宗举杖笑击，一群紫袍大臣笑翻在地。搞笑搞哭搞滑稽，娱乐至死的恶俗波及市井……

“黑云压城城欲摧”。苏东坡在妙高台，极目茫茫太湖，浮想万端。他改变主意了，不去与子由团聚，兄弟住在一个地方，必定招来朝廷那帮人的攻击。

高太后去世，宋哲宗变脸。现在这出戏再一次上演，只换了一拨粉墨登场的官袍戏子。

明朝思想家王夫之《宋论》曰：“君不似人之君，相不似君之相，垂老之痛心，冶游之浪子，拥离散之人心以当大变，无一而非必亡之势。”

“问汝平生功业，黄州惠州儋州”

金山寺有一幅李公麟画的苏东坡像，东坡视之良久，写下著名的《自题金山画像》：

“心似已灰之木，身如不系之舟。问汝平生功业？黄州惠州儋州。”

很可能，妙高台上三个人的时局谈论，让苏东坡忧思万端。他嗅到了王朝腐朽的气息。覆巢之下安有完卵？国将不国也，何以家为？平生奋斗五十年，到头来一场空。

几代杰出的士大夫拼尽全力，挺赵宋之国运，到头来，昏君奸臣自掘坟墓。

国运可断，文脉永续。春秋战国五百五十年，汉晋唐一千年，不正是这样吗？

苏子平生功业，黄州惠州儋州。那么多一流的诗词文赋，一流的艺术作品。三部书藏之名山，足以告慰平生。艺术，学术，以自身为根据，自律而非他律。

文之化人，长远可期。

“屈平辞赋悬日月，楚王台榭空山丘。”

一个巨大的文化符号要管一万年。

苏东坡盛赞米元章

《年谱》:“六月初，与米芾(元章)遇于白沙东园，同游于西山。”

米元章在西山办书院，其时不足五十岁。名气已比较大，但他自己不满足。米颠癫狂了二十年，集古字的烦恼一扫空，当初在黄州，苏东坡点拨他。

东坡写信说：“岭海八年，亲友旷绝，亦未尝关念。独念吾元章迈往凌云之气，清雄绝俗之文，超妙入神之字，何时见之，以洗我积岁瘴毒邪！今真见之矣，余无足言者。”

首先是养气，然后是文章，再后才是书法。

米芾的狂，苏东坡如何不知？却是向来不计较。仪真他在病中，听苏过朗诵米元章的《宝月观赋》，“未半，一跃而起”，提笔给米芾写信：“公不久自当有大名，不劳我辈说矣。”

米元章是有求于苏东坡的。干谒名人，唐宋是常态。

苏东坡病在仪真东园。六月上旬，“体中微不佳，始病。”

中旬，“病暑，暴下。瘴毒旋大作。米芾时至问疾；尝冒热到东园送麦门冬饮子。”

东坡渡海北归一年来，辗转十几个州，饭局酒会不断。他的湿热体质雪上加霜。

秦观猝死，吴复古亡于道路，又使这个重情义的人承受了巨大痛苦。

酷暑中行舟，水蒸日烤，肉身终于扛不住。

真善美很难，苏东坡不死

《年谱》：“舟赴常，坐舱中，千万人随瞻风采。”

运河两岸千万人，顶着烈日跟着船跑，瞻仰东坡先生风采。东坡不好意思了，说：“莫看杀轼否？”

《邵氏闻见录》：东坡“着小冠，披半臂……夹运河岸，千万人随观之。”

宋代百姓最崇拜苏东坡这样的人。好官，好人，文化大师，受到社会各阶层由衷的喜爱。

这种喜爱生发持久的向上的力量，皇权压不住，民间在汹涌。

法国人爱雨果，俄罗斯人爱托尔斯泰，英国人爱莎士比亚。文化巨人乃是天上的恒星。权豪流星一划而过。

真善美很难，苏东坡不死。

苏东坡原谅了章惇

章惇的儿子章援原是苏轼门生，元祐三年考进士第一。一一〇一年夏，苏轼从真州赴常州，章援携一封长信前来拜见。信中说：“迩来闻诸道路之言，士大夫日夜望尚书进陪国论。”

苏轼做过礼部、兵部尚书。章援想表达的意思是：“盖欲动苏轼之情，勿念其父旧恶。”（引自《年谱》）

东坡复信，曰：“轼与丞相定交四十年，虽中间出处稍异，交情固无所增损也，闻其年高寄迹海隅……”用寄迹，而不用窜逐、贬谪这类词。信的末尾，还抄录专治岭海瘴毒的白术药方，荐与章惇备用。

又有信写给章惇的姐夫黄寔：“子厚得雷，闻之惊叹弥日。海康地虽远，无瘴疠，舍弟居之一年，甚安稳，望以此开譬太夫人也。”开譬：开导；太夫人指章惇的姐姐。

苏东坡原谅了邪恶吗？本文分析四点：

1. 信是写给章援的，章援是他学生；

2. 章惇已失势，掀不起大浪了；

3. 章的种种罪恶，远离朝廷的东坡知之不详；

4. 东坡病转沉重，意志力下降了。

这封信的一个意外收获，是章家的后人大受感动，几代珍藏，改变了家风门风。

苏子北归，归向坟墓

苏子抵常州，住进钱世雄租来的孙氏馆。钱世雄记云：“先生独卧榻上，徐起谓某曰：‘万里生还，乃以后事相托也。惟吾子由，自再贬及归，不复一见而诀，此痛难堪！’”

家乡人非常希望他回眉山。米元章记云：“乡人父老，咸望公归。”

苏子由写道：“辙与兄子瞻，皆自岭南蒙恩北还，将归扫先墓。”

却是回不去了。落叶飘在异乡。苏东坡的书法佳作，落款常常是：“眉山苏轼。”

他写信告诉米元章：“某食则胀，不食则羸，昨夜通宵旦不交睫，端坐饱蚊子耳。不知今夕如何度……”

租来的孙氏馆比较简陋。当年在常州城他买过一处房子，费银子不少，却听一个老太太哭诉，说她的不孝儿子卖掉了百年祖业。苏轼闻之不忍，一打听，方知他买的房子正是老太太的祖业，于是烧了屋券（买卖合同），买房子的五十万钱也不要了。

钱世雄在孙氏馆陪着苏东坡。东坡把三部书的书稿托付给他，欲开箱取稿，发现钥匙丢了。钱世雄说：“子瞻莫急，莫急……”后来钱世雄回忆：“先生眉宇间秀爽之气，映照坐人。”

这应该是先生的回光返照——秀爽之气映照身边的人。

一一〇一年夏，常州连月干旱，面临灾荒。苏东坡强拖着病体，连日跪拜墙上挂的龙王图，为常州求雨。当万民在甘霖中欢呼雀跃时，求雨的人累倒在黄荃画的龙王图下。

四十四年前，苏轼登科，发宏愿：“自今日为许国之始！”

十年前贬惠州，炎荒四千里，苏东坡不变初心：“许国心犹在，康时术已虚……”

如今在常州，东坡写下最后一首诗《梦中作，寄朱行中》，劝广州太守朱行中清廉做官，莫贪腐。北宋后期，官员的贪腐已成气候。东坡明知回天无力，还是要发力。

七月十三日，他写信给钱世雄：“某一夜发热，不可言。齿间出血如蚯蚓者无数，迨晓乃止，困惫之甚。细察病状，专是热毒，根源不浅。当用清凉药，已令人用人参、茯苓、麦门冬三味煮浓汁，渴即少啜之，余药皆罢矣。庄生闻在宥天下，未闻治天下也。三物可谓在宥矣。此而不愈，则天也，非吾过也。”

有医者认为，苏轼开的三味药，错了两味。可见大夫不能给自己瞧病。

如果苏东坡在儋州终老，活八九十岁也是可能的。受诏北归，一年，不起。

“吾生不恶，死必不坠”

七月十八日，苏东坡自知难起，唤迈、迨、过三子于孙氏馆中的一副懒板前，徐徐说：“吾生不恶，死必不坠（地狱）。”

不恶，向善。苏东坡的临终嘱咐，却令人忧心邪恶的原始性。

西方人眼中：魔鬼比上帝还要原始。

子瞻致信亲爱的子由，嘱托后事：“即死，葬我嵩山下，子为我铭。”

二十五日，致杭州径山寺长老维琳：“某岭海万里不死，而归宿田里，遂有不起之忧，岂非命也夫。然死生亦细故尔，无足道者。惟为佛为法为众生自重。”细故：小事。

苏东坡的绝笔，单重一个善字：“愿佛法无边，普渡众生。”

二十七日，恶化。日午面壁饮泣，不肯转身向亲朋。

维琳长老从杭州赶来了，俯身在他耳边大声道：“端明勿忘西方！”

东坡答：“西方不无，但个里著（着）力不得。”

弥留之际，阴阳即将永隔之时，钱世雄喊：“至此更须著力！”

东坡闭目答：“著力即差！”

钱世雄再问：“端明平生学佛，此日如何？”

东坡再答：“此语亦不受。”

平生学佛向善，并无半点死后升天堂、享受极乐世界的功利心。

长子苏迈上前问后事，父亲已不能语。

苏东坡溘然长逝，时在一一〇一年八月二十四日，享年六十六岁。

一一二三年，天下乱，才华横溢的苏过死于非命。

一一二六年，北宋亡。

2021 年 9 月 15 日晨，于眉山之忘言斋
11 月 12 日再改

我的邻居苏东坡

眉山地处成都平原的南端。苏洵说："古人居之富者众。"

两宋三百余年，仅一个眉山县就出了九百零九个进士，高居全国州县之首。成都（当时叫益州）不能比的。苏东坡考进士乃是事实上的状元，制科殿试又拿了百年第一，所以我称他是宋代唯一的"双料状元"。

这个状元后来干了很多大事，成了家喻户晓的人物。

小时候我不知道苏东坡厉害，他的家和我的家相隔一百多米。他的家八十几亩地，我的家二十几平米。他一天到晚坐在大殿里，看上去委实有些阴森森哩，大殿外还有一口苏家的井。那井水我喝了不少，甜丝丝的，凉浸浸的。井边一棵光秃秃的千年黄荆树，据说苏洵用黄荆条打得小苏轼双脚跳。我是眉山下西街出了名的调皮捣蛋的费头子（孩子王），但凡听到苏东坡挨打，就乐得咯咯笑。苏东坡也属于下西街嘛，论板眼儿（戏耍花样）肯定不如我。他挨打的次数也不如我，差远了。当时我在城关一小上学，课余练武功正起劲，崇拜豹子头林冲，认为区区苏东坡不值一提。林冲雪夜上梁山，苏东坡连峨眉山都没爬过。武松醉打蒋门神，苏东坡在乌台监狱里挨几下就痛得遭不住，真是不经打。他酒量差，当然我的酒量也不行。他下棋不行，我下棋还可以。他下河游泳一般般，我九岁那一年就横渡了岷江，弄潮拍浪一千五百多米，浪高一尺啊。他在书房南轩看书，摇头晃脑念子曰诗云，我家没书房，我在后院的柚子树的树杈上躺着看书，看了四大古典名著，看了《铁道游击队》，看了普希金、托尔斯泰、别林斯基、莎士比亚……

从小学到高中，我跟那个名叫苏东坡的人较劲。

每当爸爸找不到我的时候，妈妈就会说：到三苏公园去看看。

哦，妈妈。现在是二〇二一年的深秋了，妈妈在哪儿？

三苏公园啊，下西街文化馆，工农兵球场，电影院，招待所，我何止去过三千回。一年四季，同学们伙起，一个个勾肩搭背东耍西耍，淋坝坝雨，淋阵雨、偏东雨，享受大风中的那种近乎窒息的感觉。爬高高树，跳高高墙，比高高尿，呆望永远神秘的高高的夜空。男孩子打架，梁山好汉不打不相识嘛，打出了友谊，也打宽了雄性渠道，学校哪有小鲜肉的市场？通通靠边站。

话说硬汉海明威，倒提小鲜肉扔进了汪洋大海。

我在说什么呢？说灵动，身心的灵动。

拙作《品中国文人》（五卷），写了历代五十个大文豪，发现早年的释放天性乃是他们的共同特征。天性不能释放，创造性是要大打折扣的。学自然科学的学生也不例外。

苏东坡小时候是个“三好”学生，好吃，好玩，好学。他的母亲程夫人，他的乳娘任采莲，平日里做菜变着花样，苏东坡就成了好吃嘴，后来自创了东坡肉，东坡饼，东坡鱼，东坡羹，东坡泡菜……他又把眉山的美食带到江浙一带。我吃上海、杭州的东坡肘子，觉得还是眉山的好。

四川人都好吃，川菜很精细，单是肉丝肉片就有十几种。苏东坡出息了，出川做了大官，牛羊鱼吃得多，猪肉吃得少。四十多岁贬到黄州后，他开始研究猪肉，写下打油诗《猪肉颂》。他对水果也有研究，在汴京南园栽石榴树，在江苏宜兴栽橘树三百棵，在广东惠州尝试栽荔枝、桂圆。他写诗给堂弟说："我时与子皆儿童，狂走从人觅梨栗。"我抓住这两句，发现少年苏轼的狂走。他上树上房摘别人家的梨子板栗么？杜甫诗云："忆昔十五心尚孩，健如黄犊走复来。八月庭前梨枣熟，一日上树能千回。"

当年我在三苏公园里游荡，惦记着人道是苏东坡栽下的荔枝树，丹荔挂满了枝头，一颗颗的馋人。嗖嗖嗖上树去也，拨开交叉的绿叶，摘了丹荔，剥了皮，一个劲儿往嘴里塞。眉山人叫吃得包嘴儿包嘴儿。要赶紧的，要眼观八方耳听六路，防着公园的干部或园丁。那一年的夏天，那个爽啊，树干上爽歪歪，吃了很久很久，剥了很多很多：大约三十三颗饱满欲滴的红荔枝。左右枝头吃光了，再往上爬，寻思摘它一书包，夜里占营时分给下西街的小伙伴们。忽然间，头皮顶了一团软软的东西，我心里叫声不好，撞上了吓人的野蜂窝。一群细腰蜂在头顶上散开，摆出攻击的扇形，这扇形我见过的。野孩子到处野，天上都是脚板印。刹那间我纵身跃下五米高的荔枝树，细腰蜂群闻风而动，嗡嗡嗡倒栽下来，有几只直扑我的寸头。大约五六只细腰蜂同时攻击我，头皮痛麻木了，旋即肿了半厘米，像戴了一项不想戴的皮帽子。我落下地发足狂奔，奔向三百米外的无限温暖的家……妈妈用邻居送来的乳汁揉我的头皮，揉了好久。

街灯初亮时，我又满大街疯去了。第二天晚上疯完了，照例往井台边一站，倒提满满的一桶井水，哗啦啦冲凉。

一九七〇年代的男孩子，在挫折中茁壮成长。

苏东坡诗云：“我家江水初发源，宦游直送江入海。”

苏东坡词云：“一蓑烟雨任平生。”

苏东坡小时候顽皮不如我，这个毋庸置疑。他家原是五亩园，后来被别人弄到近百亩。我念书的城关一小与三苏公园只隔了一堵青砖墙，翻来翻去很方便。记不清翻墙跳园子多少次，爬树摘鲜果多少次，弹弓射鸟、竹竿钓鱼，更不在话下。

苏东坡显然是我的好邻居，我去他家千百次。当初我有点瞧不起他，现在我尊敬他，我上班的单位研究他。

《品中国文人》写了那么多文人，平均三万字，唯独苏东坡占了五万字。当时我对出版社说：苏东坡是我邻居，能不能多写几页？出版社答复：苏东坡是十一世纪的集大成的天才，又是你的乡贤，你还吃过他家的三十多颗荔枝，多写苏东坡完全可以！

2021 年冬　改于眉山之忘言斋

后记

大约一九八一年，我初读罗素的《西方哲学史》，惊叹大哲学家写人类大事，下笔非常轻松。我几乎翻烂了那部大书，崇拜到标点符号和封面颜色。不知不觉间，我开始努力，朝着某个并不十分清晰的方向。

古人写人物，写事件，很节制的，眼下一些作家写历史，越写越厚，越写越成套路。读者累，作者未必轻松。文本的固化与思维的固化同步发生。

一九九三年我写第一本人物传记《苏曼殊》，后来写《苏轼，叙述一种》，编辑要求写二十万字，我写来写去只有七万字。二〇〇六年动笔的《品中国文人》，要求更严，三万字写一个历史巨人，包括孔子、庄子、诸葛亮。这迫使我使出浑身解数。好在我早就崇拜了，早就偏爱简约，鲁迅，海明威，《世说新语》，一直是我的枕边书。

这次写《苏东坡三百篇》，有点意外，写起来才发现可能是个新东西。形式改变了内容，有意思，想写，想得很。初名《三百个故事讲透苏东坡》，编辑江晔女士建议修改，于是有了现在这个书名。

“一生二，二生三，三生万物。”

对于创造性的历史人物，唯有创造性的思维方能与之对接。

明年，将以这种方式重写李太白或陶渊明，想一想也令人愉快。让历史的张力自动显现，这可能吗？现象学环环相扣的生存阐释，庶几给了我重新打量事物的眼睛。

关于哲学，一笔带过吧。

回思历史是为了获得一段助跑，以跃入当下。

窗外的天又麻麻亮了，人在持续兴奋中。但是，必须对写作的激情保持足够的警惕。

今年天又暖冬。艺术不消耗能源。多少事，欲说还休。

每天的写作不足千字，三十年都这样。这年头到处嚷嚷快，我们来较量慢功夫。

感谢上海文艺出版社，感谢眉山关心我写作的亲友们。

刘小川

2021年12月28日晨

记于眉山之忘言斋

图书在版编目（CIP）数据

品中国文人. 苏东坡三百篇 / 刘小川著. -- 上海 :上海文艺出版社, 2023

ISBN 978-7-5321-8350-0

Ⅰ. ①品… Ⅱ. ①刘… Ⅲ. ①苏东坡（1036-1101）—传记

Ⅳ. ①K825.4

中国版本图书馆CIP数据核字(2022)第204616号

发 行 人：毕　胜

责任编辑：江　晔　解文佳

装帧设计：韦　枫

书　　名：品中国文人 · 苏东坡三百篇

作　　者：刘小川

出　　版：上海世纪出版集团　　上海文艺出版社

地　　址：上海市闵行区号景路159弄A座2楼　201101

发　　行：上海文艺出版社发行中心发行

上海市闵行区号景路159弄A座2楼206室　201101　www.ewen.co

印　　刷：启东市人民印刷有限公司

开　　本：1000×650　1/16

印　　张：29.75

插　　页：2

字　　数：345,000

印　　次：2023年1月第1版　2023年1月第1次印刷

I S B N：978-7-5321-8350-0/I.6590

定　　价：68.00元

告 读 者：如发现本书有质量问题请与印刷厂质量科联系　T: 0513-83349365